征信：若干基本问题及其顶层设计

汪　路　著

责任编辑：黄海清　李　哲
责任校对：李俊英
责任印制：丁淮宾

图书在版编目（CIP）数据

征信：若干基本问题及其顶层设计（Zhengxin：Ruogan Jiben Wenti Jiqi Dingceng Sheji）/汪路著．—北京：中国金融出版社，2018.6
ISBN 978 – 7 – 5049 – 9558 – 2

Ⅰ.①征…　Ⅱ.①汪…　Ⅲ.①信用制度—研究—中国　Ⅳ.①F832.4

中国版本图书馆 CIP 数据核字（2018）第 086944 号

出版发行	中国金融出版社
社址	北京市丰台区益泽路 2 号
市场开发部	（010）63266347，63805472，63439533（传真）
网上书店	http://www.chinafph.com
	（010）63286832，63365686（传真）
读者服务部	（010）66070833，62568380
邮编	100071
经销	新华书店
印刷	北京市松源印刷有限公司
尺寸	169 毫米 × 239 毫米
印张	14.25
字数	220 千
版次	2018 年 6 月第 1 版
印次	2018 年 6 月第 1 次印刷
定价	50.00 元

ISBN 978 – 7 – 5049 – 9558 – 2
如出现印装错误本社负责调换　联系电话（010）63263947

汪路

1958年出生于皖南泾县，理学学士及社科硕士学位，高级经济师，博士后导师。

接受高等教育主要经历：安徽省教育学院数学系，西南财经大学统计学院，琦玉大学研究生院公共政策专业（日本东京）。

主要工作经历：安徽省泾县赤滩乡岭芝村下放知青，安徽省泾县人民政府统计局，中国人民银行安徽省分行，安徽省资信评估公司，中国人民银行调查统计司、货币政策司、征信管理局、驻欧洲代表处（伦敦）、征信中心。

在统计、宏观经济、微观经济、货币金融、信用、征信和登记等领域公开发表、获奖或被决策引用的论文、研究报告等成果数十件。

谨以此书

献给我亲爱的爱人、人生伴侣胡昕：谢谢了，我的家——中华文化哺育的一个普通小家！

感谢李铭先生作序、戴根有先生毛笔素描造像和沈东南先生书名题字的慷慨墨宝！

感谢对形成本书认识有过讨论启发、帮助的戴根有、曹凝蓉、王煜、万存知、李朝东、王振忠、杜鲲、李铭、何实、赖金昌、黄琳、李家先、何红滢、高明、沈琨、徐欣彦、戴时装、李连三、刘小英、谭欣、王瑾、赵燕、姬南、江翠君、贾海娜、邓蕊、熊瑛、廖霞、郭静、陈怡、柳青、黄立娜、王晶晶等女士、先生！

感谢在此书写作过程中提供过不同形式帮助的各位亲爱的同事和朋友！感谢在此书出版、编辑、校对过程中黄海清、柳青先生、李哲女士给予的帮助！

最后多余的强调，本书仅代表作者个人观点，不代表所在单位意见。本书难免的谬误和不妥，均由本人负责，并真诚欢迎读者指正。

序

为什么说征信是一个被严重误解的行业

我们说征信是一个被严重误解的行业，原因大体上有以下几点：

其一，征信是一个"值得"被误解的行业。这几年征信很"热"。一度有传闻说，征信是个零基础、零门槛却有两千亿市值的行业。难怪要"引无数英雄竞折腰"了。

其二，征信是一个人人都能说上两句的行业。语文基础好的人可以旁征博引地讲名词的渊源，语文基础不那么好的人可以学着别人讲名词的渊源。信用、信誉、信任、诚信，单只一个"信"字就能写成小半本书，甚至创建出一个理论体系来。

其三，征信是一个很少有人真正能读懂的行业。世界上也许没有一家大学开设征信专业，学术界几乎没有涉及征信原理和业务实践的研究和著述（也许在我们国家是个例外）。这些年有许多国人出国参访西方发达国家的征信机构，也有大批在境外征信机构工作的国人归国发展，然而真正了解征信理念和实务的人仍然为数寥寥，说错话、说外行话在这个行业里基本上就是日常生活的一部分。

其四，政府层面的引领和推动不能不提。从信贷征信到社会信用征信，某种"时不我待"的紧迫感使得这个行业的从业者们已经不大可能停下脚步、更正误解和歧义、等待在一些重要的基本概念上建立起共识之后再继续投放资源。

在这里我举几个美国的例子，说明为什么这个行业的许多事情其实与许多人的想象有不小的差异。之所以要举美国的例子，因为美国一向以来一直是国际征信业者的楷模。许多国家在创建本国的征信体系时借鉴了美国的经验。我们国家的征信体系建设也向美国学了很多。虽然征信作为一项业务实践或许并非问世于美国，但一般认为征信行业在美国发展得最为成熟。此外，美国征信行业的信息公开程度也是其他国家所难能企及的。

例子一，美国的消费者信用报告中是否容纳信用主体违法或违规的"劣迹"信息。答案是"否"。美国的消费者信用报告中并不包含与信贷交易无关的"劣迹"信息。即便是债务信息，美国的信用报告行业实践并不将非信用主体本人主动发起的借贷活动所产生的债务（如欠缴的交通违章罚款）纳入考虑。注意到，美国一些大型征信机构同时又是较大的数据销售商。仅仅看到某家征信机构采集某类信息并不足以说明该机构会将这些信息用在其信用报告业务中。

例子二，美国的消费者信用报告是否在信贷以外的行业或场景中广泛使用。答案是"不尽然"。美国法律只允许消费者信用报告在其他几个"影响消费者重要利益"的领域使用，而这些行业在使用信用报告时关注的焦点是信用主体的负债情况。与此同时，美国联邦及州的法律特别强调防止信用报告信息被滥用。

例子三，美国的信用体系主要起到惩戒甚至"联合惩戒"失信者的作用。答案是这至少不是征信体系建设的本意。消费者在信用报告中存在负面信息主要反映信用主体在金融资产管理方面表现不佳，授信机构会依据这些信息制定措施、在未来的交易活动中保护自己的利益。征信机构没有责任也没有权利对信用主体实施惩戒，更不用说联合惩戒。

例子四，美国是否有完善的征信立法。美国没有征信行业管理方面的任何立法。美国与征信活动相关的立法完全针对消费者的金融权益保护目的。注意到，美国《公平信用报告法案》的管辖对象事实上是所谓的"消费者报告"活动而非准确意义上的消费者"信用报告"活动。法案中的一些条文是针对诸如消费者背景调查等业务撰写的，不能简单应用在征信机构身上。

例子五，美国政府对信用报告行业实施监管。答案是"否"。美国政府

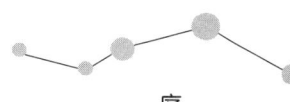

不监管信用报告行业。《公平信用报告法案》等立法的执法机构目前是美国联邦金融消费者保护局。征信机构只是该局在履行其金融消费者保护职责过程中关注的众多行业之一。

例子六,作为国际征信行业楷模的美国消费者信用报告行业实践是否体现了征信行业建设的最佳模式。答案是"否"。世界银行在研究各国征信体系建设模式时认为,美国模式虽然有许多优点,但其在信用信息采集端的充分竞争模式事实上增加了信贷机构的报告获取成本,尚不属于最佳操作模式。

例子七,构建信用评分模型或提供信用评分查询服务的机构是否是征信机构。答案是"否"。美国"次贷危机"之后建立的金融消保局在决定将部分征信机构纳入执法检查范围时,拒绝将美国名气及影响最大的信用评分建模公司 FICO 包含在名单中。征信机构的核心业务是报告信用主体的信贷交易历史。信用评分属于征信机构的增值业务,不是征信机构的基本业务。

例子八,美国在"大数据征信"方面表现出色。答案是"否"。美国的某些征信机构的确试用过个别大数据分析技术,但从没有在其业务活动中大规模地部署相关服务。征信活动的本质是收集和报告信用主体的负债及还款历史,"大数据"在这方面很难扮演有意义的角色。加之,大数据如果想使用在征信业务中,在"合规"方面还有很长的路要走。

例子九,美国究竟有没有社会信用体系。答案是"否"。美国的征信体系基于信贷机构的信息需求而建立,服务于信贷机构的信用风险管理目的。其他少数几个行业发现信贷征信信息在本行业有使用价值、得到法律许可、可以有条件地使用征信信息。美国没有一个机制化和系统化地记录违法或违规的"劣迹"信息并为政府治理活动服务的"信用"体系。美国信用体系建设的历史是信贷征信体系建设的历史,不是我们意义上的社会信用体系建设的历史。

在传统意义上,征信行业是一个并不引人注目的小行业,就业和盈利的前景均属平平。最近一些年来,我国制订的社会信用体系建设的宏伟蓝图把征信行业带到聚光灯下,使行业过了一把"网红"的瘾。但在同时行业也付了代价,即大量涌入的新理念使行业的发展方向变得模糊不清。然而我们观察到另外一种现象,即在资本的追捧和产业界的狂热之外,国内反而极度缺乏对于这个领域的客观地观察和中肯地分析，致使前面列举的和没有列举的众多对于这个行业的误解或曲解迟迟不能得到消除。不仅浪费了数量难以想象的社会资源，也在一定程度上干扰了政府相关政策地制定。

汪路先生在央行工作多年，有丰富的金融领域从业经历和经验。国家开展征信体系建设以来，汪路先生一直作为决策团队的一员，近距离地接触并直接地影响了我国征信体系的建设实践。本书包含了他多年来针对征信理念和行业实践的理解和思考，证据翔实，论理清楚，见解新颖，是征信书籍中十分罕见的意在表达观点而非仅传递知识的著述。读者也许未必会赞同他的每一个观点，但书中的讨论无疑为征信相关的理论、实践和政府政策方面的研究设立了一个很高的起点。

李铭
2018 年 5 月 24 日于北大静园

自　序

约旦王后拉尼娅与他人合写的新著《交换三明治》中讲述了这样一个故事：两个小女孩莉莉和萨勒玛各自称赞自己妈妈做的三明治最好吃而相互贬低对方的三明治，两人因此而发生争吵甚至绝交。最后她们各自品尝了对方的三明治，发现两种三明治都很美味，两位好朋友最终和好如初。拉尼娅王后在联合国图书馆举办的新书介绍活动中对在场的小朋友说："分歧有时候是不可避免的，好朋友不一定要事事相同。"[①] 交换三明治的故事告诉了我们一些浅显但却十分珍贵的道理：交流和实践，对于认识、生活是多么重要，至少是我们减少误解和偏见的有效途径；生活是丰富多彩的，生活中并不缺乏美而是缺乏对美的发现。而且，美的标准本身就是多种多样的，我们应该学会尊重别人的"口味"和选择。有分歧、有争论、有不同的选择，并不是坏事，也不可怕，怕的是缺乏尊重，怕的是"一言堂"。

邓小平先生在两次著名的讲话中，谈到过"争论"。一次是在1978年那篇《解放思想，实事求是，团结一致向前看》的著名讲话中。他指出："目前进行的关于实践是检验真理的唯一标准问题的讨论，实际上也是要不要解放思想的争论。大家认为进行这个争论很有必要，意义很大。从争论的情况来看，越看越重要。一个党，一个国家，一个民族，如果一切从本本出发，思想僵化，迷信盛行，那它就不能前进，它的生机就停止了，就要亡党亡国。……只有解放思想，坚持实事求是，一切从实际出发，理论联系实际，我们的社会主义现代化建设才能顺利进行，我们党的马列主义、毛泽东思想的理论也才能顺利发展。从这个意义上说，关于真理标准问题的争论，的确是个思想路线问题，是个政

---

① 《约旦王后教儿童"交换三明治"》，载《参考消息》，第六版，2010-04-29。

治问题,是个关系到党和国家的前途和命运的问题。"今年是真理标准问题讨论四十周年,她在人民和历史心中的分量是很重的。

另一次是邓小平先生在1992年对"争论"的一段独特的评论,让人印象深刻。他说:"不搞争论,是我的一个发明。不争论,是为了争取时间干。一争论就复杂了,把时间都争掉了,什么也干不成。不争论,大胆地试,大胆地闯。"① 这里,体现了他一贯的尊重实践的思想,自不待言。在当时的历史背景下,准确解读这段话至少应有两个视角:一是实践检验真理的视角。其本意并不是反对"争论",不是要搞唯我独尊的"一言堂",而是提倡对一时讨论不清、难有定论的问题,我们不要去等,要大胆地尝试,让实践来提供答案。因此,邓小平同志的这个"发明",在当时的条件下,实际上起到了保护可能仍处于少数派的思想和创新的作用,是从提倡实践这个根本上提倡争论、尊重新思想,与文明历史对争论的主流态度、与"百花齐放,百家争鸣"是不矛盾的。二是提倡公开争论的视角。相对于小范围的、私下的争论,公开亮明自己的观点及其论据的讨论,是文明社会所提倡的,更容易找到有利于社会大多数利益的解决方案。因此,笔者既愿意向任何只私下对本书观点提出批评的人"投降",更欢迎公开的批判。

对新的事物有争论是十分自然的。文明的争论是思想交流最好的媒介,可以促进思想和实践的进步。在征信这个新行业的发展过程中,对诸如征信概念、信息的采集和使用、征信系统建设模式、征信管理理念、征信立法等问题的认识有分歧、有争论是必然的。由于历史、人文、法律和体制环境的差异,现代征信在我国的实践与国际上的模式、发展道路有差异,也十分自然。

征信问题在国内变得格外复杂、多争议和受关注,是可以解释的。主要原因有两个:一个是,在汉语中"信用"既可作一般意义上的"诚信、不欺骗"解,也可作经济意义上的"金钱往来关系(包括借贷关系)"解,比英语中的"Credit"复杂,后者仅是指"金钱往来关系"。这无关两种语言的优

---

① 邓小平:《在武昌、深圳、珠海、上海等地的谈话要点》,见《邓小平文选》,第三卷,374页,北京:人民出版社,1993年。

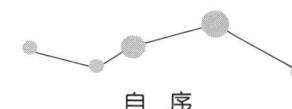

劣。另一个是，一些人借助官方话语权，在一段时间内制造了一个热门词语（甚至像运动）"社会信用体系（建设）"（中共十九大报告并没有再用这个词了），把有交集的"社会征信体系建设"和"社会信用体系建设"这两件事搅和在一块。笔者一直建议用"社会诚信（建设）"替代"社会信用体系（建设）"。虽然建立现代征信制度在中国遇到比较多、比较复杂的问题，但只要从行业高效和个人信息权利保障的平衡大局利益出发，经过公开理性讨论，并包容探索实践，都是可以找到适应现代经济体系的可行答案的。

之所以在有业内人士感叹"现生征信业思想混乱，莫衷一是"的情景下，经长时间纠结，笔者还是愿意公开自己有幸参与我国现代征信业发展初期实践过程所形成的一些肤浅但是独立的思考，包括不回避在一些有争论问题上的意见，初衷当然不是希望强化"一言堂"和一种模式，更不是想改变任何人的看法，而是希望抛砖引玉，作为靶子求教于读者。

有一个故事给文明的讨论以深刻的启示。马拉松式的美国《联邦宪法》制定会议，采纳81岁德高望重的来自宾夕法尼亚的代表本杰明·富兰克林博士的提议聘请了一位牧师，在每天开会前主持祈祷，恳请代表们放弃"唯有自己正确"的观念。最可怕的不是没有思想，而是满脑子标准答案。

拙作如能促进迄今尚无定论的征信业若干基本问题的公开文明讨论，促进我们的认识更多地符合征信业发展规律的要求和国情，促使中国特色征信体系建设实践能够少走弯路，于笔者也是莫大幸矣。

目　录

第一章　征信的概念、本质及其主要特征 …………………………… 1
 第一节　征信的概念 ……………………………………………… 1
 第二节　征信的特征 ……………………………………………… 5
 第三节　征信服务的性质 ………………………………………… 23

第二章　促进征信业发展与保护个人信息权利 ………………………… 31
 第一节　征信保护个人隐私权的主要任务 ……………………… 32
 第二节　征信与个人信息权利保护 ……………………………… 42

第三章　征信的范畴 ………………………………………………… 59
 第一节　征信的信息主体 ………………………………………… 59
 第二节　征信的信息采集范围 …………………………………… 61
 第三节　覆盖全社会的征信系统 ………………………………… 69

第四章　征信的业务范围、分类及其意义 …………………………… 72
 第一节　国际借鉴 ………………………………………………… 72
 第二节　我国征信业现状 ………………………………………… 77
 第三节　征信业务的分类 ………………………………………… 79
 第四节　两类征信活动的关系 …………………………………… 85
 第五节　征信活动的意义 ………………………………………… 89

第五章　基础征信 … 92
第一节　我国现代征信制度建设的道路选择 … 93
第二节　如何看待基础征信业的垄断？ … 99
第三节　我国基础征信业的未来道路 … 101

第六章　信用评估 … 111
第一节　信用评分 … 111
第二节　信用评级 … 118

第七章　大数据、新技术与征信 … 133
第一节　大数据与征信 … 133
第二节　新技术与征信 … 139
第三节　艾可飞及民警信息泄露事件对征信信息安全的启示 … 151

第八章　征信业的规范与管理 … 158
第一节　征信业规范与监管的主要目的和任务 … 159
第二节　完善个人征信业的规范急需研究的若干问题 … 161
第三节　企业征信规范和监管的重点 … 165
第四节　完善中国征信业行政监管体制的思考 … 167
第五节　加强我国征信业自律机制建设的理念和重点 … 175
第六节　"社会信用体系建设部际联席会议"制度会长期存在吗？ … 180
第七节　征信牌照应如何发放？ … 187

第九章　关于我国征信业的顶层设计 … 190
第一节　发展目标 … 191
第二节　当前困局 … 192
第三节　改革思路 … 194
第四节　意义及可行性 … 197

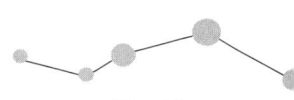

| 第五节 结　论 | 205 |
| 本章后记 | 205 |

参考文献 …… 207

专题

专题1	信息不对称理论简介	12
专题2	理解征信服务性质的理论准备：公共产品、准公共产品还是私人产品？	23
专题3	有关100万欧元及以上的大额风险敞口和贷款统计监测制度的说明	75
专题4	基础征信之寡头垄断	100
专题5	管理部门改进信用评级制度的探索	123
专题6	微软宣布去中心化身份识别系统DID	146
专题7	美国征信法律规范摘要	169
专题8	世界银行推荐的征信通用原则	177
专题9	"社会信用体系建设部际联席会议"制度利弊分析	180

第一章
征信的概念、本质及其主要特征

【问题】
1.1 征信与信用或诚信是不是一回事？
1.2 征信中的"信"是指经济意义上的信用，还是社会道德意义上的诚信？
1.3 征信活动的直接、主要目的是什么？是为了约束人们诚实守信吗？
1.4 授信机构是否可以作为征信机构的控股大股东？
1.5 征信服务是公共产品吗？

第一节 征信的概念

在现代征信制度建设初期，人们对征信的理解有不同认识是难免的。我国现代意义上的征信实践（以20世纪90年代深圳经济特区人民银行创建纸质贷款证制度为起点）已经进行了近三十年并取得了显著成绩，但是，未来征信体系建设的方向和顶层设计至今仍不甚清晰。探讨我国征信业下一步发展面临的基本问题，仍需从征信的概念及其本质和特征开始，以期建立共同的话语体系。这是探讨任何一门科学包括征信这样的以实践为主的行业学科的基础；同时，也便于我们系统地深化对征信的认识，避免一些不必要的争论，建立更多的共识，少走弯路，更好地推进中国征信业高质量发展。

征信：若干基本问题及其顶层设计

"信"这个汉字，在"征信"这一专业名词中是"信用"的简称。人们对此并没有异议。问题是，"信用"在中文里是个多义词，主要有两类语义：一类是诚实、不欺骗、信任、遵守诺言、实践成约的一般意思。概括这一类语义的代表词汇——诚信（honesty），是指人们诚实守信的品质与人格特征，侧重于反映一个人诚实、守信的主观意愿，主要属于道德范畴。维系和提高社会诚信水平，需要靠宣传教育、靠道德养成、靠公共部门、公众人物带头，靠法律规范及仲裁机构裁判、强制执行等一系列机制制度的约束。总之，需要全社会的不懈努力。胡锦涛同志提出的"八荣八耻"中的一条就是"以诚实守信为荣，以见利忘义为耻"。中国共产党第十八次全国代表大会已将"诚信"列入了社会主义核心价值观（即倡导"富强、民主、文明、和谐；自由、平等、公正、法治；爱国、敬业、诚信、友善"），并对诚信建设提出了具体要求，指出要加强政务诚信、商务诚信、社会诚信和司法公信建设。其中核心任务，简言之就是全社会各行各业的诚信建设。这是"信用"一词在汉语中的主要词义。一个人的"诚信度"，是反映其道德水准的重要标志，但只是一个定性词汇，而不宜理解为或试图作成定量指标。

"信用"的另一类重要语义，是以偿还为条件的价值运动，通常表现在资金往来和商业经济活动中的借贷、保险、赊销和预付等交易关系中，如金融信用（包括银行信用、保险信用和证券或投资信用）、商业信用、民间信用等。现代经济是信用经济，信用作为特定又普遍的经济交易行为，是商品经济发展到一定阶段的产物。这个属于经济范畴的词义，虽然是前一类词义（诚信）的转化和延伸，但已是完全不同的含义了，它体现的是一种特殊的经济关系。经济意义上的"信用"（credit）本质是一种债权债务或权利义务关系。以借贷信用为例，本质上反映的是授信者（债权人）相信受信者（债务人）所作的未来偿还的承诺，相信后者具有偿还能力和意愿，而同意借"钱"给受信者的交易所形成的经济关系。衡量、反映一个经济主体（包括居民个人）这种语义的"信用度"，可以创设、运用各种信用评分这样的定量指标。

两种不同语义，虽然都可用一个汉语词汇"信用"这个符号，但在实际使用中，具体的含义是能够区分，也是应该区分的。否则，就不可避免地引起一些歧义和不必要的误解。如果能够不加区别地将"信用"的上述两类词

义混合在一起用,就没有必要作多义词解释了。后面我们还会讨论到,信用的这两个主要含义,都与征信有密切关系。但这并不意味着我们在研究征信问题的场合,可以把中文"信用"这个词的两个主要含义——主要反映经济意义上的资金往来信用关系与主要指道德层面的诚实守信混为一谈,甚至任性地将违法违规问题也归结为信用问题。

区分"信用"的上述两个词义,对于征信问题的讨论十分重要。在笔者看来,在与征信有关的一些基本概念如信用信息、信用评分的理解上,和其他相关问题的认识上,产生分歧的一个根本原因,都在于未能适当地区分"信用"的两个基本含义。这可能与"征信"一词在汉语里的起源有关。"征信"在中国是个古老的词汇,《左传》中"君子之言,信而有征"的说法,用今天的话说,意思是一个有高尚道德教养的人说出的话,应是有证据证实的、是诚实可信的。如果说,中文"征信"就是起源于《左传》这八个字,那显然是应该包括道德层面的诚信含义的。在现代信用经济条件下,君子之"言",又可以延伸为契约,如经济合同、借贷合同等。

在汉语中,对"信用"一词有以上两种主要的不同含义,这使得人们对"征信"的理解也变得复杂起来,有狭义的理解(将征信中的"信"理解为英文 credit),也有广义的理解(将"信"对应为 honesty 和其延伸的 credit)。两种理解迄今在国内都大行其道。前者狭义理解征信中的"信用",主要是在授信业、征信业内和学术界;而后者广义理解征信中的"信用",主要是在官方文件和"社会信用体系建设"的泛化语境中,从"要增强全社会的信用意识,形成以道德为支撑、产权为基础、法律为保障的社会信用制度"的"四信"① 建设,到"建设覆盖全社会的征信体系",其语义则包含了遵守法规、讲信用守契约和道德诚信三个层次的"信用"。

那么,对于"征信"中的"信"而言,到底应理解为"信用"的上述两个基本含义(credit 和 honesty)中的哪一个呢?这得从现代征信业本身的起源和概念谈起。

19世纪初,英国常有"绅士不付裁缝账"的现象,伦敦的裁缝们为绅士

---

① 政务诚信、商务诚信、社会诚信和司法公信。

征信：若干基本问题及其顶层设计

和贵族定做衣服是做好之后再收钱，结果总有一些客户不及时付款，这给裁缝们造成了很大的损失。于是，为了避免经济损失、保护自身利益，裁缝们创立了一个交流其客户支付习惯信息的机制，拒绝为那些信用记录不良的客户服务。从这个征信制度的雏形，我们已经可以看出，征信活动在萌发初期就是要在授信人之间形成一种分享客户信用信息的机制。

随着市场经济的发展，信用活动在市场交易中日益频繁、普遍。授信人、投资人等信用关系人对征信服务的需求也不断增长，征信业开始在世界各地蓬勃发展起来。当商品经济高度发达、信用交易范围日益广泛时，特别是当信用交易扩散至全国、全球时，信用交易的一方仅靠一己之力想要了解对方的信用状况就会极为困难。此时，了解市场交易主体的信用状况就成为一种广泛的需求，征信活动应运而生。可见，"征信"作为一个新兴的行业活动，是从信用活动中分离、进化出来的，是随着信用经济而产生和发展的，是主要为帮助信用活动正常进行而提供的一种特殊的信息中介服务。

因此，关于现代意义上的征信的概念，笔者在本书中采用以下定义：征信，是指作为信用交易双方之外的独立第三方机构，收集、保存、加工和分析信息主体的信用信息，以在一定程度上揭示信息主体的信用状况，并主要为信用交易中的授信方①进行授信决策和信用风险管理提供信息服务，同时也为信息主体提供依法保护其信息权利服务的活动②。简言之，征信是独立第三方主要向授信方提供信用信息服务的活动。

可见，无论从起源还是概念看，现代征信行业中的"信"即"信用"一词，在中国汉语中，都应该理解为经济意义上的资金往来关系。这样狭义、纯粹一点的理解不仅更为科学和妥当，与国际接轨，更容易厘清在我国征信业发展中出现的很多混乱和争论，而且也并不妨碍或减弱征信的延伸功能对维系和促进社会诚信等方面发挥应有的积极作用。

---

① 本书"授信方"概念取广义解释，即也可包括投资人，因为投资人也十分关心投资对象主体的信用状况。

② 参见《征信业管理条例》（国务院颁布，2013 年 3 月 15 日开始实施）第二条关于"征信"的官方定义，称"本条例所称征信业务，是指对企业、事业单位等组织（以下统称企业）的信用信息和个人的信用信息进行采集、整理、保存、加工，并向信息使用者提供的活动"。

如果说"社会征信体系"及"征信"中的"信用"作狭义的理解,只是指经济意义上的信用(讲信用守契约),并不是指遵法守规和道德诚信这两个层次的、与信用有联系但似是而非的"信用",至少在信用行业和征信行业内还容易达成共识。但如果要想把"社会信用体系(建设)"中的"信用",也作同样狭义的理解,恐怕目前在国内还很难达成共识,势必遭遇一些人特别是有关官员的反对。主要原因:一是有需求,目前中国在遵法守规和道德诚信这两个层次的"信用"上存在很多问题需要研究解决,加上征信针对的问题,对信用体系建设的需求就更大了;二是在强势大政府的背景下,一部分官员潜意识里认为自己有能力在"社会信用体系建设"的大旗下,把三个层次、不同性质的"信用"问题放在一起,也能找到中国的解决方案。眉毛胡子真能较好地一把抓在一起吗?实际上,狭义的、经济意义上的信用问题已经很复杂了,如果还硬要把虽有联系但本质上不同的遵法守规和道德诚信问题放在一起研究,就更复杂,甚至大而无边、大而无当了。

第二节 征信的特征

为了更好、更加清晰地理解上述狭义"征信"概念中的要点,认识征信的本质,大约十年前笔者总结了征信的十个特征[①]。

一、征信采集的数据信息,主要是信用交易信息

这是征信的第一特征。信用信息是指能够在一定程度上反映信息主体信用状况的信息。其中,最主要的是以市场主体间的契约为基础的信用交易信息,如贷款、还款信息及经济合同履约信息等。这一特征是由征信的主要目的、主要服务对象决定的。

信用信息可分为两大类,第一大类是信用交易信息,这是征信服务要采集的最主要信息,也是最直接反映信息主体信用状况的信息,包括金融信用

---

① 最早发在《中国征信》(内部刊物)2009 年第 3 期上。

（交易）信息、商务信用信息和民间信用信息。其中，金融信用的特点，是有金融机构或金融工具（如债券）为中介的信用，包括信贷信用、债券信用、保险信用、担保信用、投资信用等。这些金融信用的结构以及对其服务对象的信用影响都有很大的不同。征信采集金融信用信息都是从金融机构（包括互联网金融平台）批量地采集（由金融机构主动报送）。商务信用则是指没有金融中介参与的、一般工商企业之间在商品和服务供求关系中的非即付交易，如水电气、通信等公用事业服务中的先服务后付费业务。在铁路已普遍公司化经营的背景下，地铁、铁路逃票记录信息，严格地说应界定为商务信用信息，而不是行政违规处罚信息。民间信用主要是指民间借贷和民间集资活动。迄今，国内征信机构采集商务信用和民间信用信息的实践仍很薄弱。这是我国商务信用和民间信用发展明显落后于金融信用的重要原因之一，也是未来征信业深化、发展需要加强的重点方向。

第二大类是非信用交易信息，是指也可以在一定程度上反映或影响信息主体信用状况的其他信息，又可分为两类——公开信息和非公开非信用交易信息。公开信息，又以公共部门（包括行政监管部门、司法部门等）公开的有关主体的信息最具代表性和权威性，如环保处罚信息、法院判决及其执行信息等。目前，虽然我国2007年就颁布了《政府信息公开条例》，但至今公共部门对在履职过程中产生的或其掌握的涉及企业和居民个人的信息公开披露仍不充分、不规范。非公开非信用交易信息，目前受到广泛关注的是互联网巨头公司在其业务中积累的各类大数据，比如支付、物流、社交、共享平台等产生的新型数据。在这些非传统征信数据中，哪些可由征信机构采集利用，即哪些可以进入征信作为进行信用评估评价的合法因素？对此，社会各方面、各类人群机构的认识和实践都较为混乱、差异很大，引发的质疑、争议和矛盾也越来越突出，亟待加强这方面的规范立法研究，亟须监管部门的积极作为。

除了信用信息以外，征信采集的必不可少的数据信息还包括第三类，就是识别/定位信息主体身份的信息，简称（信息主体的）基本信息或身份识别信息。对消费者个人而言，识别信息是指姓名、身份证件及其代码、地址、电话、年龄、性别等信息；对企业组织而言，基本信息则是指企业组织名称、代码、法人代表、登记注册等信息。

以上分类，如果从第二层说起，则征信采集的信息可以分为六大类，分别是金融信用信息、商务信用信息、民间信用信息、公开信息、非公开非信用交易信息和身份识别信息。为方便概括和使用，我们可以将它们统称为信用信息或征信信息。但在这六类信息中，实际上只有前三类信用交易信息才是真正意义上的信用信息，因为它们是反映信用表现的最直接、最可靠的信息；而后三类信息严格地说都不能算信用信息，因为它们要么只是可能在一定程度上间接反映或影响信用状况的信息，要么只是用于身份定位、识别的信息（与表现和评价信用无关）。三类信用交易信息加上身份识别信息，是征信应该采集的核心信息。这与后面讨论的征信可以采集的信息范围说的不是一回事，但也不外乎这六类信息。

另一种在征信机构更常见、更传统的对信用信息的分类是身份识别信息、信贷信息和非信贷信息。其中，信贷信息包括银行及类银行机构的贷款信息、信用卡信息，担保机构的担保信息和保险、证券等金融机构的类信贷业务信息、类担保业务信息等。在这种分类中，非信贷信息（也称"非银行信息"）比较庞杂，除了包括非信贷信用交易（传统保险信用、商务信用和民间信用）信息以外，还包括公开信息和非公开非信用交易信息，如法院判决信息、欠税信息、行政处罚信息、公积金缴存信息，甚至收入财产信息等，只要是有助于反映信息主体信用状况的，并且法律不禁止，都是可以采集的。

无论信息的种类和来源有何不同，征信机构采集的信息有一个共同特征：都是信息源机构（主要是债权人）对信用交易信息或非信用交易信息的客观记录，而不是对信息主体道德水准的主观判断。这是我们区分征信中的"信用"是此信用（经济信用关系）而非彼信用（诚信）的主要依据。

采集、经营的是信用信息，这是征信的第一特征，是把征信与其他的信息服务行业区分开来的主要标志。其中，最基础的是采集信息的活动。可以说，全面采集各类信用信息（主要是各类信用交易信息）既是征信服务的基础，也是基础征信业乃至整个征信业的主要使命。

二、征信的核心是建立信息主体的信用信息账户（档案）

理解这个重要特征，首先要把握征信特别是基础征信的对象或信息主体，

征信：若干基本问题及其顶层设计

主要是企业和个人。到目前为止，国内外的征信活动主要是为企业和个人这两类市场经济活动的主体建立信用信息账户（或称档案），并在此基础上提供信用报告服务，而罕见为各级政府（更广义的是公权力机构或公共部门）建立这样的信息账户，也很少见直接为政府出具的信用报告。这个现象，即在目前的基础征信实践中，信息主体一般不含政府部门，主要原因是：研究政府部门经济意义上的"信用"即政府的举债行为，从理论到实务都与研究企业部门和居民部门的信用有很大的不同。但在征信服务的高级形态——信用评级活动中，征信机构（包括国际评级机构）也对政府债券信用等级（实际是国别主权信用等级）进行主动评估，因为债券市场的定价通常需要以信用评级为基础。因此，在征信涵盖信用评级的认识体系中，征信的对象又是包含政府部门的。在有基础征信概念区分的基础上，这里的两个说法或认知——迄今为止，基础征信的对象主要是企业和个人，不包括政府部门；而征信（涵盖信用评级）的对象又可以包括政府部门——并不矛盾。如果不仅限于政府的负债信用行为，而是更广义的政务诚信，就超出征信研究的范畴了。这里的"企业"是广义的机构组织概念，包括法人和其他组织，只要是有信用活动的非公权力机构，征信系统都应涵盖。

其次，要理解信息主体的信用信息账户是征信服务的基础。通俗地说，一个信用信息账户就是一个信息主体的信用信息档案，即把一个信息主体在一定时期内、在各行各业同其他市场主体的信用交易活动中产生的信用记录，都采集、整合到这个信息主体的信用信息账户名下。以信用信息账户或档案为基础，征信机构可以根据用户需求提供多种版本的信用报告等征信服务。众多主体的信用信息账户便构成了征信数据库。在我国，现代意义上的企业信用信息档案可追溯到20世纪90年代中国人民银行在深圳推出的纸质"贷款证"。"贷款证"是突破专业银行体制后各商业银行如实记录其贷款、还款情况的共同载体。20世纪90年代后期至21世纪初，中国人民银行在总结推广深圳"贷款证"制度并借鉴国外经验的基础上，在中国大陆建立起的集中统一的企业和个人征信系统（以下简称征信系统），就是为有信用活动的企业和个人建立信用信息账户的数据库。

为了及时跟踪反映信息主体的信用状况，需要及时更新信用信息账户中的信息，这是征信系统机制价值的核心。但是，不应指望征信系统特别是在其建设成长期，能够将所有可反映信息主体信用状况的信息都全面采集并及时进行更新。这是很难做到的；并且按照"最低、适用"原则，也是不必要的。

三、征信是一种微观的信息中介服务

征信服务是一种微观的信息中介服务，这也是征信本质的表现特征之一。征信具有微观性，在征信活动的两个主要环节都表现得很清楚。从数据采集环节看，征信就是尽可能全面地把信息主体在各行业接受授信服务、参与信用活动、消费或从事投资活动中留下的信用记录，整合到一个个信息主体名下，形成一个个微观经济活动主体——企业或个人的信息账户。其主要产出，就是根据市场需求而提供的一份份信用报告。国内也流行一种说法，把个人信用报告比喻成居民的"经济身份证"。从信息使用环节看，微观主体——商业银行接受征信服务，可以有效、低成本地加强和改善对一笔笔信贷业务、一张张信用卡和一个个授信客户的信用风险管理，从而预防、减少风险和损失。所以，征信服务主要是一种微观的信息中介服务，而不是宏观的信息服务活动。因此，征信是一种大量的、微观的信息中介服务。笔者更喜欢征信的这个通俗定义。

当然，征信也可以在微观账户数据基础上进行汇总统计和分析，或大数据分析，为行业的、地区的和各种信用产品主题的信用风险分析和管理服务，甚至为宏观经济金融分析服务，但这只是征信服务的延伸产品或增值服务。征信首先应该做好的，是其最主要和基础的微观征信服务——主要是信用报告和信用评分服务。如果我们能理解征信的微观信息服务特征，就能够也应该把征信服务与行政部门的统计服务，特别是与央行的金融统计服务职能区分开来。

四、征信是一个信息服务行业

由征信的发展史可以看出，征信自诞生之初，就是从市场经济环境中自然而然孕育，从信用交易活动中分离出来的，是解决交易双方信息不对称问题的

专业化且特殊的信用信息服务行业。在我国，征信基本上是从银行"贷款三查"（贷前调查、贷中审查和贷后检查）工作中分离出来的，是银行业分工进化的产物。我们知道，信息服务行业（以下简称IT）有信息内容服务业和信息技术服务业两大分支。显然，征信属于信息内容服务业。以信用信息为内容和特征的这一特殊信息服务，之所以在市场经济中十分重要，就在于市场经济是信用经济，而征信是为市场经济中广泛存在的信用活动提供服务的。

今天，征信服务已成为市场经济中一种十分普遍的专业活动。征信机构每天为世界各地的授信机构提供数以百万计、千万计的各类征信服务。除信用报告外，还提供评分模型开发服务、防欺诈解决方案、策略决策引擎服务、信息技术解决方案、市场营销服务等。因此，征信行业是一个需要多种专业技术，并且与其他多种行业协同配合、分工合作的专业性很强的行业；征信业的发展需要多种高技术专业人才予以支撑。目前在我国，征信体系建设仍处于初级阶段，征信业还是一个需要各方面给予理解和支持的行业。但是，征信体系建设不是社会运动，不能以搞运动的方式去发展。征信既然是一个行业或专业，就有其自身的客观规律和要求，就需要加强对征信业客观规律的认识和研究。

五、征信的主要目的是维护经济信用关系健康发展，主要服务对象是授信方（债权人）

在建设维护民主公平正义和谐美好社会的各种机制中，征信制度是一种激励守信、惩戒失信的市场机制，与其他市场机制和司法、行政、文化、道德等机制一道发挥作用。尤其在维护良好经济信用关系中，征信制度发挥着重要的基础性作用。征信应为信用关系当事人平衡地提供服务，但从需求和服务量看，主要是为授信机构或授信方（债权人）服务。不仅主要服务对象是授信机构或授信方，而且给征信机构提供原始数据的，也主要是授信机构。也正因为授信人（债权人）有强烈的需求，才会有动力与征信机构建立起长期、稳定的数据报送和使用关系。市场经济中授信活动普遍存在，不仅限于一两个行业。一说授信机构，很容易理解为商业银行，但授信并不是银行的特权。除银行以外，其他授信机构还有信托公司、财务公司、租赁公司、担保公司、小额贷款公司、保理公司、公积金中心、电信公司等。非金融企业和个人也可以是信用交易关系中的授信方，例如保险信用关系中的投保人、存款信用关系中的存款人。实际上，只要是属于先给钱、后归还，先消费或先取货、后付款的交易，都包含了信用交易或授信活动。在市场经济发育程度较高的国家，其授信机构的范围相对也更广泛些，如在欧美，大的超市也是可以发信用卡的。我国大型电商如淘宝的"花呗"、京东的"白条"和"小白卡"，实际上也是信用卡。随着市场信用的深化，我国的各种授信活动及授信机构必将会有更长足的发展。因此，征信服务的市场前景十分广阔。

此外，征信也可以协助行政、执法部门的调查或服务于提高行政监管或司法效力。但这不是征信服务的主要对象。

当然，征信机构也要为信息主体提供服务，主要是为信息主体特别是个人主体的信息权利（包括个人信息同意权、知情权、异议权、救助权、选择权、信用权等）保障提供服务。因此，也可以说，征信应为信用关系中的授信方和受信方（或债权人和债务人）平衡地提供信息服务。但这与征信的这个特征——主要服务对象是各种信用关系中的授信方（或授信机构）并不矛盾。因为征信机制的主要受益者是授信机构（当然，信息主体特别是受信人作为信用关系中的被授信人也从征信机制中受益），所以，在征信走向市场化的商业模式中，其服务收费的主要对象也是授信机构。

综上，在征信业这个特殊的行业，对于一般而言的服务业要树立"用户（客户）至上"的理念不能作片面、机械的理解。虽然，通常征信服务的主要对象是信用关系中的授信方，征信系统的主要查询客户是商业银行等机构，但征信活动的相关方（征信机构、数据源机构和查询机构）在心中应树立"个人（信息主体）权利保护第一"的理念，才有利于征信业的高质量发展。

六、征信是一种信息分享机制

这是最能反映征信本质的一个特征，也是征信之所以成为一项好制度的主要原因。征信业的主要理论基础是信息不对称理论（专题1：信息不对称理论简介）。征信服务正是通过其信息分享机制，来帮助解决信用交易中的信息不对称问题。

专题 1

信息不对称理论简介

一、信息不对称理论要点

1. 在市场经济活动中,人们对有关信息的了解是有差异的。这种信息不对称现象在社会经济生活中几乎无处不在。例如,市场中卖方比买方更了解有关商品的各种信息。

2. 该理论充分说明了信息的重要性,为理解市场经济提供了一个新的视角。掌握信息比较充分的人,往往处于比较有利的地位,可以通过向信息贫乏的一方传递可靠信息而在市场中获益,而信息贫乏的人,则处于比较不利的地位。市场主体因获得信息渠道的不同、信息量的多寡而承受不同的风险和损益。

3. 信息可分为具有规律性、普遍性的通用信息和与时间、地点、个体相联系的特定信息。

4. 有多种解决信息不对称以提高经济活动效率的途径和机制。例如,买卖双方中拥有信息较少的一方会努力从另一方获取信息,市场信号显示在一定程度上可以弥补信息不对称的问题等。更广义的途径和机制,包括教育、广告、专业咨询、调查、登记、信息公开和信息披露、征信,等等。

二、三位经济学家对信息不对称理论的主要贡献

信息不对称这一现象早在20世纪70年代便受到三位美国经济学家(乔治·阿克尔洛夫、迈克尔·斯彭斯、约瑟夫·斯蒂格利茨[①])的关注和研究。他们分别从商品交易、劳动力和金融市场三个不同领域研究了这个课题,最后殊途同归,并共同获得了2001年度诺贝尔经济学奖。

最早研究这一现象的是阿克尔洛夫。1970年,他在哈佛大学经济学期刊上发表了著名的《次品问题》一文,首次提出了"信息市场"概念。

[①] G. Akerlof, M. Spence, J. E. Stigjiz.

他从二手车市场入手,发现了旧车市场由于卖主比买主掌握更多的信息,即买卖双方对车况掌握的不同而滋生的矛盾,并最终导致旧车市场日渐式微。为了便于研究,阿克尔洛夫将所有的旧车分为两大类,一类是保养良好的车,另一类是车况较差的"垃圾车",然后再假设买主愿意购买好车的出价是20 000美元,差车的出价是10 000美元,而实际上卖主的收购价却可能分别只有17 000美元和8 000美元,从而产生了较大的信息差价。由此可以得出一个结论:如果让买主不经过旧车市场而直接从车主手中购买,那将产生一个更公平的交易,卖主会得到比卖给旧车市场更多的钱,而买主出的钱也会比从旧车市场买的要少。但接下来会出现另外一种情况:当买主发现自己总是在交易中处于不利位置,他会刻意压价,以至于低于卖主的收购价,例如好车的出价只有15 000美元,差车只出价7 000美元,这便使得交易无法进行,面对这种情况,旧车交易市场的卖主通常会采取以次充好的手段满足低价位买主,从而使得旧车质量越来越差,最后难以为继。信息不对称现象的存在使得交易中获取信息不完整的一方对交易缺乏信心,这对于商品交易成本的影响是昂贵的。需要找到解决的方法。还是以旧车交易市场为例,对于卖主来说,如果他们一贯坚持只卖好车不卖一辆"垃圾车",长此以往建立的声誉便可增加买主的信任,大大降低交易成本;对于买主而言,他们同样也可以设置更好的策略将"垃圾车"剔除出来。

斯彭斯的研究着重于劳动力市场,他发现在劳动力市场存在着用人单位与应聘者之间信息不对称的情况,为了谋到一个较好的单位,应聘者往往从服装到毕业文凭方面努力提升自己。在这里,斯彭斯提出了"获得成本"概念,他举例说,对于用人单位而言,应聘者如果具有越难获得的学历就越具可信度,比如说拥有哈佛文凭应聘者的才能,就比一般学校的毕业文凭更有可信度。对于人才市场的信息不对称现象,斯彭斯在其博士论文《劳动市场的信号》中作了详尽的表述。

斯蒂格利茨在三位获奖人中名气最大,他在几乎所有的经济学领域,包括宏观经济学、货币经济学、公共理论及国际事务乃至发展经济学,都卓有建树。斯蒂格利茨将信息不对称理论应用到保险市场，指出被保险人与保险公司间信息的不对称，客观上造成一般车主在买过车险后疏于保养，使得保险公司赔不胜赔。斯蒂格利茨提出的解决问题的理论模型是，让买保者在高自赔率加低保险费及低自赔率加高保险费两种投保方式间作出抉择，以解决保险过程中的逆向选择问题。

三、信息不对称现象的普遍性

信息不对称现象实际上无处不在。

各种名牌本身也在折射这一现象，人们对品牌的崇拜和追逐，从某种程度上恰恰说明了较一般商品而言，名牌商品提供了更完全的信息，降低了买卖双方之间的交易成本。这一理论同样也适应于广告，在同质的情况下，花巨资广而告之的商品因为提供了更多的信息，所以更容易被消费者接受。

司法过程中的信息不对称。信息不对称广泛存在于包括法律市场在内的社会各个领域。在当事人之间、当事人与律师代理人之间、法官与当事人之间、法官与律师代理人之间、法官与法官之间、法官与上级领导之间、法官与监督机构之间普遍存在着信息不对称现象。

项目管理信息中的信息不对称，可能存在于两个行为主体之间，也可能同时存在于多个行为主体之间。在各类项目的不同阶段，如招标阶段和履约阶段，均存在信息不对称问题。

其实，上述三位诺贝尔经济学奖得主的研究表明，在商品市场、劳动力市场和金融市场都广泛存在信息不对称现象。信息不对称现象在现代金融领域的表现更为普遍和突出，尤其在新兴市场和东南亚地区乃至中国，曾有一段时间企业骗贷、出口骗退税和电信诈骗盛行，无不与此紧密相关。

四、信息不对称理论的重大意义及作用

由于信息不对称现象的普遍存在，信息不对称理论，无论在理论上还是在实践中，都具有巨大的意义。

1. 信息不对称理论是对传统经济学的重大突破，揭示了信息不对称的背后隐藏着道德风险：信息占有优势一方经常会做出"败德行为"，而信息占有劣势一方则会在交易中作"逆向选择",这两种后果都扭曲了市场机制的作用,造成市场失灵。因此,必须寻找有效方案来防止信息不对称问题带来的"市场失灵"。这一理论不仅为洞察市场经济的运行拓宽了理论视角,而且也为转型经济中的发展中国家进行体制设计和政策选择提供了具有启发性的思路。

2. 信息不对称理论促使了行为经济学的诞生。由于人的经济行为在很大程度上是人的心理活动的反映,而交易双方的信息不对称正是由于人们心理活动的"屏蔽性"造成的。因此,在研究信息不对称问题时,有必要研究造成这种信息不对称的心理行为动机及由此引起的经济利益。也就是说,经济学必须开始转向经济学与行为科学、心理科学的结合。因此,可以这么说,信息不对称理论的出现实际上标志着经济学开始从建立在许多假设基础上的理论模型向基于现实经济生活的理论解释位移,因此它具有革命性的意义,并且在一定意义上促使了行为经济学的诞生。

3. 信息不对称理论推动了博弈论的发展。交易双方的信息不对称问题是由于人们心理活动的"屏蔽性"造成的。因此,交易双方实际是在进行心理上的博弈,为了各自的经济利益进行较量,而这种较量本身是以信息不对称为前提的。因此,对信息不对称问题的研究在一定程度上对博弈论的发展起着重要的推动作用。

4. 信息不对称理论促进了人们对信息的重新认识。传统经济理论认为收益就是劳动成果或产出,然而人们很少想到信息不对称问题在一定程度上的减少就意味着一项收益。因为信息不对称现象的存在使人们在决策时面临着许多不确定性,而要减少这种不确定性就必须花费经济成本。因此,有效减少信息不对称、节约花费在这上面的成本,也就是增加了收益。这也是信息就是财富的又一有力证据。另外,信息不对称问题的存在说明了信息传递的重要性,因为交易中存在信息不完整和信息不对称,所以,人与人之间需要沟通与对话,相互传递信息,交易双方才能取得交易的成功,从而自由市场机制才能有效发挥作用,防止出现市场失灵。

该理论指出了信息对市场经济的重要影响。随着新经济时代的到来,信息在市场经济中所发挥的作用比过去任何时候都更加突出,并将发挥更加不可估量的作用。新经济的特点,是高度重视信息对未来经济社会可持续发展的重大影响。

传统经济学基本假设前提中,重要的一条就是"经济人"拥有完全信息。实际上人们早就知道,现实生活中市场主体不可能占有完全的市场信息。信息不对称必定导致信息拥有方为牟取自身更大的利益使另一方的利益受到损害,这种行为在理论上就称作道德风险和逆向选择。为减少或避免这类行为的发生或者降低信息搜寻的成本,提高社会资源配置效率,经济学家为此提出了许多理论和模型。

5. 信息不对称理论已经广泛应用于各个领域,并得到了实践的验证,从而揭示了当代信息经济的核心。

信息不对称理论最重要的应用领域是企业理论。在非对称信息条件下,委托人能通过合理地设计一套机制来诱使代理人显示其私人信息,从而达到双方的利益协调。信息不对称理论的另一个应用领域是研究市场失败。产业组织引入信息不对称理论后取得了丰硕的成果。蒂罗尔应用非对称信息对企业组织进行了全面的分析,可谓这方面的权威著作。信息不对称理论已经渗透到经济学的各个研究领域,并使主流经济学更加贴近现实。

这一理论为很多市场现象如股市沉浮、就业与失业、信贷配给、商品促销、商品的市场占有等提供了解释,并成为现代信息经济学的核心,被广泛应用到从传统的农产品市场到现代金融市场等各个领域。减少信息不对称,对各行各业的发展,对改善各种项目、工程管理都具有重要意义。

五、减少信息不对称的主要途径和机制

信息不对称现象及其产生的逆向选择和道德风险对市场行为产生的负面影响,以及由此而造成的市场效率低下都是客观存在的,并且各行各业几乎无处不在,因而,必须全社会共同努力,建立起有效的减少信息不对称的途径和机制,确保市场的有效运行。以下以建筑行业/市场为例进行阐述。

第一章　征信的概念、本质及其主要特征

1. 加强信息网络建设。信息的获取可以减少市场的不确定性，是克服信息不完备、不对称的重要手段。为了减少逆向选择和道德风险对市场的负效用，可以通过大量获取市场信号来平衡交易双方的信息不对称。为获得高质量的信息，还应加强信息基础建设，建设以数据共享为目的的集成数据环境。在项目管理过程中，采用数据标准，建立共享的集成数据环境，避免"信息孤岛"的形成，实现项目管理信息的数字化、自动化、网络化与集成化。通过信息手段的建设，将项目管理过程中的信息不对称现象降低到最低限度，以保证各行为主体决策的正确进行。

2. 设计合理的契约。根据委托—代理理论，业主和承包商之间的关系实质上是一种契约关系。为了确保交易双方的利益均衡，设计一种合理的契约是避免信息不对称带来的逆向选择和道德风险的重要手段。其核心是要建立一种刺激一致性的信息机制，使委托人与代理人的目标一致。业主为了使承包商在其不能观察的行为中不会因为信息的不对称而损害自己的利益，需要设计一种既能达到业主目的，承包商又愿意接受的契约。这就需要设计满足以下两个约束条件的激励合同，第一个约束条件是个人理性约束，又叫参与约束，也就是说要使承包商有积极性参与进来。第二个约束条件是激励相容约束，也就是说，要使承包商有积极性按照业主的希望，为了自身的利益而努力工作。

3. 加强法律、政策的引导。提供相应的公共服务职能，促进减少信息不对称对经济产生的危害，也是政府、立法、司法等公共部门的重要职责。政府应通过相关信息调控业主和承包商的交易行为，对建筑市场进行宏观调控，引导项目管理正常发展，促进建立抑制逆向选择和败德行为的有效机制。各级立法部门应建立和健全各类建筑市场管理的法律、法规和制度，做到门类齐全、互相配套，避免交叉重叠、互相抵触。同时，政府部门也要充分发挥和运用法律、法规的手段，培养和发展我国的建筑市场体系，确保建设项目从前期策划、勘察设计、工程承发包、施工到竣工等全部活动都纳入法治轨道。

4. 加强诚信建设。诚信，是指一个人、一个单位的可靠性、社会责任感和可信任程度。在商品经济社会的市场经济环境下，企业及个人商业信用状况，以及整个社会经济信用关系的信赖、认可程度，是衡量某个国家、地区或经济组织的经济环境和运行状况及社会文明程度的重要指标。因此，必须规范和整顿建筑市场秩序，逐步在建筑市场形成诚信为本、操守为重的良好风尚。业主和承包商均应树立诚信意识，对自身行为进行规范，加强相互沟通，着力解决信息不对称的现象。只有加强诚信建设，才能够在业主和承包商之间建立起一种相互信赖、相互认可的经济关系，才能降低逆向选择和道德风险发生的概率。

5. 培育公正、规范的中介机构。为了减少信息不对称，可以通过第三方即监理人员对建设工程项目进行监督和管理。监理人员具有专业上的优势，他们以自身信誉为保证，以信息服务为主要活动内容，是建立和完善行业自律机制的重要因素。为此，要培育公正、规范的中介行业，建立起能使信息达到对称的机制。由行业协会建立游戏规则，对信息的披露作出系列的、明确的和具有可操作性的约定，增加信息透明度，使中介行业成为信息流中心和公正、公平、诚信的平台。

征信制度及其征信服务中介机构的出现，正是伴随信用经济发展的需求、为解决信用信息不对称问题而产生的一个重要解决方案和机制。信息不对称理论则为征信业的发展提供了理论基础。

从征信业的起源中，我们已经知道，征信活动本质上是在授信人之间形成一种分享客户信用信息的机制。

简言之，征信的本质特征是主要为授信方或投资方的决策和信用风险管理提供信息参考，是授信人或投资人之间的一种信息分享机制。

正确理解征信的这个特征，要把信息分享与信息公开区分开来。信息分享机制，只是一定范围内的共享，不能等同于信息的无限制的、向社会公众的公开披露。人类进入信息社会以后，在保障信息主体合法权益的前提下，提高信息的透明度和方便信息的传播，已经成为人类社会发展的一个趋势。但是这个趋势特别是信息公开，是对涉及公共利益的信息而言的，也是对负有社会公共责任较大的政党、立法、司法、行政、公共服务机构、非营利组织、上市公司、国有或大企业法人，和其他负有较多社会责任的机构组织而言的。唯其如此，才能有效地将这些机构置于全社会的监督之下，促使其更好地履行社会责任。而对于不直接关系社会公共利益的信息，和对社会公共利益负有较小责任的小微企业、家庭和个人特别是消费者个人而言，强调的是其信息权利的保护。当然，信息公开和信息分享，与信息安全和信息保密，是不同的内涵，也是不矛盾的。

征信是授信人之间分享客户信用信息的机制。即便在授信机构之间，征信产品的使用，也是有限制的使用，必须是依法依规使用。这是由信用信息的性质决定的，因为信用信息主要是商务信息（公开信息除外），是反映信息主体信用状况的敏感信息。虽然人们对不同的信息应该在什么范围内分享会有不同的认识，但不能由此把范围较大的分享理解为信息公开。尤其是在征信系统建设初期，人们对信息分享的范围和参与分享主体的认识还很不一致，关于信息分享范围的法律法规还不完善，所以需要采取谨慎的态度，更好地把好信息使用关。另外，信息及其主体的敏感程度不一样，对分享范围的诉求也不一样。更好的、精细的分享机制，应该是分层分享，即向征信系统报送什么数据，方能分享什么信息。

现在"共享""共享经济"是热词汇，有人也喜欢把征信的分享机制称为"信息共享"。只要把其与信息公开区分开来，理解征信的信息共享，也与单车共享的概念一样，实际上都是有条件的、在一定范围内的共享，不增加歧义，也是可以的。从这个意义上说，征信业态可以说是共享经济的先锋。需要强调的区别是：就像共享经济远不是共产主义，征信的信息分享或共享也远不是信息公开。

总之，信息公开及提高信息的透明度，与征信的信息分享或共享，是两种非常好但却不同的社会机制，目的、功能不同，不能混为一谈。

七、征信服务宜由独立于信用交易当事人的第三方提供

征信业因其独特的行业特点，需要保持很高的公信力。因此，虽然大的商业银行也有能力开展此项工作，但为了避免利益冲突，由独立于信贷业务之外的专业征信机构来做这项工作，是更好的制度设计和产业进化的选择。

同样的道理，征信机构本身，也不宜直接从事授信业务。

征信机构的独立性，还体现在对原始数据的独立性上。征信系统中存储的关于信息主体的原始数据，不论是由外部数据源机构主动报送（对征信机构而言是被动接受采集）的，还是由征信机构从公开渠道主动采集的，都是征信机构无权主动随意修改的。即便信用报告被确认有错误，对于被动采集的数据，也只能按流程由报数机构自己或由其授权，才能更正原始数据的错误；而对于主动采集的数据，征信机构也只能通过回溯数据源，根据数据源的变化和征信法规，进行客观的修正；对于身份识别信息，征信机构也要根据信息主体提供的证明文件进行修正。这种对于数据的独立性，也是征信机构建立和保障公信力的必要机制。

八、征信的功能，是在一定程度上揭示信息主体的信用状况

征信是在一定程度上揭示信息主体信用状况的活动，其采集的原始信用信息及分析加工产生的信息如信用评分信息，都是作为参考信息，用来协助授信人或投资人更好地做出授信或投资决策，并进行信用风险分析和管理。这里所说的"一定程度上"，是指不同深度的征信活动，如基础征信或不同版本的信用报告、信用调查、信用评分、信用评级等业务活动，揭示信用状况的程度是不同的。

需要特别注意的是，信用报告和信用综合评价产品（如评分、评级等）并不是对评价对象诚信道德的评判，尽管诚信道德本身会对履约、信用状况产生一定影响，也是信用评估关注的要素之一。如果把征信活动与对信息主体的诚信道德评价等同起来，则有把征信业引向歧途的危险。实际上，世界上还没有哪一个国家有自动化的信息系统，试图对全社会主体的道德进行评价。单一、专业的评价相对容易，越综合、复杂的评价越难进行。对一个人的道德评价是非常复杂和困难的，对普通大众也是不必要的。

对经济意义上的信用状况与社会意义上的诚信道德水准作清晰的区分，对于本书的讨论十分重要。这将有助于我们把征信系统建设、征信服务的供给和消费使用等问题，基本限定在经济问题的范畴内，进行有限的、易作选择的讨论，而不必把问题复杂化，不必引向道德层面，甚至有关理念、哲学

问题的争论。否则，是我们力所不逮的。

九、征信业发展更适合市场化运作，也需要政府的监管

征信作为一种微观信息中介服务，主要是为了满足商业活动的需要，为商业化的授信机构服务，不是公共产品，也不宜划归公共产品。因此，从长期运营、发展方向上看，应该按照市场机制运作。由专业化的、市场化的机构提供征信服务，其效率一定高于由政府主导的公共机构。实际上，迄今为止世界上绝大多数国家主要面向社会服务的征信市场、征信服务主要都是私营的市场专业机构提供的；少数国家金融当局（如德国、比利时央行）建立的主要服务于金融监管当局、其次服务于报数金融机构的信贷登记系统，主要的产出服务是金融统计，次要的一点征信服务只面向报送数据的金融机构，并不向社会开放提供征信服务。在我国，征信系统建设起步走的是一条由公共部门即中国人民银行牵头组织建设的道路，并已取得公认的成绩。但这与已经引入市场机制、未来走市场化道路是不矛盾的。中央银行肩负征信业的监管职能，如果还长期同时做征信服务，既当运动员又当裁判员，将使自己处于不利的地位。从服务与监管可以也应该分离的意义上说，征信工作与反洗钱工作的性质和体制是有很大差异的。

但是，征信关系到经济活动中最主要两类主体（企业和居民）的切身利益，关系到对他们信用状况的评价，这在市场经济中越来越重要了，人们也越来越在意。目前，国内各行业非法收集、提供、买卖信息及随意侵害个人信息权益等违法行为十分严重。因此，在征信这个专门经营信息主体特别是消费者个人信息的特殊行业，需要加强政府对征信市场的监管。2008年爆发的国际金融危机的一个重要教训是，对征信业中的高层次业务——信用评级行业需要加强监管。既需要市场机制，又需要政府监管，这两者并不矛盾，都是这个行业健康、可持续发展不可缺少的。虽然《征信业管理条例》已经明确我国的央行——中国人民银行为行业监管主体，但如何在这个新兴行业建立起适合其特点的监管体制机制，仍然是一个尚未完成的课题。

十、征信行业是较严重依赖于法律法规，并与社会文化政治环境有密切关系的新兴行业

征信数据的采集，要有法律（即社会共识）的支持，才能更好地进行。同样的，征信产品的使用，尤其是信用报告、信用评分可以在什么范围使用，如有法律的明确界定，才会避免争论。如何在促进征信体系发展与保护信息主体权益之间取得适当平衡，是征信立法需要解决的主要矛盾。目前，我国征信业还处于发展的初级阶段，主要法规是国务院颁布的、于2013年3月15日实施的《征信业管理条例》。

法律及其实施和监管的天平如何倾斜，行业的实践发展，归根结底要受制于一定时期社会文化政治的大环境。凝聚社会共识的法规，是一定时期社会文化政治环境和制定法规的话语机制的产物。因文化环境、道德理念等的不同，征信活动的法规在不同类型国家呈现出很大的差异性。如美国，有隐私法和公平信用报告法；欧盟，有数据保护法；澳大利亚，有数据保护法和征信机构行为守则；印度和俄罗斯等新兴市场国家，也有专门的规范征信机构的法规。至今，有的国家如法国，还不允许征信机构采集正面的信用信息。但多数国家法律都是允许征信机构同时采集信用交易的正、负面记录的。

即使在同样的历史文化环境下，在一个国家内对征信问题有不同认识也是很正常的。例如，2007年时任中国劳动保障部工作司司长的邱小平就认为[①]，不应提倡工资分配保密，并对国有企业提出应公开的明确要求。但是，如果现在就在中国提出要把收入和财产这些反映个人信用能力的重要信息无条件地纳入个人征信系统，则会遭到很多人的反对。不过我们相信，将来在一定法规约束条件下，这应该是可以交由信息主体自主选择的。

征信业发展面临的问题，主要已不是理论问题，而是从数据采集到使用的各种问题，在实践中如何选择解决方案的问题。我们期待着，中国特色征信体系建设在公开理性讨论和实践探索中，既能够适应我国几千年历史沉淀

---

① 《为何工资增长数据与百姓感觉有差距》，http://news.xinhuanet.com/politics/2007-07/18/content_6391439.htm，2007-07-18。

形成的今日社会文化政治环境，又能够符合征信业发展规律、有助于解决好征信业的主要矛盾。

第三节　征信服务的性质

在研究了征信的十个主要特征以后，我们再选择一个专题作进一步讨论：征信服务是否是公共产品？或者说至少在我国社会经济发展水平的现阶段，是否合适将征信服务归入公共产品？

> **专题 2**
>
> **理解征信服务性质的理论准备：公共产品、准公共产品还是私人产品？**
>
> 　　公共产品（public goods），是经济学中相对于私人产品（private goods）的基本概念。公共产品又可分为纯公共产品和准公共产品（即混合品）两类。
>
> 　　纯公共产品，是指那些为整个社会共同消费的产品或服务。严格地讲，它是在消费过程中具有非竞争性和非排他性的产品或服务，任何一个人对该产品或服务的消费都不减少别人对它进行同样的消费。纯公共产品的本质特点如下：
>
> 　　1. 具有非竞争性，是指一些人对这一产品的消费或使用不会影响另一些人对它的消费或使用。非竞争性有两方面含义：（1）边际成本为零。这里所述的边际成本是指增加一个消费者对供给者带来的边际成本，例如增加一个电视观众并不会导致发射成本的增加。（2）边际拥有成本为零。每个消费者的消费都不影响其他消费者的消费数量和质量。
>
> 　　2. 具有非排他性，是指某些产品投入消费领域，任何人都不能独占专用，而且要想将其他人排斥在该产品的消费之外，不允许其他人享受该产品的利益，是不可能的，所有者如果一定要这样办，则要付出高昂的费用，因而是不合算的，所以不能阻止任何人享受这类产品。例如，环境保

护中，清除了空气、噪音等污染，为人们带来了新鲜空气和安静环境，如果某人想要排斥别人而由他/她独享这一区域的新鲜空气和安静环境，则是不可能的。这就是指在技术上讲的非排他性。而长期独占使用公共健身设施，也是道德和法规不容许的。这是指法规上的非排他性。

3. 具有非分割性。纯公共产品还具有非分割性，它的消费是在保持其完整性的前提下，由众多的消费者共同享用的。如国防、公安给人们带来的安全利益是不可分割的。可见，具有非竞争性、非排他性而且不能分割的纯公共产品具有公共消费的性质，即在消费这类产品时，消费者只能共享，并且不能排斥任何他人享用。

纯公共产品不仅包括物质产品（例如，开放的、由公共部门养护的、不收费的公路），而且还包括各种公共服务。在现代社会，后者的规模更大。就是说，除了可供公共消费的物质产品外，公共产品更多的是指政府等公共部门为市场提供的公共服务，如国防、外交、立法、司法和政府的公安、环保、工商行政管理以及从事行政管理的各部门所提供的服务都属于纯公共产品。

准公共产品（混合品），是兼具公共产品和私人产品属性的产品。在公共产品和私人产品之间，还存在许多不具有纯粹的公共产品或私人产品的属性，但在一定程度上又或多或少同时具有这两种产品性质的产品和服务，通常称为混合产品或准公共产品。

混合产品的性质特点，是不能同时具有非竞争性和非排他性，否则其就成为纯公共产品；同样的，混合产品也不能同时具有竞争性和排他性，否则其就成为私人产品。换言之，混合产品在非竞争性（或竞争性）与非排他性（或排他性）这两个主要特性上，通常只具备这两个特征中的一个，而另一个则表现为不充分。既然混合产品兼具公共产品和私人产品的属性，那么根据其所具有的两种产品属性的不同组合状况，可将其分为以下三类：

第一类是具有非竞争性的同时也具有排他性的混合产品，即在具有公共产品非竞争属性的同时也具有私人产品排他的属性。比如公园，就是这

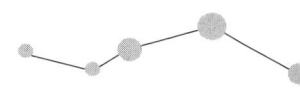

种类型的混合产品。在游客没有超过一定人数的条件下,游客的增多并不会影响原有游客的效用水平,即公园的消费具有非竞争性;但公园可设置围墙或栏杆将不买门票者拒之门外,即其消费也具有排他性。诸如教育、影院、高速公路等都属此类混合产品。

第二类是具有非排他性的同时也具有竞争性的混合产品,即在具有公共产品非排他属性的同时也具有私人产品的竞争属性。比如公有的草场就是这种类型的混合产品。由于草场公有,所以大家都可以到草场放牧,即草场具有非排他的属性。但是如果超过草场的载畜量,草场的使用就具有了竞争性。诸如生活小区的健身设施、公有的森林、公海的渔业资源等都属于这种类型的混合产品。

第三类是在一定条件下具有非竞争性和非排他性的混合产品。在一定条件下具有非竞争性和非排他性是指,只要不超过一定的限度,该产品的消费是非竞争的和非排他的,但若超过一定的限度,则具有竞争性和排他性特征。比如,不收费的桥梁,只要不产生拥挤,则具有非竞争和非排他的属性,但如果产生了拥挤,就具有了竞争性,为了解决拥挤问题,政府就采用收费的办法,于是也就具有了排他性。显然,这类混合产品与前两类混合产品是不同的,前两类混合产品是同时兼具公共产品和私人产品的属性,而后者则是在不同的时间或者说在不同的条件下,要么具有公共产品的属性,要么具有私人产品的属性,判断其到底是具有公共产品的属性,还是具有私人产品的属性,应考虑特定的条件,具体问题具体分析。

纯公共产品的范围是比较狭小的,但准公共产品的范围较宽。如教育、文化、广播、电视、医院、应用科学研究、体育、公路、农林技术推广等事业单位,其向社会提供的属于准公共产品。此外,实行企业核算的自来水、供电、邮政、市政建设、铁路、港口、码头、城市公共交通等,也属于准公共产品的范围。与上述公共产品相对应的是,私人产品也可以分成两类,即纯私人产品和俱乐部产品。纯私人产品是指那些同时具备排他性和竞争性特征的产品,包括大多数私人产品。此外,还有一类称为俱乐部产品。这是指在某一范围内由个人出资,在此范围内的所有个人都可

以获得利益的产品，如消费合作社等。

准公共产品一般由准公共组织提供，也可以由私人提供。

公共产品生产和供给的方式有三种：第一种是公共生产、公共提供。这种情况是指由公共部门生产出公共产品，然后，由公共部门向社会提供（包括物品和劳务）。所谓公共提供，首先是指这些公共产品是由公共部门供给的，其次它是一种以不收费的方式来提供公共产品的。政府的纯公共产品，特别是行政部门，主要采用公共生产和公共提供方式来供给公共劳务或服务。

第二种是私人生产、公共供给。公共提供公共产品并不一定都要由公共部门生产，有时，由政府购入私人产品，然后向市场提供。例如，国家可以将制片商已经拍好的电视片购买过来，在电视台播放。甚至武器和军事装备也由私人部门生产，然后由政府采购。

第三种是混合生产、混合提供。一般来说，公共产品应当由公共部门来提供。然而，有些准公共产品，尤其是在性质上接近私人产品的准公共产品在向社会提供过程中，为了平衡获益者与非获益者的负担，提高资源的使用效益，政府往往也采取类似于市场产品的供应方式，即按某种价格标准向消费者收费供应。这样，消费者必须通过付款才能获得消费权。例如，对于医疗产品，既可以采取政府供给方式，也可以采取政府供给、个人付费方式。此外，自来水、电、煤气等，也都可以并已经采取收费方式来供给。但是，由于混合供给方式包含了政府的政策因素，它与市场供给的纯私人产品，在性质和管理上仍有较大区别。

在上述三种公共产品生产方式中，前两种采用的是公共提供方式，第三种采用的是混合提供方式，这两者的区别就在于由谁来付款。公共产品无论是采用公共生产、公共提供，还是采用私人生产、公共提供方式，其结果都是生产公共产品的费用完全由政府负担，亦即财政拨款。公共产品若是采用混合提供的方式，则其生产成本将由政府和受益的企业或个人共同分担。

理解公共需要，有助于我们理解公共产品。公共需要在观念形态上是

一种欲望、理念；在价值形态上是公共需求，是财政资金支持的公共部门购买力，是总需求的一部分。而公共产品是为公共服务的产品或服务。公共产品在经济上的意义，是总供给的一部分，体现为被公共需求所购买的那部分社会产品，是公共需要的使用价值形态。一种产品产出之前或刚刚产出而没有买主之前，它的身份并没有打上公共产品或私人产品的烙印，它的身份是中性的，可以成为私人产品也可以成为公共产品，只有当它被公共需求所购买之时，它的身份才被确定为公共产品。例如，一座花园，被政府购买，成为公园，即成为公共产品；被私人购买，成为私家花园，即成为私人产品。又如，当一条道路被政府购买，提供给社会使用，便是公共产品；如果它被一个企业购买，作为营利的工具，向行人收费，则又变成私人产品了。

公共需要可以转化为公共产品。作为公共需要的价值形态的公共需求，可以两种形式分配出去，一种是购买性支出，从而直接转化为公共产品；另一种为转移性支出，这部分支出，在其形成结果上，可以有两种：一种还是用来购买公共产品，例如，中央政府给予地方政府的补贴，一般还是主要用于购买性支出；另一种虽然是为了公共需要的目的而支出，但其最终结果归个人使用，例如，对企业补贴的支出，用于社会保障救助穷人的支出，最终形成私人产品。所以，政府需求从根本上说，是为了满足社会公共需要，但从最终结果上，公共需求却转化为公共产品与私人产品两类产品。当然，政府需求的绝大部分都转化为公共产品。

有了专题2的一般理论准备，我们从以下三个视角，来讨论一般意义上的征信服务属性：

一是对照公共产品和私人产品理论概念，看对征信服务需求的性质。我们知道，对征信服务的需求，就是对了解信息主体过去的借钱还款记录、了解信息主体过去的信用状况，以预测其未来信用风险/未来违约概率的需求。这种需求主要来自各类授信机构，服从于对其信贷业务的信用风险管理的需要。

二是从国际上征信业实践看，绝大多数国家的征信服务机构（包括信用

征信：若干基本问题及其顶层设计

评级机构）都是私营公司（如邓白氏、益博睿、环联、艾可飞、惠誉、标准普尔、可锐夫等），生产并提供了绝大多数的征信服务产品。

三是从国内现代意义上的征信服务实践看，多数市场供给主体也都是民营公司（如新华信、中诚信、大公国际、新世纪、鹏元、启信宝、天眼查、企查查等），占据了征信服务市场，特别是企业征信及信用评级业务市场的绝大部分份额。

在目前国内征信市场，央行设立的专业机构——中国人民银行征信中心（是经费自理的事业单位）是个特例，它虽然已走上收费提供服务的运营模式，但提供的服务在现阶段就其主要特征看，是该划入公共产品或混合产品，还是私人产品，仍然存在较大争议。

综上，将我国一般意义上的征信服务界定为经济学上的私人产品而不是公共产品，应是大多数人的共识。但是，由于央行征信中心这个特殊机构的存在，也不排除并应尊重可能仍有少数人，从征信服务对促进社会诚信建设的延伸作用和社会公益意义的角度，在中国特色社会主义市场经济条件下，主张把征信服务界定为公共产品，或者至少应将一部分征信服务（比如仅提供信用报告的基础征信服务）界定为准公共产品。

我们下面就争议可能比较大的，对于征信中心依托征信系统（2013年颁布的《征信业管理条例》为其安上了一个"国家金融信用信息基础数据库"的名称）提供的征信服务是否是公共产品这个特例，作一点讨论。

一种意见认为，由于中国人民银行作为我国最大也是迄今为止最为成功的征信系统的组织建设者，已将征信系统定位为金融乃至市场经济的一个重要基础设施，并且目前的现实是央行的一个事业单位（准公共部门）在提供征信服务，征信中心依托征信系统提供的征信服务，很多官员和百姓似乎都理所当然地认为，就是央行提供的一种公共服务，或者说应当归入公共产品，至少是准公共产品，或有的专家所谓的"有条件的公共产品"。

笔者对此不敢苟同。首先，征信服务（包括提供信用报告服务）具有竞争性是显然的，谁的信用报告具有高的性价比，就更有市场；其次，收费的服务就具有了排他性。这样，理论上征信中心主要向授信机构提供的信用报告查询服务，是完全符合私人产品应同时具备竞争性和排他性这个判断标准的。再看实践：(1)征信中心作为国家批准设立的"经费自理"的事业法人单位，如果走回头路，改为依赖财政或央行的国家资金支撑征信系统的建设运行成本，而向商业银行提供免费征信服务，显然是不合适的。目前，征信中心向主要服务对象商业银行提供的主要产品服务——企业和个人信用报告查询服务，自2010年10月起已经开始收费；向消费者本人提供的个人信用报告查询服务，也自2014年6月起开始执行对每年第三次及以上的查询服务收费。因此，征信中心提供的基础征信服务，与国内外的市场化征信机构提供的征信服务相比较并无本质不同；未来也看不到走回头路（向全社会放开提供免费查询服务）的必要和可能。(2)《征信业管理条例》第四条规定"中国人民银行（以下称国务院征信业监督管理部门）及其派出机构依法对征信业进行监督管理"。这实际上是把维护征信业的市场秩序、保护信息主体权益和促进征信业发展这个公共产品/服务的供给职责明确赋予给了央行。这样，央行就不宜同时再承担具体提供征信服务的职能了。如果说，在培育征信业的市场建设发展初期，由一个政府机构同时肩负这两种职能还是社会可以理解和接受的，那也并不意味着可以让央行长期承受既当裁判员又当运动员的诘难。综上，理论和实践的分析判断，都是支持征信服务（包括我国央行征信中心目前提供的信用报告查询服务）是私人产品的，没有理由将其界定为公共产品或服务或准公共产品，因为准公共产品或混合产品也不能同时具有竞争性和排他性。

但坚持第一种意见（征信中心提供的征信服务是公共产品或准公共产品或有条件的公共产品）的人，从强调征信服务可促进诚信建设的外延社会意义和维护征信中心现行体制的角度认为，央行组织建设的征信系统已经成为金融乃至市场经济的基础设施，依托其提供的征信服务具有很强的社会公益性；同时，征信中心还从一些行政管理部门（如金融监管部门、环境保护部门、产业政策管理部门、司法部门等）采集了一些执法信息，既可以帮助信用评估，也可以协助提高执法效力和为公共部门履职免费提供征信服务，后者应是征信中心提供的公共服务，虽然在其服务总量中占比很小。

以上两种认识，哪一个更符合理论和实际呢？读者都会有自己的判断和认识。提出这一征信业的基础问题，正本清源地在这个问题上厘清我们的认识，在推进全面深化体制改革的背景下，对于思考如何构建我国现代征信服务体制，加快覆盖全社会的征信系统建设，不断提升征信服务水准，具有十分积极的意义。

就"征信"概念的讨论至此，似仍感觉缺了些什么，概括起来，可能就是"中国特色"。实际上，在当今中国社会，征信也是有中国特色的。如缺乏这方面的讨论，恐怕官方、多数官员是难以满意的。由于中国社会现阶段社会诚信建设的问题很多、任务很重，在"社会信用体系建设"的号召下，官方甚至社会各行业，实际上已经赋予了"征信"比国际上通行理解的有更多的功能，需要征信更多地关注"诚信"问题和守法合规问题。因此，从一开始讨论征信，在给征信下定义时，如果只是纯粹、绝对地把征信理解为主要向授信方或信用关系相关方提供信用信息服务的一种特别的信息服务活动，恐怕是存在不足的。至少在"征信"的定义中，要加上类似"促进改善社会诚信环境"的表述。这就是征信在中国的最大特色。从后面的讨论将会看到，这个特色的影响是广泛而深刻的。

第二章
促进征信业发展与保护个人信息权利

【问题】
2.1 发展征信业的基本矛盾是什么？
2.2 商业秘密及个人隐私保护是征信研究的真实命题吗？
2.3 征信系统是否应该收集个人隐私信息？
2.4 个人隐私信息会不会进入征信系统？
2.5 负面信用信息是不是个人隐私？
2.6 如何进一步完善异议处理制度？

自21世纪初我国现代征信体系加快建设以来，在征信业的发展与个人信息权利保护之间如何寻求平衡，一直是人们特别是在征信法规立法过程中讨论的一个重要问题，并且形成了以下大而化之的笼统意见：在建设征信体系或从事征信活动中，既要促进发展征信业，又要注意保护个人隐私和商业秘密。以个人征信为例，上述意见就是，一方面要求在建设征信体系过程中，适当让渡、牺牲一部分个人信息隐私权，而另一方面则要求严格规范信息采集和征信服务产品的使用。显然，前者更多地强调了要促进征信业的发展，而后者则更多地倾向保护隐私，共同隐含的前提是假定征信系统中收集和保存了很多个人隐私信息。目前在中国，一方面，对个人信息权利保护薄弱，个人信息被非法买卖、使用泛滥，欺诈盛行；另一方面，各种信用违约风险上升，征信供求缺口巨大。

即便在这种平衡中，我们强调保护个人信息隐私权是矛盾的主要方面，在保障个人隐私权的前提下，征信机制是可以找到解决方案的。但未经实践检验的理论是苍白的。迄今征信活动的实践尚未能在两种倾向之间求得一个较好的平衡，矛盾的主要方面——保障含隐私权的个人信息权利——仍然解决得不好。

如果沿着上述命题的思路，这两种倾向性意见之间的争论，恐怕仍将持续下去，并且很难找到有社会共识的平衡点。因此，逻辑上可以产生这样的疑问：我们概括征信基本矛盾的思路是否存在问题，是否与实际有些对不上号？

如果我们说，保护商业秘密及个人隐私，实际上是征信研究的一个伪命题，一些人恐怕一时难以接受。但是深入观察中外征信活动的实践，不难发现：上述命题，或者说如何在发展征信业与保护个人隐私两者之间寻求平衡的问题，至少是一个不恰当或者十分难解的命题。更真实、有解的命题应该是：在征信活动中如何实现个人信用信息权利保护的问题。

对上述问题进行认真研究，不难发现：有关发展征信业与保护个人隐私两者关系的研究，甚至一切有关个人隐私问题的研究及其结论，都与社会对于个人隐私信息的判别是否有共识有极大的关系。而对现阶段我国社会对于个人隐私信息的判别是否已有共识，或者至少是否已有能够形成共识的机制，大体上存在两种判断：一种意见认为有，另一种意见认为还没有。因此，我们不能纸上谈兵、罔顾实际，而是需要在对这个重要的现实环境的两种不同判断的基础上，对本篇一开始提出的命题进行研究，然后才能进行概括与总结。

第一节　征信保护个人隐私权的主要任务

在社会有共识判别个人隐私信息的情况下，征信活动中保护个人隐私权的主要任务就是要把个人隐私信息拒之门外。

认为目前我国社会对于个人隐私信息的判别是有共识的，或者至少是有能够形成共识的机制的,主要依据是:虽然对个人隐私的内涵和外延,目前我国尚没有法律界定,但是学术理论上对此是基本有共识的。并且,每个人对于一条具体的个人信用信息是否属于隐私都是有自己的判断的,在此基础上,需要的话,总是有机制可以汇聚大多数人的认识、达成共识的。在这个认识环境下,不存在某一条或一类个人信用信息是否属于个人隐私是无法判断或没有共识的。这是以下研究的重要前提环境(条件)。对此持反对或怀疑态度的人,可以把这看作一个假设条件。

在上述认识或前提——对于任何一条具体的个人信用信息是否属于隐私,全社会是有共识的——条件下,关于如何在发展征信体系与保护个人隐私两者之间寻求平衡的问题,也是一个不恰当的命题。说它不恰当,并不是因为对个人隐私的内涵和外延没有法律界定,也不是因为偏向保护个人隐私或偏向发展征信业的两种意见涉及的基本观念和利益冲突难以调和,而是因为上述命题本身,即在征信业内讨论隐私保护,是一个不严谨、不准确、言过其实的命题,说严重点,是一个伪命题。

我们从寻找以下两个问题的答案开始我们的讨论:一是征信系统是否应该收集个人隐私信息?二是个人隐私信息会不会进入征信系统?

一、征信系统不应该收集个人隐私信息

第一个问题,即征信系统是否应该收集个人隐私信息?这是一个关乎征信体系建设的基本理念问题。令人奇怪的是,迄今也没有人提出这个问题,好像关心征信体系建设的每个人都有自己的答案,也似乎大家都刻意回避了这个问题。是问题本身不重要吗?或是其答案过于简单?还是提出和讨论这个问题隐含的前提条件,亦即本部分讨论的前提环境不存在?答案不得而知。无论如何,笔者是倾向于相信,征信系统是不应该收集个人隐私信息这一理念及其前提条件的,并相信这一理念有利于征信体系的发展。主要理由,一是征信机制没有充分的理由要求收集个人隐私信息,二是个人隐私信息对于揭示个人信用状况并没有多大的帮助。

这里重点论述第一条理由。从第一篇的介绍,我们知道,征信即征信活动或征信服务,有两个重要特征,即微观性和揭示信用状况的功能。这两个

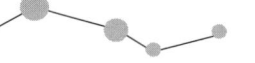
征信：若干基本问题及其顶层设计

特征，有助于我们对征信的作用有一个比较客观的认识。这几年，征信服务为银行控制信贷风险、改善信用风险管理及提高授信服务效率和水平发挥了基础性作用。当然，我们也可以把征信的延伸服务和作用加上去，说征信为维护金融稳定、促进诚实守信和构建和谐社会作出了重大贡献。我们还可以把征信系统定位为金融业乃至信用经济的基础设施。但是，能不能据此就要求消费者牺牲一部分隐私权呢？恐怕不能。

从维护金融稳定和构建和谐社会的大局出发，要求消费者个人放弃一小部分隐私，似乎要求也不算太过分，可能一些人也能接受。但是，这里的权衡、分析的方法是存在问题的，即概念不对称。我们在对一个事物涉及的利弊两个方面进行衡量的时候，不能把一个方面扩大到宏观水平，而另一方面却停留在微观层次，就放到天平上去称、去衡量。那是得不出公正、正确结论的。就征信这个微观活动来说，难道为了向授信方提供参考信息，涉及几块钱的查询费用，我们就有权利去收集个人隐私信息，就可以要求消费者让渡一部分个人隐私权吗？显然是很不合适的。这没有法律依据，我们没有这个权力。即便从放大的宏观角度，隐私权也是一种重要的人权。违背个人的意愿，去收集乃至传播个人隐私信息，都是对人权的侵犯。维护金融稳定的大局，并不意味着可以侵犯社会大众的隐私权。我们完全可以在兼顾不侵犯社会大众的个人隐私及保障信息主体合法权利的情况下，建设有效的征信制度。

关于个人隐私信息对于揭示个人信用状况并没有多大帮助的判断，也是很容易理解的。保护法律有明确界定或大多数人有共识的个人隐私信息，不让征信机构去碰，这对了解判断个人的信用状况能有多大的损失？

综上，征信服务的特点和作用，决定它不应该去收集个人隐私信息。即便如此，面对"征信系统是否应该收集个人隐私信息"的疑问，仍会是一个存在巨大争论、难以达成共识的问题。很多人甚至自己在这个问题上内心都是分裂的：一方面，可以赞成征信系统不采集隐私信息，这意味着征信系统就不会包含隐私信息；另一方面，若让他承认征信中的信息（如身份识别信息、信贷信息等）都不是隐私信息，他又不愿意赞同。

下面，我们讨论前面提出的第二个更务实的问题。

第二章 促进征信业发展与保护个人信息权利

二、个人隐私信息不会进入征信系统

我们需要先讨论两个相关的更基本的问题：

（1）什么是个人隐私？

（2）负面信用信息是不是个人隐私？

讨论清楚了这两个问题，才好回答"个人隐私信息会不会进入征信系统"的问题。

1. 什么是个人隐私？

老实说，"什么是个人隐私"是一个不好回答的问题。随着个人权利的保护意识越来越强，"个人隐私"在我国有关法规中已多处提及，从学术和司法的角度，有关这一概念的讨论已经很多，其中就有来自征信业界的研究。但是至今，我们并不能从内涵和外延两方面，对"什么是个人隐私"的问题提供一个统一、清晰的答案。特别是对于"隐私"的外延，即哪些事情属于隐私，尚没有一个被公众承认的清晰界定。好在学术上关于"隐私"的内涵/定义，还是有比较一致的认识，即隐私是指有关个人生活领域一切不愿为人所知的事情。

把这个定义进一步说明白些，隐私或个人隐私有两个要素，按学者或司法的语言说，构成隐私有两个要件，一为"私"，二为"隐"。第一个要素/要件"私"，是指纯粹个人的、在纯粹个人生活领域的与公共利益、群体利益无关的事情，这是隐私的本质所在。这个要素，阐述的是隐私与公共利益或群体利益的关系。第二个要素/要件"隐"，是个人不愿为他人知晓或不愿、不便被他人干预，或者是按正常的心理和道德标准而论不便为公众所知晓的事情。第二个要素，主要说的是个人的主观意愿。判断某人的某件事情及其信息是否是隐私，需要根据这两个要素来判断，缺一不可。这里说的是隐私的定义、内涵。

关于隐私的外延，虽然很难有统一认识和清楚的界定，但我们容易理解，隐私基本上存在于三种形态之中。

一是个人信息，这是无形的：纯粹反映个人情况的信息。个人信息，也称个人情报资料、个人资讯，包括所有的个人情况、资料，诸如身高、体重、

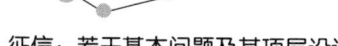
征信：若干基本问题及其顶层设计

女性三围、病历、身体缺陷、健康状况、生活经历、财产状况、社会关系、家庭情况、婚恋情况、学习成绩、缺点、爱好、心理活动、未来计划、姓名、肖像、住址、家庭电话号码、政治倾向、宗教信仰、储蓄、档案材料、计算机储存的个人资料、被罪犯强奸过的经历，等等。个人信息是指现实生活中能够识别特定个人的一切信息，其中与征信有密切关系的，通常是如姓名、性别、身份证件号码、住址、家庭电话号码等个人基本信息。对于自己不同的个人信息，是否愿意让别人知道、允许在多大范围内传播，在不同的时代，不同的人的态度可能有很大的差异。

在隐私存在的三种形态中，个人信息是与征信关系最密切的。

二是个人私事，这是动态的：通常指当事人不愿他人干涉或他人不便干涉的个人私事或私人活动。私人活动，是一切个人的、与公共利益无关的活动，如日常生活、社会交往、夫妻的性生活、婚外恋情和婚外性生活、微信中的聊天记录，等等。其中，婚外恋情和婚外性生活，考虑到当事人和相关人员的人格尊严，即便知情的组织机构一般也不宜向社会公布，但并不排除对当事人进行批评教育。当然，如构成破坏军婚罪、重婚罪，则要依法追究刑事责任了。

三是个人领域，这是有形的：通常指当事人不愿他人侵入或他人不便侵入的个人领域。个人领域，也称私人空间，是指个人的隐秘范围，如身体的阴私部位，即生殖器官和性感器官。除此之外，个人居所，旅客行李，学生的书包、口袋、日记本、私人通信，微信朋友圈等，均为个人领域。例如在西方，居所的二楼及卧室，也是隐私领域，擅入就是严重的侵害隐私行为。

我们说，隐私存在于上述三种形态当中。但并不是说，属于三种形态的所有事情都是隐私。实际上，个人信息、个人私事和个人领域中，有很多事情对很多人来说，并不是隐私。例如，对于性感器官如女性乳房，一般认为是身体阴私，但在非洲某些地方/民族，则不认为是身体隐私，可公开裸露。现在有一种现象越来越流行，一些社会活动人士，在按照他们的理念去履行社会责任时，为了达到更强的效果，往往愿意牺牲个人身体的隐私，采取裸奔、裸体活动的方式来表达诉求。又如，被法院判决为构成犯罪的私人事件，是否还是个人隐私,也是很值得讨论的。具体的某人某事是否是隐私,还要具体分析和判断,即要根据前述隐私的两个要素来判断。但即便使用同样的标准来判断,具体的某人某事是否是隐私,可能还是因人而异。

综上,隐私乃是一种与公共利益或群体利益无关的,当事人不愿、不便或不应该为他人知悉、干涉或侵入的个人的信息、私事或领域。

有了上面这个一般的、概念性的讨论,能不能说我们就对个人隐私这个很复杂、重要的概念、事物认识清楚了呢?恐怕还远不能这么说。对于隐私作进一步的研究,我们还会发现:隐私是一种与主观价值判断有很大关系的客观存在/事实。

(1)隐私还有一个特征,那就是它是与时间和空间都有关的概念。举一个例子:有人在足球场上或其他公共场所裸奔。那么本来属于这个人隐私的阴私部位,在他裸奔的时空里就不是隐私了,因为在那个特定的时空下,他放弃了"隐"的意愿。并且,他在那个时空被拍下的照片,也不可能成为隐私了,即便他事后后悔也改变不了。但是,他裸奔结束回到正常生活状态以后,时空改变,他的阴私应该还是隐私。"什么是个人隐私"之所以是一个不好回答的问题,更因为它在现实世界中,是一个因人而异、因时而异和因地而异的相对概念和事物。

(2)隐私的裁判是谁?按照隐私的概念/定义,按理说,应该就是个人,因为个人的意愿是构成隐私必不可少的要素/要件。但是,另一个要素——与公共/群体利益无关,使得问题变得复杂起来。这一前提条件,谁来判断?显然,这要以公众/群体的共识(最高形式的共识是法律)为准。虽然信息主体个人也可以参与提意见,并有可能影响但不能代替公众/群体的意见。因此,这个问题的答案应该是:在公众/群体共识认为是与公共/群体利益无关的基础上,某人某事是否是隐私的裁判,是当事者本人。

至此,我们一般性地讨论了隐私的概念,回答了前面第一个关于"什么是个人隐私"的问题。下面,讨论第二个问题。

2. 负面信用信息是不是个人隐私?

之所以要讨论这个问题,是因为负面信用信息是征信系统中最敏感也可以说最重要的一类信用信息。

就像个人信息未必就一定属于隐私一样,负面信用信息也未必就是隐私。同样的,还要根据前述隐私的两个要素/条件来作具体的分析和判断。

一个典型的例子:一位留学生,在国外乘坐地铁时经常逃票,虽然在读书期间只被查到两次,但每次不仅补了票而且还要被记录,等他毕业后四处求职未果时,才知道,由于这两次的不良记录已进入征信系统,招聘单位在决定是否录用他时,都会去查他的信用记录,这才是他应聘屡屡受挫的原因。这个案例告诉我们,与公众、集体甚至他人利益相关的负面信息,已经难以让社会主流共识将其归入"个人隐私"而受法律保护了。

在这个例子中,该学生的行为准确地说应该是个人的"负面信用信息",而不是"个人隐私",因为社会有共识:你的个人行为影响公共或群体利益了。前面说到,判断某人的某件事情是否是隐私,需要根据隐私的两个要素来判断,缺一不可。即两个要素/条件都要符合:与公共利益无关,并且本人不愿他人知悉。

因此,第二个问题的答案是:个人负面信用信息包括负面信用交易信息,未必就是隐私。

同样的,还可以讨论正面信用信息是不是个人隐私。不要对提出这个问题感到奇怪。我们知道,曾经在欧洲一些国家比如法国,征信系统是不能收集正面信用信息的。支持作这种规定的认识基础是,一个守信的消费者的信用信息不会危及公众利益,将其作为隐私信息而比负面信用信息实行更严格的保护,也是未尝不可的。尽管如此,征信业的发展趋势是,这类国家的数目会越来越少。我国的情况,与大多数国家一样,社会大众的大多数都不认为信用信息(包括正面和负面)是隐私信息,而最多是敏感信息,至少可以在授信机构(如银行)之间分享。因为多数人都知道,在大数据时代真正的隐私都难隐,如果把隐私信息的范围划得过宽,实际上是没有意义的。当然,不排除仍有少数人有不同认识。如果不是在这个方面有共识基础,征信系统也不会这么快地建设起来,尽管在这个过程中反对的声音从来就没有断绝过。个人信用信息不再不加区分地划入个人隐私范畴,是建立现代征信制度的社会认识基础。

至此,可以来回答本部分讨论的主要问题了。

3. 个人隐私信息会不会进入征信系统？

首先来看，在个人征信系统中都有些什么信用信息数据。这里为便于讨论，我们将进入个人征信系统的信用信息分为三类：个人基本信息、个人信贷交易信息以及反映个人信用状况的其他信用信息。

显然，这三类信用信息，按《征信业管理条例》及中国人民银行《个人信用信息基础数据库管理暂行办法》的规定，都不是个人隐私。首先看个人基本信息，它是个人在向银行或其他机构申请服务时愿意填报的、至少在征信系统分享和征信服务对象的合法范围内愿意披露的信息，就是说至少在征信体系范围内它不是隐私。实际上，个人基本信息，在个人与很多机构打交道时，都是需要填写的，因为它是识别身份的必要信息。当然，个人基本信息中有许多都是个人的敏感信息（这个说法比较准确、恰当）。不排除一些消费者，对于有关自己的信息比一般人持更严谨的态度，不愿意把更多的个人基本信息告诉别人，包括银行。在提供了可以准确、唯一识别、定位一个人的信息的条件下，法律以及银行在提供信用服务实践中，都是应该对这些人的意愿给予尊重的。因此，在征信实际操作中，进入数据库的个人基本信息，都是由其本人填写并征得本人同意经银行及其他报数机构报送的。仅根据"隐"这一个要素，就可以判断进入征信系统的个人基本信息都不是个人隐私信息。

再看个人信贷交易信息，即信用交易及其派生信息，这是个人征信系统/数据库的一类核心信息。信贷交易信息数据，在出现征信制度以前，仅仅掌握在与消费者有信贷关系的银行手中；出现征信制度后，就可以在银行/授信机构范围内分享了。由于银行是资金中介机构，存款资金主要来源于千千万万个居民/家庭，关系到社会群体/公众利益，因此各国都对包括银行的金融机构实行较严格的审慎监管制度。金融稳定关系到经济和社会的稳定。贷款不能按期偿还的多了，金融机构就要倒闭，损害的是社会公众/群体的利益。经历了美国的次贷危机引发的世界范围的金融危机，我们对这一点认识得更清楚了。因此，个人的信贷交易信息是与社会公众/群体利益有密切关系的，不属于个人隐私。这是支持建立现代征信制度的核心原理。如果信用信息还被共识为隐私，征信体系就失去了存在的基础。

同样的，征信系统从其他公共机构或商业机构采集的"反映个人信用状况的其他信息"，如个人在煤电水气等公共事业服务机构、电信企业等欠费的信息，还有环保、质检等行政执法信息，也都有着信贷交易信息类似的性质，也必然都是与社会公众或群体利益有着某种关系的信息，不是个人隐私。

至此，我们可以大胆地得出结论：进入个人征信系统的信用信息，都不是个人隐私信息。不仅现在是这样，将来也应该是这样。因为征信系统是遵循两个原则采集数据信息的：要么是个人已经明确表示了意愿，愿意在征信系统服务范围内共享的信用信息；要么是与社会公众或群体利益有关的信用信息。而隐私必须同时具备的两个要素，正是这两个原则的反面。因此，个人征信系统的信用信息，都不可能是个人隐私信息。

当然，我们这里讨论的是合法守法征信机构建立的征信系统的情况。我国还处在征信体系建设初期，在法律及行政监管部门尚未界定某些个人信息是否属于隐私的情况下，不排除社会上一些非法或不守法的机构（掌握不公开的各类大数据）和个人，可能存在利用个人隐私信息提供非法征信服务的情况。

如果我们对征信采集数据信息的原则、隐私的概念和隐私的判别有共识，那么总体上可以判断，合法征信机构建立的征信系统中是没有个人隐私信息的。但是，我们并不排斥个人消费者对征信数据库中的信息主张信息权利，包括可要求限制获知征信系统个人信息的机构和个人非法传播其信息，甚至主张隐私权。这是两个不同的问题。

三、在有社会共识判别个人隐私信息的情况下，征信活动中保护个人隐私的主要任务是要把好数据信息收集的大门，将个人隐私信息拒之门外

在此讨论的前提下，根据上述理念和研究，笔者认为，在征信系统内讨论隐私保护，则是一个不准确、言过其实的命题，说严重点，差不多是一个伪命题。因为征信系统/数据库内不应该进入、实际上也没有隐私信息，如何在征信系统内讨论隐私保护呢？

虽然储存于征信系统的信用信息都是敏感程度不同的信用信息，信息主

体在其中仍有一系列正当、合法的权利,但总体上可以认为这些权利都是低于隐私权的。在这些权利上即便出现一些疏漏、过失,危害程度应该也与侵犯隐私权不可同日而语。这也是笔者不赞成在征信系统内讨论保护隐私,说它言过其实的一个重要原因。笔者担心按照这个命题和思路讨论下去,征信系统将不堪重负,开发征信产品将受到严重制约,缩手缩脚,影响长期发展。这样说,并不是说我们对信息主体在征信活动中的应有权利不重视。这个话题,我们将在后面讨论。

那么,征信体系建设或者说征信活动,与保护个人隐私就没有关系了吗?不是的。在这种情况下,征信活动仍然与保护个人隐私有着重要关系。但这种关系仅存在于,或者说主要与征信数据信息的采集有关。

因此,处理好这种关系,首先,主要就是把好数据信息采集的大门,把法律、法规明文界定的或消费者个人自治明示的属于个人隐私的信息拒之门外。把好了这个大门,应该说征信机构就较好地履行了保护个人隐私的法律义务。如前所述,这不仅不会给征信系统带来什么损失,而且会为其开发新产品和长期发展铺平道路。

其次,由于隐私的相对变化性质,前期收集的不属于隐私的信息,后期由于法规或人们认识的变化,可能又变成了隐私信息。这时,就要求征信机构及时做好屏蔽、删除处理。不排除极少数情况下,由于数据收集环节的过失,如未获个人授权,或非法授权(如捆绑的、变相强制的授权)等,收集了一些属于个人隐私的信息,也同样需要及时妥善做好屏蔽、删除处理。

基于以上研究成果,在参与讨论起草《征信业管理条例》的意见时,笔者一开始是反对关于"从事征信业务的机构应当依法保护个人隐私和商业秘密"的写法的,而只主张"从事征信业务的机构应当依法保护信息主体的合法、正当权利",或者可以规定"为依法保护个人隐私和商业秘密,从事征信业务的机构不得收集、保存和对外提供法律法规明确界定为个人隐私和商业秘密的信息"。如果法规能规定"不得收集法律法规明确界定为个人隐私的信息",好处之一是,等于间接承认法规允许收集的信用信息就都不属于个人隐私了。

最后,需要指出的是,即便未来法规作出了更明确的规定,并且在征信实践中也很好地把住了数据收集的大门,把法规界定为个人隐私的信息拒之门外了,也不等于征信系统就与个人隐私问题脱开了干系。原因在于:一是肯定还有大量的、法规没有界定为隐私的个人信息,一旦被收集进了征信数据库,就难免会有人认为它们是隐私信息,难免有要求隐私保护的;二是如前面提到的,由于人们对隐私认识的相对性,前期有共识为非隐私的信息,过了一阶段可能会发生变化;三是即便是法规已界定的非隐私信息不同意主流共识的少数群体,可能仍要主张在数据库中其个人信息的隐私权。因此,即便按照以上简洁的研究思路,隐私保护问题恐怕还是我们永远绕不开的问题,这是由征信业的特点决定的。

虽然脱不开干系,但是在这里讨论的前提或假定(有共识判别信用信息是否属于隐私)条件下,处理征信体系建设与个人隐私保护的关系就相对较为简明、简单了,只要把好数据信息收集的大门,将个人隐私信息拒之门外就可以了。

第二节　征信与个人信息权利保护

在没有社会共识判别个人隐私信息的情况下,如何保护个人隐私在征信体系建设中是一个十分难解的命题。

这节讨论的情形与第一节的情形相反,即对前面讨论的前提持反对或怀疑态度的人认为的情形:目前我国社会环境,对于个人隐私信息的判别基本上是没有共识,或者是很难达成共识的,或者形成的共识是易变多变的。这种情形更接近现实的主要依据是:目前我国法律、法规作为社会高级形态的共识,尚没有对个人隐私的内涵和外延做出明确的界定;并且,虽然学术理论上对此有基本的共识,但每个人对于一条具体的个人信用信息是否属于隐私,都有自己的不同判断和权利主张,对很多个人信用信息是否属于隐私的认识分歧可能还很大。在此基础上,形成社会共识要么不可能,要么形成的成本很高,甚至形成的共识是易变多变的。简言之,在这个认识环境下,对于很多个人信用信息来说,判别其是否属于个人隐私,是没有共识或很难形

成稳定共识的。

在上述认识环境下,显而易见,如何在建设征信体系与保护个人隐私两者之间寻求平衡的问题,是一个十分难解的命题。因为对个人隐私的内涵和外延尚没有法律、法规的界定,而每个人基于理念和利益的不同对个人信用信息是否属于隐私的判断及其权利主张往往各不相同,有的分歧还很大、难以调和,要么没有共识,要么形成稳定共识的成本很高。而在实践中,谈某一类个人信用信息的隐私保护,前提当然是首先得判别这类信息是否属于个人隐私。如果这个前提都难以确认,那么讨论如何保护个人隐私,对于征信这个新兴、幼稚的行业来说,在数据收集、保存、加工和使用的每一个阶段,当然都是十分困难的。

总之,在没有共识判别个人隐私信息的情况下,在征信体系建设中,提出隐私保护命题是十分难解的。

在这种情况下,最好不要纠缠概念,不要试图对哪些个人信息做是否属于隐私的定性判断。就像改革初期,在创办经济特区时,邓小平同志提倡的,不要对姓社姓资的问题去搞无谓的争论。

这时候,撇开信息的性质不谈,直接去讨论信息主体享有哪些信息权利,以及在征信活动中如何实现这些权利,研究完善相应的制度安排,可能是更务实、可行的。

一、征信活动中的个人信息权利

在我国目前尚未制定专门的个人隐私法、个人信息权利保护法或个人信息保护法的背景下,借鉴欧美先行国家在个人数据保护及个人信息权利保护方面的立法及实践的经验,根据前面两种不同条件下研究得出的结论,笔者认为,相对于本篇初始的问题,在征信活动中提出和讨论到底有哪些个人信息权利与征信活动相关,以及如何在现有法律的基础上,讨论如何完善保障这些个人信息权利的制度安排问题,可能是一个更好的、能避免争论并且有解的命题。

个人信息权利,是指个人作为信息主体依法对其个人信息所享有的支配、控制并排除他人侵害的权利。将个人信息权利与相关、可作类比的个人隐私权、知识产权、著作权的不同特点认识清楚,对于正确认识个人信息权利的内涵与外延是十分有益的。前面，我们重点分析了个人信息权利与隐私权虽然有一定的相关性，但远不是一回事。

再简要看一下著作权。根据我国《著作权法》的相关规定，著作权包括人身权和财产权两种，其中，人身权具体是指发表权、署名权、修改权和保护作品完整权，而财产权则包括复制权、发行权、出租权等数十项权利。依据《著作权法》第六十条和我国已签署的《伯尔尼公约》第十八条的相关规定，著作权相关法律仅保护依法尚未超过保护期限的作品。除署名权、修改权和保护作品完整权这三项权利外，发表权和其他数十项财产权利都具有一定期限（五十年）的保护期，并非永久受法律保护。而我们讨论的个人信息权利，由于聚焦的个人信息及其信息产品并非个人生产的著作，它与著作权有很大甚至根本的不同，基本上就是两回事。后面，我们将会看到，上述细分的著作权利与征信活动中的个人信息权利基本上没有什么交叉。

将个人信息权利与其他个人权利区分开来，特别是不谈、少谈我国司法保护实践中仍争议较多的个人隐私权，而讨论更具体的、明确的、易于讨论的个人信息权利，应该是一种更务实的态度。在社会对个人应享有哪些信息权利有共识的基础上，才好讨论保障个人信息权利的制度安排。

研究权利，首先绕不过去的是所有权问题。由于资产形态特征和所有者性质的不同，所有权的内涵、表现和实际可行使所有权利的边界都是不同的。个人信息，即与个人相关的信息，作为资产看待，也称个人数据资产，是信息时代一类重要的动产。与其他有形动产和无形资产比较，个人数据资产的形态存在以下三个有联系的鲜明特点：一是其产生是相关机构（包括专业机构和公共部门等）日常业务记录的结果。当然，这类记录必须是客观的、与事实相符的；绝大多数情况下是经本人认可的，比如出生时间、性别、向银行的贷款及还款情况，等等；少数是由公共部门依据法定职责赋予的，比如身份证号、行政部门或司法部门作出的与个人有关的行政奖惩决定或司法判决，等等。只有极少的例外，如个人的姓名，是父母起的，但也要经由公安机关登记记录，才会成为个人数据资产。个人数据资产，主要是这样产生的，而不是相反（由个人现作原始记录，然后提供给有关机构使用）。当然，个人有权记录、保存自己的任何信息，但如果不是首先由机构记录产生的，即没有一个机构为个人的信息作背书（相当于作证），则信息的真实性是未经证实的，不是我们研究的对象。由此，派生出个人数据资产的第二个特点；二是作为有社会价值的个人数据是可以在原始记录机构证实的。即便是机构通过个人填报获得的二手信息，如姓名、证件号码、年龄、性别、婚姻状况、收入水平、住址、通信联系方式等，也都是按法律要求个人应如实填报，并可以到有关机构查验证实的。这个特点也意味着，如果某机构掌握的某项个人数据有记录错误，个人是可以提出异议，要求核实纠错的。三是个人数据资产是掌握在有合法需求的机构手中的，并且通常是由多家机构占有的。这与有形动产在法律上表现为占有即为所有的特点有鲜明的不同。

个人信息（个人数据资产）以上鲜明特征，对个人信息的所有权产生了深刻影响，决定了个人对其信息的所有权只具有有限的财产所有权属性。显然，对社会有价值的个人信息的所有权不是完全归个人所有，并且在多大程度上归个人所有是难以计量的。应当说，个人数据资产是个人与社会共有的比较合适，但又不能作定量的共有产权比例分割。如果一定要讨论清楚只在理论上有意义而在实践中意义不大的个人数据的归属权问题，多半会陷入无意义的争论。

以上是仅就个人信息这个属于数据资产的形态特征讨论的个人数据对个人信息使用权的影响。由于权利的本质属于社会关系，已有的社会法制环境对数据资产的权利界定及其保障制度的形成也有很大影响，但已超出了本书的研究范畴和笔者的研究能力。

因此，借鉴国际经验，迄今国内征信业较多讨论的，是消费者个人至少应享有以下六类个人信息权利。

(一) 信息客观准确权

信息的客观准确权是保障个人信息权利的基础。信息主体在填写个人信息时，要保证其所填信息的客观真实性与准确性；数据控制机构（信息提供、使用机构和信息中介服务机构等）应保障其向外（包括征信机构）提供信息数据的客观、准确性；信息中介服务机构（包括征信机构）对信息提供机构报送的个人信用信息进行客观整理、保存，不得擅自修改原始数据，应设置合理的程序保证反映主体的信息客观、准确无误。客观、准确的信息数据，是有充分的证据链条可以证明的。

个人在信息上的其他权利，如异议、调解、投诉、诉讼及纠错、救助、信用等权利，都是基于信息客观准确权派生的。

（二）申请异议、调解、投诉、诉讼及纠错、救助及信用修复权

消费者有权对数据控制机构对其个人信息处理中的错误、遗漏和未及时更新的问题提出异议、调解、投诉或诉讼并有权要求数据控制机构核实、更正或补充，以修复自己的信用。

消费者的异议权，是确保信用信息真实性的基本保证和手段，是消费者经常使用的权利，是其行使知情权和查询权的必然要求。

进一步，消费者认为数据控制机构侵害其合法权利的，或对数据控制机构的异议服务不满的，有权向调解组织、行政监管部门或法院申请调解、投诉或起诉，请求裁判前者赔偿其损失以修复自己的信用等。

美国《公平信用报告法》规定了民事诉讼、行政机关监督以及刑罚的适用等法律手段。其中，由当事人提起民事诉讼是约束相关机构和人员遵守法律规定义务，保障主体信息权利的主要手段。但这种制度安排，消费者维护权利的成本也较高。

消费者的调解申请、投诉和诉讼权是法治社会公民权利保障体系中的重要个人权利，也是保障个人信息权利的重要途径。

（三）知情、查询权

消费者有权知悉对其个人信息的收集和处理的具体情况，包括信息的来源、内容、处理机关的名称、处理目的和信息所涉及的接受者等。消费者有权利要求查阅自己信息（包括完整的信用报告）的客观、真实情况和信息的使用情况，了解自己的信用报告、信用评价情况及评价标准，了解掌握自己的信用等级等情况。数据控制机构应为消费者知悉、获取其个人信息提供方便，则是消费者行使该项权利应有之义。

消费者对个人信用信息的知情权，是行使其他权利的基础。

（四）信息被合法使用及保密权

消费者有要求数据控制机构及其工作人员在法定范围内使用并保密其信息的权利。数据控制机构及因工作关系知悉个人信息的工作人员，负有采取

措施保障个人信息安全的保密义务。征信机构在向合法的信息使用者提供个人信息时应告知其承担的保密义务。

消费者的这种信息权利,即其信息被合法使用并在合法使用场景内保密的权利,与隐私权是不同的概念。

(五)同意、选择、授权的自治权

在法律没有明确规定的情形下,数据控制机构在处理个人信息前,包括采集、加工或对外提供,都应得到个人的明确同意授权;合法使用者(机构和个人)使用个人信息都应当取得信息主体的同意,消费者有权选择是否同意征信机构及其用户使用其个人信用信息。

这是实现个人对其个人信息控制的一项重要权利和机制。上述个人信息权利,很多是个人的自治权在其信息流转及被储存、加工和使用过程中的体现。但机构记录自己的业务(势必涉及客户的识别信息),并仅在此业务管理的场景内使用,是自然的权利,是无须个人授权的。

需要指出的是,目前国内外的商业实践中,个人对其个人信息的自治权,在很大程度上还受到普遍的将授权与获得产品(服务)捆绑的制约。消费者的真实意愿是,既想获得某种消费品或服务,又不愿其必然产生的信息被提供商扩大使用(超出消费该产品或服务必需的、最小的使用)。可是面对强势的格式合同条款(含被捆绑的自治选择权),消费者往往不得不放弃其真实意愿。如何给消费者的自治权松绑,让自治权在个人信息权利保护中发挥更有效的作用,将在第八章进行深入分析、讨论。

在我国现有法律法规制度框架下,对于下列两类个人信息,征信机构进行收集、保存、加工,是不需要取得消费者同意的:一是行政机关、司法机关、具有行政管理职能的事业单位依法可以提供公众查阅的信息;二是其他已经依法公开的个人信用信息。

从国外情况来看,个人信用信息的使用者一般包括三类:一是与本人进行信用交易的金融机构和其他商业机构;二是虽然没有信用交易关系,但因其他合法、正当理由也获得本人授权的自然人或法人;三是依法定公共职权进行调查的司法机关以及税务、审计、海关等公共部门。这些信息使用者,也都有义务依法恰当使用和保护所获得的个人信用信息。

这个选择权，实际是将那些社会没有共识（亦即法规没有相关明确规定）是否属于个人隐私的信息，是否能进入征信被征信机构采集或使用的决定权交给消费者个人。

极端的情况下，个人在理论上、法律上都可以选择不允许某个征信机构采集和使用其个人信息，即申明不加入某个征信系统。但实际上，实现这种极端情形的选择并不容易，并不是谁一时兴起给某个征信机构一个通知就可以办到的，因为在信用社会接受信用服务是普遍的现象，富豪也很难离开银行的信用服务。选择不加入征信系统，需要在源头上接受信用服务时，说服授信方（授信前是强势的一方）修改格式合同条款。迄今，在国内征信活动的实践中尚未见到这种极端的案例。

（六）信用权

虽然，我国法律尚未确立这种权利，但已受到越来越多人的关注，一些学者包括法律、征信研究者已作了一些有益研究。笔者多年的从业服务体会，虽然征信机制为我国当代信用经济的健康发展作出了巨大贡献，但这些年由于信息的不准确、更新不及时、采集不全面、信用评估的偏差等多种原因，有众多的消费者信用权受到不同程度的侵蚀，社会因此已积累了不少的怨气。为了切实保护消费者个人在征信活动中的权利，促进我国信用经济及征信业的高质量发展，笔者认为，我国法律迟早会确立公民的信用权及其保障机制。为了这一天的早日到来，需要有关各方重视和加强信用权的立法研究。请读者注意，笔者的这个呼吁，与一些部门在"加强社会信用体系建设"旗号下试图推动的信用立法呼吁，是完全不同的。

根据已有的研究成果，从影响信用及其评价的两大要素及特点中我们不难看出，信用权的本质是一种人格权和无形资产权的结合，或者更为确切的说，是一种兼具无形资产权性质的人格权。

首先，信用权具有明显的人格性。这种人格性不仅是指伦理道德人格，而且可以从伦理道德上升到法律人格。实现道德规则法律化以后，则与主观受信意愿相匹配的信用权就既是道德的又是法律的。但是，信用权这种人格权是明显区别于名誉权的。

其次，信用权兼具无形资产性。信用的无形资产性并非从出现之时就存在，而是随着社会的不断发展而突显出来的。信用的人格性与他所拥有的财产、资本、未来收入密切相关，在现代社会的交往中，判断对方的信用状况仅仅依据他的道德品格是不行的，在很多信用关系（例如信贷信用）中，主体的信用及其评价是以其收入、资产为基础的。

最后，信用权还意味着责任。在交易过程中，一方会考虑对方的人格品行，是否有较强的守信意愿，但更重要的还是要看其所拥有的资产状况、履约能力，并据此判断其在信用关系中的法律责任是否可以落实。因此，信用权在法律上应当体现为兼有无形资产权性质的人格权，这种权利应该得以确立并受到法律的保护。

各国根据自身信息化发展的阶段和认识，对个人信息权利的认识仍在不断发展。2014年3月，欧洲议会通过了《数据保护立法改革提案》（以下简称《提案》）。《提案》赋予了个人一项被遗忘的权利（the right to be forgotten），认为个人有权抹除特定信息，该条款备受各方关注。据了解，近期欧洲法院在一起针对互联网巨头谷歌的诉讼中就曾作出裁决，要求谷歌删除"不适当、不相关或不再相关以及随着时间流逝过度相关的数据"。该诉讼起源于一名西班牙人的投诉，通过谷歌搜索他的名字时总能搜到自己的地产被强制拍卖的信息，因此要求谷歌删除相关链接。《提案》被认为数据保护的规定过于严苛，对科技等行业的发展造成负面影响，引发了不少争议。虽然一些互联网企业反对这项提议，但欧洲消费者组织则认为《提案》有利于对个人隐私的保护，加强了个人对自身数据的控制。至今，这仍是一个很有争议的、一部分人提倡的权利。

欧盟新的《通用数据保护条例》（于2018年5月25日生效）赋予了信息主体一些新型权利，如数据可携带权、遗忘权、限制使用权[1]等。英国三家个人征信机构——益博睿、艾可飞和阔尔，为在征信业务中积极落实这些原则，联合发布了《个人数据处理公告》[2]，向各方进一步说明征信机构处理个人信息的目的、法律依据、收集的信息类型及获取渠道、共享信息的对象、

---

[1] Right to data portability, right to be forgotten and right to object.
[2] CRAIN, *Credit Reference Agency Information Notice.*

信息的保存时长、消费者的权利等。其中,就新的三项消费者数据权利在征信业中的适用性进行了说明,具体如下:

(1)数据可携带权不适用于征信数据。该项权利赋予消费者在一定条件下(如基于自愿原则提供数据)可以将其个人数据无障碍地转移至另一家数据控制机构的权利。而由于征信机构数据处理的基础是基于"合法利益",因此这项新权利不适用。

(2)消费者如反对数据加工或申请删除数据,可以向征信机构提出申请,但并不意味着一定会停止处理,或者删除数据。由于征信数据处理基于"合法利益",对于负责任借贷、防止过度负债、反欺诈、反洗钱等具有重要意义,因此即便消费者提出反对,征信机构也会根据实际情况来决定是否接受消费者的申请,一般情况下不会允许此种情况发生,尤其是为了掩饰不佳的信用历史以获得信贷等情形。

(3)限制对个人数据的处理也并非绝对权利。尽管该项权利在《通用数据保护条例》的第十八条有规定,但征信机构表示,消费者虽然可以提出申请,但是如果数据处理是为了保护其他自然人或法人的权利或公众利益,一般情况下,也会对此类申请予以拒绝。

《个人数据处理公告》是征信机构为适应个人信息保护新规出台的,对外发布的公示性文件,其中详细介绍了征信机构收集的数据类型及征信数据应用的场景,对我国征信市场未来创新发展有一定借鉴意义。

不过,公告中提出的《通用数据保护条例》对征信影响的内容是否得到监管机构的认可、在实践中如何落地还有待进一步观察。据了解,英国个人信息保护署在发布的《〈通用数据保护条例〉同意规则指引文件》(征求意见稿)中,列举了一些不宜以同意原则作为数据处理依据的例子,其中包括关于上报征信数据的例子,指出即使客户拒绝或撤销同意,这类机构还是应以"合法利益"为依据上报数据给征信机构。结合此次征信机构的公告,我们可以初步判断,由于征信行业的特殊性,《通用数据保护条例》赋予的一些新的个人权利可能并不完全适用。

总之,欧盟《通用数据保护条例》是一部适用于在欧盟提供服务的任何人(无论其总部位于何处),保护所有人数据的,对数据收集和控制机构的规范要求更高的，赋予所有个人对别人使用自己的数据以控制权的，迄今最严格的规范。我国要提升对个人信息权利的保护，加快个人数据保护立法，就得好好研究这部法规。

当然，由于各个历史文化及发展阶段的不同，各国的法规、社会共识和行业惯例，对于个人信息服务业（包括个人征信业）中涉及的消费者个人信息权利及其具体内涵呈现一定的差异，也是很自然的。

在研究了消费者理论上享有的这些个人（信用）信息权利之后，如何根据本国国情，从制度安排上保障消费者实现这些权利呢？

二、在征信体系中保障信息主体信息权利的制度安排

根据欧美国家的普遍经验，在讨论个人应享有哪些个人信息权利，形成社会共识并以法律加以明确的同时，为保障这些个人信息权利，也要在法律上确立对个人数据信息处理（包括采集、汇集、流转、交换、存储、销毁、删除、加工和使用等活动）的若干基本原则。各国对这些原则的表述不尽相同，但这些原则的最小集合应包括限制处理原则（含合法性、目的明确且有限性、最小适当性、有限期限性、对隐私及敏感信息的严格限制性等各种限制）、公开透明原则、数据质量原则和安全责任原则。

2013年我国发布的第一部征信法规《征信业管理条例》，对部分上述个人信用信息权利作出了一些原则性规范，但总体看，条例涉及的个人信息权利保护的规范还较笼统，不够明晰、具体，尤其是实现这些权利的保障措施还不够完善和强有力。这与现代征信活动在我国的历史还很短、实践不够丰富有关。未来继续完善征信法规，强化个人信息权利保护机制，应根据国情并借鉴国际经验，深入继续研究以下制度安排：

1. 为保障信息客观准确权，征信机构应当设置合理的程序和机制，包括奖励和约束报数机构及人员的机制，来保障信息的准确客观性、保障个人数据质量。

2. 为实现知情权，征信机构应当公开披露采集个人信息的目的、加工、使用方式等事项，并为消费者个人行使知情权提供方便。征信机构应当通过在营业场所公示等方式向社会公开披露下列事项：（1）信息处理操作的目

的、相关信息目录；（2）信息披露的接收者或接收者的种类；（3）信息存储和供查询的时间期限等。

消费者有权按照法规的规定向征信机构查询自己的信用信息及其来源、信用信息使用记录。美国自21世纪初开始，法律规定消费者每年可以免费查询一次自己的信用报告。我国的第一部征信法规也明确要求，征信机构每年应向居民个人提供两次免费查询其本人信用报告机会。

大多数国家的相关法规都规定，金融机构对外提供信用信息应当告知当事人该信息特定的提供对象和提供该信息所可能产生的不利后果，并取得相关客户的书面同意。

3. 为保障消费者个人的信息异议权，各国的有关征信或消费者信息权利的法规都有类似的规定，即信息主体认为其信息存在错误、遗漏的，有权向征信机构提出异议，要求更正和修复信用。由于异议权的保障，是征信制度建设中保护消费者个人信息权利的主要机制，后面还将作单独讨论。

4. 为实现信息被合法使用及保密权，法律首先应尽量做出明确具体的规定，例如，数据控制机构都不得向有非法活动的机构和个人提供个人信息，包括个人身份信息和信用信息，采取有效措施防止信息泄露和员工擅自查询或越权查询本机构拥有的个人信息；不得在其制定的格式合同中包含免除对客户信息保密义务的条款；明确违反保护消费者信息权利规定的处罚措施；等等。

坦率地说，在中国个人权利次于集体权利的文化及当前中国社会对个人权利保护的制度仍然偏弱的大背景下，各类欺诈伴随信息技术发展而层出不穷，让普通百姓防不胜防。这当中，信息被合法使用及保密权的社会保障机制薄弱，为信息欺诈犯罪提供了便利。不仅在征信业，在各行各业，保障消费者信息被合法使用及保密权都面临着巨大的挑战。

5. 关于实现选择权，除法律、行政法规另有规定外，征信机构采集和对外提供个人信用信息应当取得信息主体的同意，个人行使选择权，通常是通过信息源机构（如商业银行）与消费者个人之间、征信机构与信息源机构之间的契约实现的。这里，研究如何在制度上抑制直至消除削弱使消费者的自治选择权形同虚设的捆绑销售条款，是一个很大的挑战。

6. 关于保障信用权，由于信息的不准确、更新不及时、采集不全面、信用评估的偏差，是征信活动中对消费者信用权的主要侵蚀源，因此征信活动的相关方必须在这些方面持续地努力。目前一个突出的矛盾是，负面信用信息没有严重与轻微的等级区分，致使众多的非恶意、轻微违约的消费者的信用权受到较大的、不对称的、消费者普遍难以接受的伤害，是一个亟须在制度上研究解决的问题。

不断完善个人信息权利保障制度，个人的维权意识和行动是重要的推动力。

三、不断完善异议处理制度，切实维护消费者正当合法权利

（一）异议处理制度现状

随着信用报告的信息来源及应用范围不断扩展和信息权利意识不断提升，消费者对自己信用报告信息存在异议的情形会越来越多。因此，异议处理机制就成为消费者选择保护其信息权利、发现和纠正错误信用信息的最常用、最便捷，也是最低成本的手段。通过诉讼的司法程序解决争议，效率低、成本高，通常是解决争端的最后手段。异议处理制度与调解、仲裁、行政投诉、司法诉讼制度共同起作用，成为保障个人信息权利的制度体系。

自2003年被国务院赋予管理征信业职能以后，中国人民银行于2005年发布了《个人信用信息基础数据库管理暂行办法》，2013年国务院又颁布了《征信业管理条例》，均对个人征信的"异议处理"作出了明确规定，即要求征信机构应当按照规定受理异议申请，并在收到异议申请之日起20日内完成对异议信息的核查、处理和回复，书面答复异议申请人并提供更正（如果需要的话）后的信用报告。

有公信力的征信机构和授信服务机构都十分重视其征信异议受理服务。中国人民银行征信中心作为国内最大的基础征信专业服务机构，2011—2017年累计受理个人信用报告异议申请12.6万笔、企业信用报告异议申请1 380笔。伴随着系统规模快速增长，每年的异议受理量也呈现逐年递增趋势。其中，2017年受理个人信用报告异议达3.7万笔。异议受理作为征信制度要求和征信机构的一项常规服务，持续地纠正了大量的争议数据问题，进而化解

了众多矛盾。

十年多的实践表明，作为征信制度及征信服务的重要组成部分，现行的异议处理制度是基本有效的。通过异议处理制度，超过90%的消费者征信异议都能得到形式、流程上的解决，并且，对于已解决的异议，相关各方大多也是基本满意的。当然，涉及一些复杂的情况和矛盾时，现行征信异议受理制度还力所不逮。

（二）现行异议处理制度的不完善之处

我国现行征信异议处理制度中不完善的地方也日益凸显出来：

一是征信异议处理制度，对于真正解决相当一部分反映信息主体与数据源机构之间对信息客观准确性的异议纠纷矛盾，是力所不逮的。法规关于异议处理的规定，迄今只有程序上的规定，而缺乏针对各类典型问题的指导原则，使得异议解决完全取决于当事人之间的协商。当协商不成时，现行的异议处理制度对解决纠纷矛盾就无能为力了。征信机构由于没有处理的依据和权力，实际上这部分异议反映的问题和矛盾被长期挂在征信系统中，而得不到妥善及时的解决。

上述难以解决的征信异议反映的情形通常是比较复杂的。比如，以个人名义贷款给单位使用，这种情况曾在各地、各银行普遍发生过，甚至有些是银行唆使单位所为，主要目的是降低企业贷款难度和少付利息。但国家调息等外部因素稍有变动，很容易造成违约，双方各执一词。即使法院有判决，对于违约记录属于个人还是单位，仍存在较大争议。类似的还有汽车销售代理公司冒用客户名义贷款、汽车销售代理公司代理客户还款造成逾期记录等。又比如，消费者信用卡被盗刷形成的信用记录，特别是当消费者举证无过错困难时。这些异议都属于一般不能在现有制度框架下处理的情况。

二是法规对征信异议处理制度中相关主体职责的规定不够清晰。例如，征信机构与主动报送数据的数据源（如商业银行）之间存在责任和义务不对等的现象。比如，商业银行出现数据处理错误，应由商业银行修改，但商业银行不愿意修改或修改存在困难的，由征信机构添加标注，从而使本应商业银行完成的工作就被推诿给征信机构，导致大量商业银行异议数据修改稍有困难，就不考虑如何修改，一概推给征信机构。结果是信用报告出现大量文字注释，可读性下降。

三是法规对异议处理制度与其他解决矛盾的机制制度（如行政调解及司法程序）间的关系缺乏清晰的界定。异议处理是根据征信法规所进行的活动，是征信制度中最常用的纠错程序，正常情况下是征信机构组织报数机构对消费者提出的异议进行核查和修正，是市场主体间的自治行为，一般不需要行政或司法干预。如果异议处理不成，比如消费者对结果不满意或对异议处理过程有意见，才需要行政救济或司法救济。异议处理的过程中不应受尚无行政或司法程序结果的干扰。如果因异议背后的事件涉及诉讼，异议处理就不再继续进行，那么正常的异议处理就受到冲击，大量异议都不能正常核查处理。因此，异议处理应是与行政和司法程序并行不悖的独立程序，应按事先规定的程序严格执行。

（三）完善异议处理制度的建议

1. 异议处理制度的法规细则应更具有可操作性和指导性，使尽可能多的异议在制度框架内得到妥善处理。虽然不可能所有发生的异议都在异议处理制度框架内得到处理，但尽可能多地解决异议仍是好的异议处理制度的重要标准。要做好这一点，就需要征信机构在最具体的规范层面，对各种不同的异议情形，有针对性地制定解决规范，明确解决方法，以使异议处理制度更多地解决异议矛盾。

2. 要在程序公正的基础上，保障比较高的处理效率。异议通常是在消费者办理信贷业务受阻的情况下发生的，消费者一般都比较急于得到异议处理的结果，所以异议处理的周期直接影响到消费者的利益。异议处理客观上需要较长时间，好的异议处理制度能够保证各相关单位在相对合理的时间内，协作完成异议处理工作，保证给予消费者答复。久拖不决的异议很容易引发不必要的诉讼。

3. 除异议处理制度之外，应建立比较完善的救助、申诉和裁决制度作补充。异议处理仅是征信系统通常的数据核查和更正渠道，但很多异议的根源不是数据本身，而是数据背后的事实。即使征信系统和报数机构的数据都没有处理错误，仍有很多由对数据与事实是否相符的纠纷引发的异议。

最典型的异议类型就是冒名贷款，一般就是有人冒用他人身份证办理贷款。这种问题需要通过异议处理来完成初步的核实工作，但最终问题的解决不是在异议处理制度框架内的异议处理流程，而是必须通过有实质调查取证的仲裁或司法途径解决。异议处理制度与民事调解、行政或司法救助制度，都是解决征信主体之间矛盾及消费者信息权利保护制度体系的重要组成部分。

4. 需要明确、加大主动报数的数据源机构的职责。主动报送数据的机构（如商业银行）既是征信系统的最大贡献者，也是最大受益者，其收益要远大于其付出的成本，理应承担更大的责任；数据的核实或纠错只能由数据源机构承担主要责任。

推进征信制度中个人异议处理制度的完善进步，需要立法、行政管理、征信机构及数据源机构和消费者各方面齐心协力，以达到切实维护好消费者合法权利的目的。

至此，在了解了信息主体有哪些权利，及征信体系中应有哪些制度安排可以有效保障这些权利的基础上，我们似可为判断有关征信争论的答案是否合适、准确建立一个简洁的标准：在可有效保障信息主体合法权利，或者说不损害保障信息主体权利制度机制的前提下，是否有利于征信业的发展。也可以说，这就是我们寻找征信问题正确答案的钥匙。

四、推动立法加强个人信息权利保护

以上，我们只是从征信活动角度讨论了信息主体（重点是个人）在信用信息上已经普遍主张或一部分人已开始主张的权利，以及为规范发展征信业，已经在征信服务和监管实践中开始急需所用地探索建立相关制度安排。有的已经体现在《征信业管理条例》中。从建立起我国较完善的个人信息权利保护制度的角度看，一部征信业管理的法规还远远不够。

个人信息权利（益）保护问题，显然是远远超出征信活动范畴的一个更大、更重要的课题。人类已经进入信息社会、大数据时代，个人信息权利已经成为人的一类基本权利。但现实是，我们在享受信息及信息技术带来的便利的同时，各行各业都面临着越来越多、越来越重要的个人信息权利保护问题。中消协发布的《2014年度消费者个人信息网络安全报告》显示，约有三分之二的受访消费者在当年遭遇过个人信息被泄露或窃取等情况。中国互联网协会发布的《中国网民权利保护调查报告（2015）》也显示，78.2%的网民个人身份信息曾被泄露，包括姓名、家庭住址、身份证号及工作单位等。在大量的个人信息泄露事件中，个人信息权利遭受的侵害难以估量。

那么，研究、推进个人信息权利保护立法，需要弄清楚哪些基本问题？个人信息属于个人吗？个人信息安全与个人信息权利保护是怎样的关系？根据现阶段社会经济发展和人类的认识水平，个人信息权利到底有哪些，应如何定义、如何保护？保护个人信息权利应遵循哪些基本原则？在个人信息应用的哪些场景、环节，应建立哪些基本规范和制度，才能有效地保护个人信息权利？哪些信息属于个人隐私？如何对个人信息进行分类及分类管理？个人信息是否可以自由流动或买卖？哪些个人信息可以公开披露？私人部门是否可以公开披露个人信息？公开披露个人信息的部门应遵循哪些规范？法人和个人，公共部门和私人部门，对保护个人信息权利应肩负哪些职责？如果违背了法定职责，甚至触犯法定刑罪，该如何处罚、量刑？

这些问题，全社会各行各业都很关心，尤其是与信息（数据）行业、互联网行业以及需要个人信息及信息技术进行产业、服务模式升级的行业，包括征信行业。哪个行业忽视、解答不好这些问题，哪个行业的发展就可能走入歧途、就可能不是增加而是损害社会福利，从而严重制约行业发展。

国际上走在我国前面的个人信息权利保护立法，可以为我们的研究提供有益的经验和借鉴。但立法要符合国情，推动尽早出台一部适合我国历史文化、社会经济发展水平和政治制度的关于个人信息权利保护的法律，需要各方面力量的深入、系统的调查研究和持续推动。这需要一个过程。

在我国个人信息保护制度专门法律出台之前，着眼于个人信息权利保护的标准、规章、法规和司法解释可以先行先试。

近年来，全国信息安全标准化技术委员会正在加快研究个人信息安全、保护规范的国家标准。目前有关信息采集方面的国家标准已经在报批过程中，对信息收集之后的管理标准也正在研究之中。虽然标准不具有强制性，但尽早在全社会指明相关行为的底线，还是十分必要和有意义的。

由最高人民法院、最高人民检察院颁布并于2017年6月1日实施的《关于办理侵犯公民个人信息刑事案件适用法律若干问题的解释》（以下简称

《解释》），对于保护我国公民个人信息权利的司法实践和立法工作意义重大。《解释》针对公民个人信息的范围，侵犯公民个人信息罪的定罪量刑标准，侵犯公民个人信息犯罪所涉及的宽严相济、犯罪竞合、单位犯罪、数量计算等问题——三方面的内容作出了规定规范。

总之，关心中国征信事业发展的同仁，只要我们沿着中华优秀传统文化的中庸之道，不走极端，在合法高效使用个人信息与保障个人信息权利之间寻找较好的平衡，包容探索实践，就可以为推进我国个人信息权利保护立法作出应有的贡献。

第三章
征信的范畴

> 【问题】
> 3.1 政府是否适合作为征信的对象?
> 3.2 如何确定征信的信息采集范围?
> 3.3 征信机构是否可以采集个人收入和财产信息?
> 3.4 征信机构是否可以采集指纹信息?
> 3.5 征信关注信用的两个要素是什么?孰轻孰重?
> 3.6 如何理解"覆盖全社会的征信系统"?

第一章开宗明义就强调,征信中的"信用"应理解为经济意义上的信用,实际上是从征信活动的目的或主要目的的视角,界定征信的范畴。本章再从信息主体和信息采集范围这两个视角,继续讨论征信的范畴。

第一节　征信的信息主体

理解或确定合适的征信信息主体(又称征信的对象、信用评估的对象),取决于征信的功能定位。主要的争论在于:政府或公权力部门是否应作为基础征信的对象?

在第一章,我们已经讨论到:我国迄今为止,基础征信的对象主要是企

业（法人及非法人组织）和个人，并不包括政府部门（公权力部门）；而征信（涵盖信用评级）的对象又可以包括政府部门。

理论上，只要存在公共信用[①]，即一国的法律允许政府举债，就应该可以将其作为征信的对象；而实际上当代绝大多数国家都是可以举债的。因此，理论上和国际实践中，征信的对象都可以包括政府部门。但是，我国的现代征信制度才刚刚建立十几年，迄今仍主要服务于信贷信用的基础征信尚未关注政府公共部门。主要原因，一是法律允许地方政府举债也不过十年时间，虽然地方政府融资规模（主要是城投债）迅速增长已引起全社会和中央政府的高度关注，但是在稳定的政治经济环境下，政府作为公共部门有法定税收作支撑，信用度高，债务违约风险理论上原本就低，实践中政府本身债务直接严重违约的案例还很少，使得社会对政府作为受信主体和信息主体的基础征信需求较低。二是政府作为公共部门，当其应作为基础征信的对象，需要为其建立信用档案、编制信用报告时，"游戏规则"是否适用企业和个人的基础征信制度，尚未弄明白。三是政府参与经济信用的主要活动就是标准化的发债，而这已有信用评级为其服务。未来，是否需要或何时需要将政府公共部门（不是作为政府投融资平台的城投公司）作为信息主体纳入基础征信制度，仍然是个开放的问题。

而包括信用评级在内的征信体系里，征信的对象涵盖有信用活动的政府公共部门，各国都没有争议。

总之，理论上，只要一国的法律允许政府举债，政府就可以是征信的对象，但目前各国基础征信对政府这个性质上迥异于个人和企业的信息主体的关注还不够。

[①] 注意，这里所说的公共信用，是指以政府为代表的公共部门因为举债而形成的债权债务信用关系，而不是在中国"社会信用体系建设"语境中，一些官员异化、泛化解释的"公共信用"——企业和个人是否守法合规的行为。虽然征信采集公共部门（如行政、司法）在履职过程中产生、记录和使用的企业和个人违法违规信息可以延伸征信的功能——增强监管的效力、促进改善企业和个人遵法守规，但这与促进"公共信用"也没有关系。

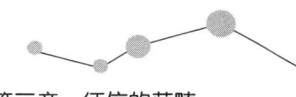

第三章 征信的范畴

第二节 征信的信息采集范围

征信业的基本矛盾,是既要促进征信业发展,又要保护好信息主体主要是个人的信息权利,即要平衡好这两者之间的关系。正如第二章讨论所示,在对大部分个人信息是否属于个人隐私尚没有法律规定,也没有形成稳定的社会共识的条件下,征信业要在两者之间取得较好的平衡,就要研究处理好若干相关重要问题。显然,明确征信可以采集的信息范围,就是相关重要问题之一。

之所以需要讨论这个问题,是因为它不仅在征信业发展的初期会遇到,而且在征信业深入发展过程中会不断遇到。

就企业征信与个人征信比较而言,由于社会对企业信息(除商业秘密外)的态度越来越趋向于希望公开透明,因此我国在征信机构采集企业信息上,除了后面会专门讨论的企业征信的授权问题之外,并没有明显的争论,各国的法规对此也没有过多的限制。因此,对征信的信息采集范围的讨论,实际上主要是对个人征信的个人信息采集范围的讨论。

一、法规规定和信息主体的自治选择是形成征信信息采集范围的两个主要依据

确定征信的信息采集范围,实际上就是给征信的信息采集范围划出界线。理论上,对判断信用状况有帮助的信息,都是授信方希望得到的信息,也是征信机构希望采集的信息。但是,形成征信的信息采集范围的依据,不单单是授信机构和征信机构的判断和希望,而是法规规定,再加上个人信息主体的意愿三方面共同决定的。虽然表面上个人的自治选择意愿在其中起了重要作用,因为法律法规明示征信机构可采集的或禁止采集的信息种类都是有限的或粗线条的,而对征信大多数可采集的信息,都是留给个人自治选择决定的,但实际上,个人自治选择的实现模式,各国的征信行业惯例都是由信息报送机构(授信机构)通过其向个人提供信用服务的格式化合同条款获得个

人的授权同意,来实现其与征信机构达成的报送(或采集)信息的共识。在格式合同中表达的"意愿"或"自治选择",因受"捆绑销售"的限制,主要体现的是相关服务机构的意志,实际上真正能够由个人作自治选择的空间并不大。这也是立法要向个人弱势群体倾斜,加强对个人信息权利保护的重要原因。

2013年实施的《征信业管理条例》在第三章征信业务规则中,有两个条款对征信机构可以采集的信息范围作出了非常原则性的规定:

"第十三条　采集个人信息应当经信息主体本人同意,未经本人同意不得采集。但是,依照法律、行政法规规定公开的信息除外。

企业的董事、监事、高级管理人员与其履行职务相关的信息,不作为个人信息。

第十四条　禁止征信机构采集个人的宗教信仰、基因、指纹、血型、疾病和病史信息以及法律、行政法规规定禁止采集的其他个人信息。

征信机构不得采集个人的收入、存款、有价证券、商业保险、不动产的信息和纳税数额信息。但是,征信机构明确告知信息主体提供该信息可能产生的不利后果,并取得其书面同意的除外。"

此外,在中国人民银行2005年发布实施的《个人信用信息基础数据库管理暂行办法》(中国人民银行令〔2005〕第3号)中,对个人信用信息作了一个大分类和简要解释,即:

"本办法所称个人信用信息包括个人基本信息、个人信贷交易信息以及反映个人信用状况的其他信息。

前款所称个人基本信息是指自然人身份识别信息、职业和居住地址等信息;个人信贷交易信息是指商业银行提供的自然人在个人贷款、贷记卡、准贷记卡、担保等信用活动中形成的交易记录;反映个人信用状况的其他信息是指除信贷交易信息之外的反映个人信用状况的相关信息。"

除此以外,再没有国家层面的法律、行政法规和行政规章对个人征信的信息采集范围做出更明晰的规定。显然,法规规定得还很粗。实际上,我国《征信业管理条例》也按国际征信业通行的做法,将绝大部分的个人信息是否应当进入征信机构的采集范围,交由个人自治选择来确定,即条例第十三条"采集个人信息应当经信息主体本人同意,未经本人同意不得采集"。而这条规定是通过相关市场主体间协议合同中的格式条款来实现的。由于是通行的且是经监管部门审查认可的格式条款,这里的"信息主体本人同意"体现的个人自治选择,也代表了社会共识。

虽然《征信业管理条例》用第十四条中的两个条款,对征信业信息采集范围面临的两个问题——哪些个人信息是社会共识(以法规为标准)认为应该绝对禁止的,哪些是相对禁止的——做出了现阶段的明确规定,但是,主要由于法律规定划定的界线还太粗(也难以规定得太细),而自治选择只是一个原则模式,实践中对新型数据信息的采集仍会有不同意见。希望本章后面的讨论,在一些具体的、业界经常讨论的信息是否应当进入征信的信息采集范围问题上,有助于形成更多共识。

二、国际借鉴

欧盟和美国是国际征信业发展处于较高水平的国家和地区,但它们对信息收集范围的宽严程度不尽相同。

(一)欧盟

在信息收集方面,欧盟1998年颁布的《隐私指令》和2016年颁布的《通用数据保护条例》均规定,除非当事人明确同意,否则不得收集和披露有关种族、民族、政治观点、宗教或哲学信仰、健康或性取向、工会会员等信息。同时,要求征信机构在收集个人信息时必须通知该信息主体并告知其作何用途。

在信息传播方面,欧盟的法规均要求征信机构对外传播个人信息前必须获得个人信息主体的书面许可,并且任何个人信息主体均有权要求征信机构告知相关信息来源和使用方、收集和使用目的、信息处理方式等信息。

(二)美国

虽然美国对于可能侵犯隐私权的问题也十分敏感,但美国已经接受了如下理念:某些隐私的丧失是享受信息密集型经济所带来好处的代价。消费者为获取贷款,在有些情况下就不得不向授信机构披露其过去信用交易行为的信息。这是能够形成现代征信制度的认识基础。

在一笔贷款交易的缔结过程中，消费者需面对的一个问题，就是衡量获得交易好处和披露个人信息之间的利弊大小。假若消费者认为得到贷款会有更高的价值，那么他就会愿意牺牲某些个人信息的隐秘性。在同意，放弃隐秘性的情形下，个人信息就不再属于个人隐私信息了。然而，由于个人信息可以被存储，进而被转交给他人，如果不加强制度性约束保护，就会造成消费者信息被滥用的情况。

基于上述认识和原因，美国在立法中对征信业处理信息采取了宽进严出的政策，即在信息收集上取决于是否出于法律许可的目的，而不是取决于是否得到信息主体的书面授权，但在信息传播使用方面，则赋予信息主体广泛的控制权，以防个人信息被非法披露、利用。比如，美国《公平信用报告法》虽也禁止收集敏感信息，但对收集非敏感信息并未要求必须通知信息主体，而在对外提供信用报告方面，则严格规定第三方查询信用报告的前提是为了信息主体本身的利益或者是根据信息主体主动申请而发起的查询。

美国"宽进严出"法规理念极大地推动了其征信业的发展，很多征信业的后发展国家主要都是借鉴美国的经验。所以，在我国业已完成的征信立法和未来完善法规的过程中，越来越多地倾向于在信息收集方面应仅将宗教、政治信仰、党派、种族、肤色、家庭出身、基因等信息划入绝对禁止收集范围，而把存款、有价证券、不动产、收入数额、公积金缴存金额等财产信息列入相对禁止收集范围，甚至有些可列入自动许可收集范围，例如只要获得信息主体授权就可以收集。

在信用信息传播方面，我国征信监管机构也倾向于赋予信息主体对个人信息传播使用的严格控制权，不仅希望规定信息主体享有了解查询记录的权利，而且希望明确当授信机构根据信用报告信息做出对信息主体"不利行为"时，信息主体有权得到通知。这种"不利行为"应包括拒绝授信和拒绝录用。

三、个人身份识别信息的采集

在个人信息中，用于身份识别的个人基本信息，大体可以分为两类：

一类是识别身份必需的或有用的信息，是在任何交易中当事人普遍需要了解的，并且大多数人认为其敏感性并不高，因此不应把它们归入个人隐私，是个人在申请信用服务时必须也愿意告诉授信及征信机构的信息，如姓名、身份证件号码、住址、电话、年龄等。这类个人身份识别信息，显然是应允许征信机构采集的，也是个人征信的主要服务——个人信用报告和防身份欺诈——必不可少的信息。

另一类也是有助于识别身份的信息，但大多数人认为其敏感性较高，或者把它们归入个人隐私，或者有被歧视担心的，因而在申请信用服务时不愿意告诉授信及征信机构的信息，如民族、家庭出身、宗教、党派、身体形态、基因、指纹、血型、病史等。这些敏感信息通常与信息主体信用状况无关或没有明显关系，但过去在一些国家存在使用这类信息辅助授信判断的情况，而这被揭露出来以后遭到社会的普遍反对，因此各国目前普遍对这类敏感信息甚至隐私信息加以特别保护，法律上多数国家都规定：除非信息主体本人明确同意，或出于医疗卫生、反恐等方面公共利益，否则禁止征信机构收集这类敏感信息或隐私信息。

但对其中有的信息是否应禁止采集，仍然存在争议，如指纹信息，人们对其敏感程度是有很大差异的：有的人把它视作与照片同类的反映身体形态特质的信息，对其敏感性并不高，只要有类似肖像权利的保护就可以了；但有的人对其很在乎，认为这是高度敏感的隐私信息。对个人身份识别信息的敏感程度，决定了人们对其是否需要法规禁止采集的态度。对此敏感性高的人，倾向于主张法规禁止采集，而敏感性不高的人则是无所谓的态度。鉴于一些国家已在海关等场景开始采集指纹或人脸生物信息，互联网线上服务商通过电脑、手机或其他移动终端采集指纹等生物信息识别用户已被广泛接受，将来修改征信法规允许采集指纹等生物特征信息很可能成为一个低成本、高效率的身份识别选择，而身份识别服务是各行各业都需要的基本需求，未来完善征信法规势必不会再继续禁止采集指纹等生物信息。

四、信用交易信息——主要采集对象

征信需要采集信用交易形成的信息，自然不在话下。在第一章讨论征信的第一特征——征信采集的数据信息，主要是信用（包括金融信用、商务信用和民间信用）交易信息——时，已经作过讨论，这里不再赘述。

五、个人收入、财产、纳税、公积金等信息的采集——最多相对禁止采集

对于征信机构采集其他非信用交易信息，即其他在一定程度上或从不同侧面反映或影响信息主体信用状况的信息，我们应当采取什么态度呢？

发展征信业的理论和实践基础，是消除信用交易双方的信息不对称。信贷机构与借款人都有以低成本促成信贷交易的需求。一方面，借款人的还款能力是信贷机构决定是否放贷的重要因素，而借款人的稳定收入数额又在一定程度上代表了其未来的还款能力，因此，收入水平是信贷机构积极采集的重要信息之一。另一方面，借款人为获得便捷的低利率贷款，通常愿意向信贷机构展示其优良的还款能力，以取得信贷机构的优质客户资格。所以说，了解收入水平是增强信贷机构对借款人信用状况判断准确性的主要途径之一。因此，《征信业管理条例》并未按少数激进人士的主张，把收入信息列入法规绝对禁止采集的范畴，而是按多数人的主张，把直接或间接反映个人收入的信息列入法规相对禁止收集的范围，即只要获取信息主体的同意，征信机构就可以收集该类信息。为了改善和加强社会管理，国内公权力部门已经在研究建设涵盖全体居民的包括收入和各种资产信息的个人信息系统。如果出于社会管理的目的，法律规定可以采集个人收入、财产信息，则征信机构可以采集这类信息也就更顺理成章了。

除了收入信息以外，与之有直接或间接联系的信息还有存款、有价证券、商业保险、不动产的信息和纳税数额信息等财产信息。这些信息的敏感度大体是相同的，它们既是涉及个人私有财产状况的信息，又是可反映该信息主体信用能力的信息，因此，人们对征信机构采集这类信息的态度，也与对待采集收入信息的态度是基本一致的，即可列入可以收集范围或相对禁止（有条件许可）采集的范畴。目前，我国征信立法已将这些个人信息列入相对禁止收集，亦即有条件可以收集的范围。

税收申报单上的信息在各国都普遍被视作私密信息，例如我国《税收征收管理法》第八条第二款规定："纳税人、扣缴义务人有权要求税务机关为

纳税人、扣缴义务人的情况保密。税务机关应当依法为纳税人、扣缴义务人的情况保密。"但保密都是相对于一定范围而言的，不可能是绝对的。是否正常纳税直接反映的是主体履行法定义务的状况，与其信用能力有相关性，因此，采集纳税数额及完税状态信息可以协助判断其信用状况。实践中，纳税数额是按个人收入的一定比例计算而得，因而能够由此粗略估算出个人收入，如果个人收入信息属于相对禁止收集范围，那么纳税数额在获取信息主体授权同意之后也应允许征信机构收集。一些地方商业银行已经在与地方税务机关或第三方机构合作，探索利用纳税人的信息来帮助进行信用风险管理。但是，如果正常纳税主体特别是个人明示反对，各国的征信实践都是不采集其正常纳税（不欠税）信息的。

由于是纳税人违反法律义务形成的，偷税、漏税等欠税信息的性质则不同。虽然企业或个人对自己的违法行为通常都持有不愿披露的态度，但因法律义务关系到社会公共利益，违法信息就不能按违法主体的意愿作为隐私来保护；并且在进一步公开政务信息的趋势下，严重违法违规信息都是要按法规的规定公开披露的，以达到增强违法违规成本约束的作用。目前，有关部门正在大力推进的联合奖惩工作，做的就是这件事。因此，欠税信息作为征信机构可以采集的信息，在法理上并没有大的障碍。但各国在实践中，轻微欠税信息是否能提供给征信机构，主要取决于税收征管机关的态度，而后者又取决于各国税收征管的规范、公开水平。通常，税收征管越规范、越公开的国家，即税收征管机关自由裁量权越小，其依法裁定欠税的信息越有可能让征信机构采集。

类似于税收机关裁定的严重欠税信息，法院判决及其判决执行信息、行政监管处罚信息，在我国已经是法规规定应当公开向全社会披露的信息，只要是在一定程度上可影响或反映信用状况的信息，自然都属于征信机构可以采集的信息范围。

存款、有价证券等信息大多来源于银行、证券公司、证券交易所等金融机构。对此，我国《商业银行法》《证券法》等相关法律规定了保护客户信息的条款。《商业银行法》第二十九条规定："商业银行办理个人储蓄存款业务，应当遵循存款自愿、取款自由、存款有息、为存款人保密的原则。"《证券法》第四十四条规定："证券交易所、证券公司、证券登记结算机构必须

征信：若干基本问题及其顶层设计

依法为客户开立的账户保密。"存款、有价证券等信息属于个人资产信息，法律规定对其保密是基于防止滥用个人财产信息的原则。但是，当信息主体主动发起某项信贷交易时，会在向信贷机构披露个人资产负债状况与保护个人财产信息不被滥用之间进行权衡，征信机构因此可根据信息主体作出权衡后的结果获取收集相应资产信息的授权，所以立法将个人资产信息划入相对禁止收集的范围是合适的。

对于不动产，《物权法》第十八条规定："权利人、利害关系人可以申请查询、复制登记资料，登记机构应当提供。"可见，鉴于不动产登记在促进不动产交易安全方面的重要作用，法律对查询不动产登记资料作出了专门规定。但这并没有禁止征信机构收集不动产信息。因此，在信息主体申请信用服务，特别是申请提供不动产担保的信用服务的情况下，征信机构通过授信机构与信息主体的协议和授权来收集不动产登记信息，完全是正当、可以理解的，保守的法规最多也只会将其作为相对禁止采集的信息范畴，即可交由信息主体自治——授权可采集的信息范畴。

在我国，住房公积金缴存金额是按缴存人工资的一定比例由单位代扣代缴的，因此可由缴存金额推算出个人工资，这也正是一些人提出禁止收集住房公积金缴存金额信息以保护个人隐私的观点的原因。实际上，公积金缴存金额相对于收入数额而言，涉及个人隐私的敏感度低很多，而且目前计算公积金缴存金额的工资基数并非个人收入数额的全部，仅由缴存金额不能推算出全部收入数额。因此，从理论上来看，公积金缴存金额仅代表该信息主体未来偿还住房贷款的一部分能力。对于住房公积金账户，现行《住房公积金管理条例》第三十六条规定："职工、单位有权查询本人、本单位住房公积金的缴存、提取情况，住房公积金管理中心、受委托银行不得拒绝。"该条款只是明确了缴存单位和职工的权利以及公积金管理中心和受委托银行的义务，并没有禁止征信机构收集住房公积金账户信息。另外，该条例的其他条款也未对征信机构收集信息进行限制。实践中，公积金缴存金额目前已被作为非银行信息收集进入个人征信系统，至今并未引起任何诉讼。通过上述分析和实践可知，住房公积金缴存金额信息不应列入禁止收集范围，应当允许征信机构收集该信息。

征信可采集的全部信息,大的分类有两种:公开信息和非公开信息;信用交易信息和非信用交易信息。公开信息主要指公共部门(如行政、司法、公安等部门)在履行社会管理职责过程中获得和产生的反映或影响信息主体信用状况的信息。非公开信息,最主要的是以市场主体间的契约为基础的、与信用交易相关的信息,还可包括前述一些法规或行业习惯允许采集的信息。根据市场需求,征信机构对这些不同性质的信用信息通常都要采集,但是采集、使用和管理的方式是有很大区别的。迄今为止,央行征信系统虽然也采集了一些公开信息,但主要采集的还是非公开的信贷信息。

在法律划定绝对禁止采集信息种类范围的前提下,根据第一章的讨论,我们可以把征信采集的信息划分为六类,分别是金融信用(交易)信息、商务信用信息、民间信用信息、公开信息、非公开非信用交易信息和身份识别信息。

在上述分类中,未来哪些个人信息可以采集或不可以采集,将主要集中在对"非公开非信用交易信息"(大体上相当于人们在新型大数据中发现的那些"可替代信息")的讨论上,我们在第七章的大数据专题中还会作进一步的深入讨论。

征信关注、评估的信用(经济意义上的信用关系),与征信可采集的信息范围不是一回事,也不必严格对应。有兴趣的读者可以发现,思考这个问题也是有益的。

综上所述,基于促进征信业发展和保护个人信息权利的合理平衡,在征信系统构建授信机构分享信用信息平台机制的过程中,完善个人信息权利保护的法律法规,明确征信机构不能收集的信息以及须经信息主体同意才能收集的信息范围,从行业上游为征信业健康成长奠定基础,既便于借款人获得低成本贷款并保护其合理合法的信息权利,又能帮助授信机构制定适当的信贷决策以及贷后管理措施,推动我国征信业乃至信用市场的健康发展。

第三节　覆盖全社会的征信系统

我国政府官方文件已多次提出,要加快建立"覆盖全社会的征信系统"。

征信：若干基本问题及其顶层设计

官方提出这个概念，显然指的是征信系统的范畴。但官方迄今并未给出这个概念的解释。但至少表明，迄今我国初步建立起的征信系统，包括央行牵头建成的征信系统，尚远不符合"覆盖全社会"的要求。落实官方的号召，朝着正确的方向建设一个符合国情和行业规律、高效的征信制度，需要我们对"覆盖全社会的征信系统"有一个恰当、清晰的理解。

首先，我们相信，这个概念中的"征信系统"，与《征信业管理条例》定义的"征信"及其派生的"征信系统"的概念是一致的，而不是指社会信用体系或诚信体系。但是，由于"系统"（system）这个词的一种常用解释——"系统是由相互作用、相互依赖的若干组成部分结合而成的，具有特定功能的有机整体，而且这个有机整体又是它从属的更大系统的组成部分"——可用在多种不同层级的场合，因此"征信系统"也有两种含义和用法：一个是广义的、整个征信市场（行业）要素（含征信的服务机构、活动/业务、信息主体、采集处理的数据构成、数据源机构、服务对象、管理的规范和监管及自律等）的结合体，同义词是"征信体系""征信制度"；另一个是狭义的、由一个基础征信服务机构建设运营的，从信息采集、加工存储，到提供信用报告等产品查询服务的信息系统。后者是前者的组成部分。显然，官方号召的建立"覆盖全社会的征信系统"，指的是前者"征信体系"。但这样理解，并不妨碍一个基础征信机构如央行征信中心立志将自己的征信系统努力建设成覆盖全社会的征信系统。

恰当理解广义的"覆盖全社会的征信系统"，重点是定语所指的范畴。前面已讨论征信范畴的两个视角——信息主体和信息采集范围，这里不再重复赘述。还可以增加一个征信服务对象的视角，即有信用活动的行业和地区，征信都应覆盖到。征信机制、征信服务在我国迄今仍主要为金融信用服务，但远不是只能为金融信用服务。征信机制不是金融的垄断和专利。未来随着技术的进步，各行业的经济活动，一定会有更多的脱媒的商务信用。以央行征信中心接受电信、水、电等公用事业领域的企业接入征信系统为代表，我国现代征信服务刚刚开始向商务信用领域延伸。未来，有商务信用和民间信用活动的行业和地方，征信体系如果都能覆盖到，便是覆盖全社会的征信系统建成之时。这显然是一个较长期的过程，不可能一蹴而就。经济是社会的

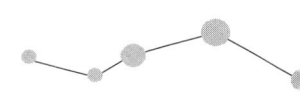

第三章 征信的范畴

基础。虽然"征信系统"代表不了"社会诚信体系",也不是无所不包的"社会信用体系",但是将经济意义上的"覆盖全社会的征信系统"建设好,必将对各行各业形成敬法、合规、遵纪、守信和履约的社会风气,建设文明、公正、和谐的社会发挥其应有的积极作用。

当然,征信还可以讨论哪些业务活动可以划入征信服务的范畴。我们将在下一章讨论。

第四章
征信的业务范围、分类及其意义

【问题】
4.1 征信业是否应包括信用评级？
4.2 是"基础征信"还是"信用登记"？
4.3 西欧国家存在"公共征信系统"吗？
4.4 征信就是黑名单吗？
4.5 基础征信机构与信用评估机构之间是怎样的关系？
4.6 影响中国两类征信机构建立良性互动关系的主要瓶颈是什么？

上一章，我们从两个视角——信息主体和信息采集范围——讨论了征信的范畴，本章将从征信市场上看看有哪些业务，以便更深入地理解征信。

第一节 国际借鉴

一、美国、英国征信市场

美国和英国是高度市场化的征信市场代表性国家。世界上最早的征信机构建立于1830年的英国，其成立的初衷是向贸易双方提供对方背景和信用信息服务，改善交易双方的信息不对称状况，防止交易双方的相互不信任和诈骗行为，

第四章 征信的业务范围、分类及其意义

减少交易摩擦，促进交易的顺利进行。征信市场发展初期，信息技术不发达，提供的产品较为单一，主要就是信用报告。20世纪60年代后，随着计算机技术的成熟和计算机网络的普及，征信业务也不断扩展和丰富，除信用报告服务外，信用调查、信用评估等业务不断发展。征信服务从主要提供信用报告、信用评分等上游产品为主转变为全方位地向客户提供信用评估、反欺诈、信用管理顾问和策划服务等，即根据信用市场发展和客户的实际需要，征信机构已可提供评分模型开发、防欺诈解决方案、策略决策引擎服务、信息技术解决方案、市场营销服务等其他新兴信息服务。主要业务在美国、英国等市场的美国三大消费者征信局之一的益博睿公司，已将自己定位为信息提供商，除提供传统的信用信息服务外，更多的是基于信息（包括但不限于信用信息）提供的信息增值服务，即对所采集的信息进行分析汇总，提炼出决策模型或分析报告，为商业银行及商业机构提供服务，包括客户风险监控、消费者跟踪、信用局评分、信息之间准确性的查证、帮助防止欺诈申请、个人身份的证实、衡量个体的负债总额、消费者信用报告自查服务等。

而且从美国、英国的法律看，也都给了征信机构充足的发展空间。根据《公平信用报告法》的规定，美国个人征信机构指为获得货币报酬、会费或出于营利目的，专业从事消费者信用信息或其他信息的采集或评估、提供消费者信用报告服务的机构。消费者信用报告一般指由消费者信用报告机构以任何书面、口头或其他通信手段传递的任何信息，该信息与一个消费者的信用价值、信用历史、信用能力、品行、信誉、个性或生活方式有关，使用或采集该信息的全部或部分目的是确定消费者信用、保险、雇用等资格。从该定义看，个人征信机构提供信用报告查询和信用调查等服务，但信用报告的内容不仅仅局限于基于信用信息本身提供的信用报告，还包括在对信用信息分析与汇总的基础上，提供反映个人信用评估、消费特点甚至性格、生活方式的报告，即帮助授信机构或其他机构寻找潜在客户的市场营销服务类的报告等。只要这些活动符合《公平信用报告法》的立法宗旨，能公平地为消费者提供信用服务，不损害消费者的信用权利，都是可以合法从事的。

英国2006年修订后的《消费信用法》将"信用信息服务"解释为"辅助性信贷业务"的一种，并包括征信机构所从事的帮助消费者建立并纠正其信用记录的服务。根据该法对信用信息服务的定义,英国征信机构可从事的信息服务业务空间相当大。2010年以来,从销售额看,英国征信机构的三类业务——信用报告查询服务、信用信息增值服务和外包服务——中,信用报告查询服务约占其总收入的六成,其他信用信息增值和外包服务约占四成。

信用信息增值服务是指帮助金融机构和零售商更深入地了解客户和开发有利润潜力的客户,进行目标营销;利用信用评分技术,帮助金融机构和零售商快速处理客户申请、准确决策。外包服务主要是包括帮助商业银行、发卡机构解决支票和信用卡的自动化审批等信息技术服务。

二、法国、德国、意大利等西欧国家的征信市场

源于世界银行专家对各国征信服务体制、模式的统计,国内一些人士也跟着大力宣传称,国际上存在中央银行为主导建设的征信系统甚至主导了该国的征信市场,并与私营征信机构并存的模式,如法国、德国、比利时和意大利央行建设的征信系统不仅提供信用报告查询,而且也对这些原始信息进行加工,提供信贷市场结构分析报告、借款人违约率报告以及信用评级报告服务等。

但国内也一直存在对上述传言的质疑。为了解这些有所谓"公共征信系统"的西欧国家征信市场的真实情况,笔者深入查阅了这些国家央行和欧洲征信协会官网发布的一手资料,并多方咨询、了解有关情况。至今,笔者也未能找到这些国家央行将征信服务作为央行业务的一手资料,亦即未能找到这类传播信息的起点——这几个国家的央行的一定额度以上的大额信贷报告制度(专题3:有关100万欧元及以上的风险敞口和贷款统计监测制度的说明)——如何走向为社会或仅为金融机构提供征信服务的一手资料。实际上,少数国家中央银行建设运营的Credit Registry系统或平台即所谓"公共征信系统",其主要职责都是为金融统计和监管服务的。多名德国央行和比利时央行统计部门官员[①]的通信明确告知笔者:Credit Registry系统只是为银行监管目的服务的;除

---

① Maximilian Dell and Leif Lengelsen, Deutsche Bundesbank, Zentrale – Central Office, Monetäre und Finanzielle Statistiken – Monetary and Financial Statistics; Peter Neefs, Afdelingshoofd, Centrale voor Kredieten aan Particulieren, Nationale Bank van België.

了监管当局，其他任何机构都没有从该系统获取数据的入口通道。

专题 3

有关 100 万欧元及以上的大额风险敞口和贷款统计监测制度的说明

对企业贷款（也称对公贷款），在金融机构的发展中向来都发挥着主要作用，同时也是银行业风险主要来源之一。除了要求金融机构用符合法定现金准备比率的自有资金覆盖交易风险以外，《德国银行法》和法定准备金率制度还就对公贷款要求有特定准备金。

根据《德国银行法》第14章第394款的规定，金融机构必须按季度向联邦银行（德央行）报告其100万欧元及以上的大额风险敞口和贷款。季度数据报告可以通过联邦银行的外网系统或进入专网报告平台提交。有关个人借款人和借款单位或关联集团客户的基本数据，必须依据《100万欧元及以上的风险敞口和贷款的管理规定》附件2至6的格式来提交报告。

最主要的规定是，单笔大额风险敞口不能突破合法自有资金的25%。大额风险敞口，是指那些向借款人或关联集团的贷款额达到或超过金融机构合法自有资金10%的贷款。从金融机构的大额风险敞口的风险分布到上限，都是联邦银行监测的对象。这种统计监测，向银行业监管者提供了金融机构在对公贷款中向特定部门集中度和数额的有用信息。

向个人借款人或单个借款单位的贷款达到100万欧元或以上的，都必须向联邦银行报告。联邦银行的信贷登记制度，计算出单个借款人或单位的负债总量，并向相关报告金融机构反馈。

这种统计信息主要用于联邦银行自己的分析工作（例如判断企业是否存在破产的危险），包括对识别各种潜在风险到整个金融系统稳定性的总体评估。此外，这个统计数据库的信息也为信贷机构和有关金融监管机构服务，也是这两类机构的重要信息来源。

（译自 http://www.bundesbank.de/Navigation/EN/Tasks/Banking_supervision/Lending_business/lending_business.html）

上述三国的私营征信机构的市场（如德国的夏华、意大利的科锐夫[①]等公司）才是其提供征信服务的市场主体，包括信用信息查询服务以及决策支持、风险评估和协助制定市场开发战略等服务。

至此，我们有依据相信，金融监管当局的大额信贷登记系统本质特征都属于金融统计而不是征信；目前世界上所有经济体的征信服务都是由市场专业机构提供的，并不存在公权力部门[②]提供征信服务的特例。

三、一些新兴市场经济国家的征信业务

新兴市场国家和地区，对征信业务外延的规定，也普遍较宽。韩国《信用信息法》对信用信息业务（涵盖征信业务）的定义，包括信用查询业务、信用调查业务、信用信息处理、债权追究业务和信用评估业务。

泰国征信机构是在泰国中央银行及相关金融监管部门的推动下建立的，其《信用信息业务法》规定得则更为宽泛，征信机构从事信用信息业务，而信用信息业务是指与信贷数据控制和（或）处理相关的业务。俄罗斯《联邦信用记录法》明确征信机构可以从事提供信用报告、信用记录加工（个人信用评分）等业务。印度《信用信息公司法》规定信用信息公司可以从事收集、加工和比较其会员信贷机构的借贷人的商业信用和财务等级，提供信用报告和信用评分等业务。

从各国实践看，由于各个国家和地区征信业建立和发展的社会背景不同，受政治体制、法律体系和文化差异的影响，征信业运作和管理没有国际统一的标准和模式，征信机构从事的业务范围虽然文字表述略有差异，但核心特征是相同的，即为信用活动提供信用风险管理的信息服务。各国征信机构提供的都不仅仅局限于信用报告查询服务。如把征信业仅仅定义为信用报告查询服务，显然失之过窄。

从考察国际征信业，特别是英国、美国等典型市场经济的征信业现状看，大体上，信用报告、信用调查和信用评估是构成传统征信业务的主要业务。

---

① SCHUFA，CRIF。
② 我国央行征信中心并不是公权力机构。

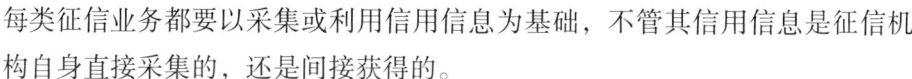

每类征信业务都要以采集或利用信用信息为基础，不管其信用信息是征信机构自身直接采集的，还是间接获得的。

第二节 我国征信业现状

我国是现代征信业后发国家，从钱庄跑街开始到银行信用调查部，我国现代意义上的征信业起步于 20 世纪 30 年代，1932 年我国第一家专业征信机构中华征信所成立。新中国成立后，在计划经济时期，征信机构及征信业消失了一段时间。20 世纪 80 年代，随着改革开放逐渐深入，我国才开始探索重建现代意义上的征信服务业，经历了由企业到个人、由地方到全国、由主要服务银行信贷业务到向更多行业信用市场提供服务的渐进发展过程。各地建立的征信机构（包括发展改革委系统称谓的"信用信息服务机构"）数量已经不少，但总体上来看，我国征信业还处于初级发展阶段。目前我国征信机构，从投资人背景区分为两类，一类是由政府推动建立的征信机构。其中，国家批准设立的央行征信中心是一个比较特殊、在国内基础征信市场影响较大的机构。其征信业务范围，在其主要职责规定中已经写得很明白，包括采集企业和个人的信用信息；汇总和分析全国统一的企业和个人信用信息基础数据库中的数据信息，及时提出分析报告；依法向商业银行及有关方面提供企业和个人的信用信息服务，及其增值应用和市场推广；2016 年，为配合央行再贷款体制改革，征信系统又被赋予支持央行内部评级的职责。征信中心的实际征信业务，已经从企业和个人信用报告查询服务，发展到企业集团关联查询、个人信用评分、违约信息主动推送提示和组织信用风险分析及管理经验交流等服务。

同时，各省级地方政府也在社会信用体系建设的名义下，推动建立了一些有地方政府背景的征信服务机构。如上海资信有限公司、鹏元征信有限公司、浙江省企业信用促进会、四川企业信用网、湖南省企业信息管理局，等等。它们的业务，除上海资信和鹏元征信初期涉足个人信用报告业务以外，其他省级政府背景的征信机构都是根据以工商行政登记信息及企业的非银行信贷信息为主体的信息，制作企业信用报告，对外提供查询服务。

另一类国内民营背景的征信机构，由私人和法人组成，没有或很少有国有资本参与，采取商业化、市场化的运作方式，提供信用评级和信用调查服务。其中知名的如新华信、华夏邓白氏、大公国际、中诚信和上海新世纪资信评估投资服务有限公司等。其中，有的已有外资介入。以华夏邓白氏为例，它把自己的产品和服务分为五类：风险管理解决方案（含风险管理咨询服务、商业资信服务、风险管理应用工具、信用管理培训服务、邓白氏付款信息交流计划、供应商管理解决方案）；邓白氏注册服务（含邓白氏注册标识、邓氏编码、邓白氏注册、企业电子名片、邓白氏注册服务合作伙伴）；金融行业解决方案（含中小企业信贷风险管理方案、金融行业销售及市场拓展方案）；销售及市场拓展方案；市场研究解决方案（含行业追踪解决方案、市场进入解决方案、新产品开发解决方案、品牌建设解决方案、销售效能提升解决方案、服务效能提升解决方案）。大公国际自2010年起，已经开始主权债项评级业务；新世纪的评级业务不仅包括对非金融机构的评级业务，还包括金融机构评级业务。可见，国内民营征信机构，其产品和服务已经大大突破传统的信用报告征信业务范围了。

在国务院颁布《征信业管理条例》以前，一些地方如上海、浙江、深圳、内蒙古和湖南等地出台了一些地方法规，对征信机构从事业务做出了较为宽泛的规范，涵盖了信用信息征集、披露和使用、资信调查、信用评估、信用担保、信用保险、信用咨询、保理等业务；江苏则主要规范了从事企业信用状况的调查、评估或者评级报告的业务。在全国范围实施的《征信业管理条例》主要只是对企业和个人的信用报告业务或基础征信（主要含信用信息采集和信用报告服务）业务做出了原则性规范，特别是对个人征信业务设立了行政许可管理制度。该条例的一大遗憾，是未能将起草初期曾考虑涵盖的信用评级业务也一并作出规范。同时，国务院授权的征信业管理部门——央行虽然于2015年初印发了《关于做好个人征信业务准备工作的通知》，要求芝麻信用管理有限公司等八家机构做好为期六个月的个人征信业务准备工作，但是后来调整思路已不打算给这八家机构发放个人征信的牌照了。但这并不妨碍这八家机构、已经获得备案登记的一百多家企业征信机构以及准备未来拿牌照的机构大力扩展业务,抢占征信服务市场。虽然目前央行征信中心和社会征信机构从事的征信业务,已包括了信用信息采集、信用调查、信用评级、信用评分、信用咨询等活动,但总体上征信业务水平和服务覆盖面,还远远落后于征信先行国家。这只要对比看一下国际上几家著名征信机构的每年业务拓展计划,便可知晓。

我国台湾地区的《征信业计算机处理个人资料办法》对征信机构从事业务范围的规定,主要涉及收集、整理、加工并向外提供个人、企业及其负责人财务及债务方面的信息,行业研究,对动产和不动产的信息收集等有关方面的业务。台湾基础征信服务机构,主要是两家:一家是台湾岛内影响最大的财团法人金融联合征信中心,它是依据"台湾银行法"第47条之3以及《银行间征信数据处理交换服务事业许可及管理办法》设立的带有行业会员制模式的官办征信服务机构,同时做企业征信和个人征信业务,主要产品服务,也是分别供金融机构和信息主体(企业和个人)查询的信用报告。台湾金融机构依据台湾主管机关的规定,将其客户的授信、信用卡等信息报送至联征中心。另一家是中华征信所,由"台湾征信业之父"张秘于1950年10月2日发起成立,隶属于《征信新闻》(后改为《中国时报》),1966年改组为中华征信所企业股份有限公司,独立经营,主营企业征信业务。其业务已拓展至大陆。

我国香港特别行政区的征信服务,其中信用报告业务及其增值业务主要是由邓白氏和环联公司提供的,而资本市场的评级业务则主要依赖国际大评级公司提供。

第三节 征信业务的分类

综上所述,各国征信机构从事的征信业务,虽然在表述和法律规范上不尽相同,但本质特征是相同的,通俗的概括都是信用信息服务或信用咨询评估服务,其业务活动也没有被广泛接受的分类。按照信息数据采集量、采集方式以及服务内容和方式的特点差别,笔者推荐的我国征信业的主分类是基础征信业务、信用调查业务、信用评估业务和其他征信业务。

第一类，即基础征信业务（也称信用报告业务），是指其主要业务活动是全面采集企业和个人的负债历史记录，整理、保存、加工后，主要以信用报告形式对外提供服务的活动。各种版本的企业或个人信用报告，是基础征信业务的主导产品和服务，其特点是：利用 IT 技术自动化、格式化地采集信息数据，形成企业或（和）个人信用信息数据库，并依托该征信数据库主要提供信用报告查询服务。基础征信业务是征信业中最基础、应用最广的一类业务。"最基础"指的是，就一个信息主体而言，采集反映其信用状况的信息量有限但却是相对客观的、重要的、基本的。这是由自动化、格式化的信息采集方式决定的，难以像付出直接人力调查成本较多的信用调查和信用评级那样，可以获得较多的可以反映信用状况的"活"情况。能够自动化地、较广泛地采集各类信用信息和提供信用报告（最多可延伸到含信用评分）服务，是基础征信业务的主要特征。基础征信业务的信息主体，主要是消费者个人和企业特别是中小微企业。

第二类是信用调查业务。信用调查业务的主要服务产品，虽然也是信用报告，但与基础征信业务相比有很大的差别：第一，做信用调查业务的征信机构都是地方性的、相对规模较小的公司，除"××信用调查公司"的名称以外，也常以"××资信调查/评估公司""××信息咨询/服务公司"的名称出现。第二，提供服务的方式，通常是接受授信机构或其他机构的批量或零星委托，提供格式、内容不完全固定的专门信用报告。报告内容的多少，取决于调查信息的可得性。第三，其编制的信用报告，信息通常较多地来自人工直接调查，信息量通常也较基础征信提供的信用报告的信息量大，收费也明显高于后者。第四，一个信用调查公司的业务活动范围，通常是地域性的，比如某省某市范围内。第五，电子化程度不高，通常没有较大规模数据库的支持。即便是有较大规模数据库支撑的信息调查公司，只要其业务是受托开展、调查对象主体覆盖面有限、不能提供低成本的自动查询服务，与基础征信机构的业务界限还是很明显的。规模较小的信用调查公司中，有一部分是与拥有大型数据库的基础征信机构进行合作开展业务的。由于有地域或行业背景优势，这类数量较多的信用调查机构，也有很大的业务发展空间。

如果读者喜欢，对于我们这里界定的信用调查机构，也可以称为普通、专业或一般征信服务机构。

第三类是信用评估业务，是指信用评估机构对借款人或其专项负债给出分数或等级以判断其未来归还借款可能性的活动。信用评估包括信用评分和信用评级，是属于较高层次的、基于可获得的信用信息对信息主体的信用状况或债项前景做出概括性判断/预测的征信业务。

信用评分，适用于对个人和小微企业的信用评估，通常是由市场机构的专业研发人员根据可获得的征信数据和评分定义研制出的评分模型，自动计算出的判断信息主体信用状况的数量特征。这种数量特征，又可同构地理解为特定评分定义中的违约概率。各类信用评分，大体可划分为综合信用评分和特定信用行为的评分，前者又称信用局评分，后者则包括信用卡评分、反欺诈评分等。

信用评级，则是根据信用评级机构研发的评级方法计算出的概括判断评级对象信用状况的符号等级，适用于对大型企业或在资本市场对大项目筹资的信用评估。信用评级有多种分类，最主要的是按评估对象区分为主体评级和债项评级两大类。其中，主体评级可分为企业（非金融企业）评级、金融机构评级和国家（或经济体）主权评级；债项评级按融资工具可分为结构融资信用评级和非结构融资信用评级。

与信用评分相比较，信用评级有以下明显不同的特征：（1）评估对象及服务对象有明显区分。评分评估的对象一般是消费者个人，或小微企业，或消费者的某类信用账户；而评级评估的对象则多是大中企业主体，或其发行的债项，包括政府发行的主权债项。相应地，两者的主要服务对象也不同：评分主要服务于授信机构的信用卡、耐用消费品贷款、车贷等信贷业务。主体评级主要服务于为大中型企业服务的授信机构；债项评级主要服务于资本市场的投资人及项目建设融资主体。（2）评估依据的信息差异很大。评级依据的信息相对于评分要丰富、综合得多。评级要调研评估行业前景、经营情况、财务表现、偿债环境、财富创造能力、偿债来源的稳定性以及偿债能力，甚至要依赖评估专家的主观经验判断。在所有征信服务中，信用评级服务需要的信息量是最大的。而评分依据的信息量要小和单纯得多。由于信用评级

征信：若干基本问题及其顶层设计

有专家队伍参加专项调查、分析，因此通常其收费也远高于信用评分。（3）评估方法、流程也有很大差异。评级是运用一套定量分析和定性评估相结合的方法、流程；而评分都是根据一个数学模型或公式计算出的结果。（4）对信用市场的影响差别也很大。这主要由其评估对象决定，信用评级在信用市场和资本市场上的影响要比信用评分大得多。知名评级机构的评级结果，对融资成本影响很大，掌握着资本市场和信贷市场很大的话语权。因此，后面我们将会讨论到，对同属信用评估活动的信用评分与信用评级的监管是有很大差别的，很多适用于评级的监管规则并不适用于评分。（5）评估结果的表现形式不同。信用评分通常采用阿拉伯数字来表示，如 FICO 评分，由低到高是介于 350 至 950 分的分数；而信用评级通常采用英文字母，如中国金融行业标准采用的表示由高到低的信用等级是 AAA、AA、A、BBB、BB、B、CCC、CC、C 等符号，并通常公开披露在专门的评级报告中。

虽然有以上明显差别，但信用评分和信用评级在本质上仍是一样的：都是对评估对象的信用违约的估计，都是提供给授信人或投资人作决策和为持续的信用风险管理作参考的。

第四类，我们统称为其他征信业务，也可不严谨地称为普通专业征信业务，包括信用风险预警、企业关联信息和风险分析报告等服务，甚至服务于其他商业机构营销业务的客户分类信息、商账催收等服务。这些除信用报告服务以外的业务，可以由基础征信服务机构利用自身的征信数据库优势来开发提供，也可以由中小型普通专业征信服务机构来做。后一种模式运行良好、高效需要一个条件，即基础征信机构的征信数据库应向普通专业征信机构开放，两者可以建立市场合作关系，让后者能够以较低的成本使用征信数据库里的数据信息。如果没有官方严格的界定和限制，基础征信服务机构自然也会选择发展这些除信用报告服务以外的征信增值业务，这可能挤压其他中小普通专业征信服务机构的发展空间，竞争机制较弱，未必是高效的、好的业态模式。后面，在我国征信业的顶层设计专题研究里，我们还会进一步讨论。

现在，我们可以回答本章开头的问题了。不论从征信的概念[①]出发，还

[①] 不论是本书的定义，还是《征信业管理条例》的定义。

第四章 征信的业务范围、分类及其意义

是从国内外征信机构业务发展的实践来看，征信业都是应该包括信用评级活动的。征信最通俗的理解，是收集信息主体（一般是企业和个人）的有关信用信息，以在一定程度上揭示或评估其信用风险状况的活动。在上述征信业分类中，信用评级虽然以收集信息量最大和需要专家队伍进行分析为特点，也与信用调查和基础征信业务有明显的区别，但在本质特征——收集信用信息和揭示信用风险上，信用评级与信用调查和基础征信业务的共性也是很明显的。信用调查和信用评级业务的信息主体，主要是企业组织。

以上分类只是一家之言。目前，国内对征信业务的分类，尚未形成权威、统一的共识，还处在仁者见仁、智者见智的阶段。其中，特别需要说明的是：Credit Registry（信用登记）在英语词汇里，是一个从属于信用统计或信贷统计的专业词汇。强调两点：（1）国内经翻译和广泛的误解，经常把这个词与征信相关的几个高频词汇——Credit Report 或 Credit Reporting（信用报告）、Credit Rating（信用评估或信用评级）、Credit Investigation（信用调查）、Credit Scoring（信用评分）、Credit Bureau（征信局）和 Credit Reference（征信）等放在一起用，甚至央行把其建设的第一代企业征信系统称作"信贷登记咨询系统"，混淆了信贷统计与征信这两类不同的业务和概念。（2）概括一类基础性的、大体相同的征信业务，"基础征信"是比"信用登记"更好的名称。提出"信用登记"的官方或少数专家拟将其定义为"是指采集企业和个人的负债历史记录，整理、保存、加工后，以信用报告等形式客观展示和对外提供的活动"。显然，这与我们前面提出的"基础征信"概念基本相同。那么，哪个更好呢？显然，"基础征信"要好于"信用登记"。因为前述"信用登记"基本上是国内一些人将英文 Credit Registry 这个主要从属于金融统计的词汇，误解为一个征信专业的、生造的词汇。除了这层理由，还有以下理由："基础征信"更通俗、更准确地概括了这类业务，反映了其与其他征信业务的关系；便于监管当局对征信业实行分类监管；更不会与"信贷资产（权益）登记"等法律用语相混淆。

征信业按信息主体分，还可以分为企业征信和个人征信（也叫消费者征信）。由于政府主体在市场经济中的特殊性，其行为特征完全不同于企业和个人，所以征信活动（主要指基础征信和信用调查）通常（除主权债项评级

83

这个例外）是不涉及对各级政府的（经济意义上的）信用评价的。

关于征信业务分类的理解和意见有差异，对于征信业的研究和发展并没有太大的影响。对于管理部门而言，重要的是，其采纳的分类要能够有效服务于其监管目的。如果社会共识是，征信监管的主要目的是促进保障消费者个人的信息权益，那么在整个征信业务中清晰地划分出个人征信和基础征信，以便对个人基础征信业实行严格的监管，就是十分必要的了。

迄今，我国征信业还处在初级发展阶段，其业务范围或边界，无论从信息的采集范围，还是从产品服务对象和社会功能看，都还没有完全成型。主要原因在于当前我国社会各行业的诚信缺失较为严重，以至于政府和社会各界都希望能够建设起"覆盖全社会的征信体系"。这实际是政府和社会期望赋予"征信"更多的关注各行业、各主体的"诚信"问题、帮助改善社会诚信环境的功能。于是，形成了影响中国征信业未来发展的两股行政力量，即几经变化后，社会信用体系建设的双牵头部门——国家发展和改革委员会、中国人民银行。这两个部门的话语体系虽然表面上不同，一个主讲"信用信息服务"，一个主讲"征信"，但它们着眼的实际上是相同的工作或事业，即从信用信息的采集到服务的工作。但两个部门希望引导和影响征信业发挥的社会功能，显然是有差别的：央行主要将征信系统定位于金融基础设施，主要服务于金融信用风险防范、维护金融稳定；而发展改革委乃至中央政府提出的覆盖全社会的征信体系，显然有更广、更高的期许，期望征信制度能为涵盖"四信"的社会信用体系建设，为重建诚信社会、全面改善各行各业信用环境（包括合法守规）作出重要贡献。国家发展改革委目前在这方面的工作重点，在牵头建立对严重失信主体的联合惩戒制度上，并取得了较大进展。综上，我国征信业仍处于发展初期，征信监管体制尚未定性，加上征信服务机构体系也未成型。这些是我国征信业务及其边界尚未成形的主要原因。

从国际上看，征信业务本身仍在发展，边界也未定型。这主要是受信用深入发展和新技术进步的影响，市场机制推动着征信机构除了不直接做授信业务以外，对其他围绕服务于信用的业务，特别是与信用信息和信用评估相关的服务，都在积极创新探索，除了商账催收、信用修复等已经突破的传统业务，最近几年创新探索的服务还包括帮助个人或家庭预防、缓解和修复过度负债，受债权人委托管理债务人的收入，应用新技术升级提供身份识别、反欺诈和人工智能评估信用服务等。

第四节　两类征信活动的关系

在前述征信活动的分类中，基础征信与信用评估是相对重要的两类征信业务。目前在中国，两类征信业务都面临着如何做大做强，以更好地为客户和社会服务的问题。迄今，对两类业务的讨论多是单独分开的，而较少涉及两者相互关系的讨论。从建立两类征信活动良性关系的角度，需要讨论以下三方面的问题。

一、基础征信与信用评估之间关系的内涵和性质

简言之，基础征信业务（也称信用报告业务），是指采集各类信用信息，并主要提供信用报告服务的活动，细分为综合信用报告业务和专业信用报告业务；信用评估业务，是指对借款人或其专项负债未来归还的可能性进行评估的活动，含信用评分和信用评级。信用报告主要就是用来进行信用评估的，不论这种评估是由授信人自己做，还是由专业信用评估机构来做。可见，基础征信与信用评估既有明显的区别，又有天然的联系。以下几个视角，可有助于我们客观、全面地理解和把握两者之间的关系：

一是征信活动范畴内两个相对重要的业务和分类。其他征信业务如信用调查、商账催收等，虽然也有独立的需求和市场，但在征信体系中相对重要性要低一些。在有些国家包括中国，商账催收是作为有关联但独立于征信之外业务的。一个国家的征信体系的主要模式和特点，主要由基础征信与信用评估的服务体系决定。基础征信的重要性取决于其对信用市场的影响面宽度，而信用评估特别是信用评级的重要性则由其对资本市场形成的定价话语权决定。通俗地理解，基础征信是基础的、上游的、低附加值的征信活动，而信用评估则是下游的、高附加值的征信活动。对这两类重要征信业务的监管，既遵循消费者权利保护的共同原则，又有不同的侧重。

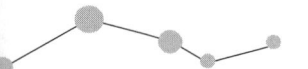

二是两类业务的界线相对清晰又不是绝对的。界线清晰，是指理论上定义两类业务是有侧重的、可以区分的：基础征信侧重于上游的信息采集活动，而信用评估则侧重于下游的对信息主体的综合或专项信用状况进行评估的专业活动。但在实践中，又是难以截然分开的：基础征信机构既可以自己研发信用评分产品，也可以与信用评分专业机构合作开发评分产品；信用评估机构当然也会在提供评估服务的过程中沉淀、积累和采集信息，形成自己的数据库系统以支持其评估服务。各国的法规和监管当局对此都不会也不可能禁止。即便如此，在客观专业化分工的基础上，在征信活动中区分这两类业务还是很有意义的。

三是基础征信机构与信用评估机构的关系是市场关系，而不是行政关系或法律关系。就两类征信业务关系而言，其主要特征是上下游关系。一般意义上，上下游的产品或服务，是由相互独立的市场主体提供，还是一个公司都生产或在一个集团企业内产出，在市场经济条件下，通常都是由市场决定的。如果我们重点关注基础征信机构与信用评估机构的关系，则一定也是市场关系。即它们之间是否要建立或建立什么样的合作关系，是由市场决定的，而无须法律来规定，或由监管部门出于什么目的来指定。但监管当局当然可以为引导、鼓励两者建立更有效的合作关系创造更好的政策环境。

二、影响中国两类征信机构建立良性互动关系的瓶颈

在征信行业较成熟发达的国家，基础征信机构与信用评估机构的市场关系，既有较密切的合作关系，例如美国著名的信用评分公司 Fair Isaac 与三大个人基础征信局（Credit Bureau）的长期合作关系，也有松散的市场买卖关系，如评级公司从邓白氏等企业征信机构购买获得基础企业信用报告。这些市场关系，虽然随着时间的变化也会有不断的调整，但基本上不会出现大的争议和问题。

目前在中国，基础征信机构与信用评估机构之间良性互动的市场关系，可以说还尚未建立起来（忽略不计少数评级机构在很少情况下得到企业授权在央行征信分中心临柜查得信用报告的间接关系）。虽然不能说这是制约征信业做大做强的主要原因，但也不应忽视这对两类机构从而对整个征信业的

第四章 征信的业务范围、分类及其意义

发展未能起到应有的相互促进的作用或现象。反思制约因素或瓶颈，除了征信业仍处于发展初期，主要是两条：

一是企业征信也要授权的规定。《征信业管理条例》（以下简称《条例》）在第五章"金融信用信息基础数据库"中，对企业信贷信息的报送和查询，同对待个人信息一样，均采用了保守的制度安排，要求相关机构事先获得企业主体的授权同意。《征信业管理条例》释义指出了这样安排的立法本意是"由于企业信贷信息往往可以反映一个企业生产和经营的趋势、企业的财务状况等，一般情况下，企业都会要求对这些信息采取一定的保密措施"。反面意见主要有：（1）与《条例》在企业征信业务规则上采取与个人征信不同的、较宽松的规则的原则相背。因为将征信的主要信息——信贷信息作为例外，使得立法者原本对企业征信设立的宽松管理的原则大打折扣。（2）信贷信息远不是商业秘密，在征信服务对象的合法场景应用并非信息公开，可以得到应有的保护。对企业征信的信息采集和使用，施加授权同意限制，不仅没有必要，反而会增添不必要的社会成本，而且与社会、法律对企业信息（包括财务、信贷信息）流动管理的趋势也是相悖的。（3）世界其他国家尚未见到一个国家对企业征信作类似保守制度安排的。而在国内，也只有中国人民银行征信中心在遵守这个规定，其他企业征信机构都没有受此约束，迄今也未见到有企业根据此规定而提出征信异议或诉讼的。（4）更重要的是，在一些类似贸易信用保险如出口方为进口方（买方）违约投保的授信业务中，保险公司需要了解买方的信用状况，是十分正当的需求，如果需要买方的授权同意，则会存在逆向选择的道德风险。结果，就会影响这类授信业务的正常开展，也破坏了征信机制应为各类授信业务提供普惠服务的原则。总之，条例对央行征信中心企业征信业务的授权规定，极大地妨碍了其企业基础征信的应用服务场景，包括对信用评估机构的支持作用。在 2018 年征信中心组织的一次征信服务制度建设座谈会上，市场机构又一次集中向征信中心及监管当局反映了这些反对意见，但似仍未引起足够的重视。

二是体制障碍。目前在中国谈两类征信机构及其业务的关系，主要就是信用评估机构与央行征信中心的关系。虽然自 2010 年开始国家价格主管部门已批准了其少数版本信用报告的查询可以收费，但主要囿于事业单位的体制，

征信中心的市场机制仍是极低的。就连其下属公司从事市场化的信用评级业务，迄今尚不能从征信中心获得一点信息支持，如果想探讨征信中心与其他信用评估机构建立良性互动的市场合作关系，至少在短期内不太容易。可喜的动态是，央行主导的另一个市场化的个人基础征信机构——百行征信已经破土出世。虽然一些官员反复强调两者初期的功能互补、错位发展，但长期看，百行征信与征信中心的业务肯定会形成一定程度的交叉竞争关系。但是，这能否在短时期内如市场预期地撬动征信中心的体制改革，还需要时间观察。

三、如何推动两类征信机构建立良性互动关系

既然基础征信机构与信用评估机构的关系是市场关系，如何建立两类征信机构之间的良性关系问题，就应该主要交给市场来回答，而不能靠行政规划。即我们应相信市场是有效的，其内在的优胜劣汰、追求效率的机制可以帮助市场主体之间找到接近最优的相互关系。在这种场合，遵循让市场发挥决定性作用的原则，应是毫无疑问的。

但在市场运行中，如发现有市场本身难以克服的缺陷或障碍时，就是政府"有形的手"发挥更好作用的地方。前述两个瓶颈，是征信市场本身难以克服的缺陷或障碍，不仅会影响两类征信机构及其业务早日建立良性合作关系，也会延缓整个征信业的发展壮大。在消除这两个瓶颈上，显然征信监管当局及征信中心可以有较大的作为。为给企业征信的授权松绑、解锁，首先要认识到，支持企业征信需授权的制度安排及其理由，实际上远没有不支持的理由充分。因此，在对企业征信需授权的有关规定（也并没有对应的罚则）执法时，可以抱着宽容的态度再观察一阶段。其次，在认识清楚有关规定实际上是给企业征信附加了不必要的"枷锁"时，可以在适当机会建议国务院决定终止执行条例的有关条款。最后，在未来修改条例时做出适当修订。

为促进央行征信中心乃至基础征信业的体制改革，需要按照市场化原则，促进百行征信加快发展，并且不要想当然地在征信中心与百行征信之间画地为牢。既要引导、支持百行征信补缺、错位发展起步，尽快扩大征信系统的覆盖范围，又要允许两者未来长期的业务适度交叉、开展适度竞争，为征信中心的体制改革创造条件。一个有市场化、有活力的基础征信业形成之日，

便是两类机构及其业务的市场化关系有答案之时。未来覆盖全社会的中国特色征信体系,究竟是像目前国际上大多数国家的模式——大多数的信用评估机构与少数几个基础征信机构保持独立又良好的合作关系,还是会形成少数几个有国际竞争力的既含基础征信机构,又有信用评估机构的征信或信用服务集团的模式,只能静观市场的选择。

第五节 征信活动的意义

了解了征信有哪些主要业务活动,就可以概括地讨论一下征信活动的主要意义。

一、识别信用风险,促进改善社会资源配置

信用的功能是有偿配置社会资源。征信主要为授信机构服务,就是低成本地协助后者识别信用风险,以便减少甚至拒绝向那些信用违约风险高的客户提供信用(一部分是通过信用中介配置的社会资源);同时,向守信、违约风险低的客户提供其需要的、适度的信用,从而促进社会资源有效配置。因此,虽然信用资源流向高风险客户是损失社会资源配置效率的最大因素,但是我们不应该简单地把征信与黑名单等同起来,特别是在征信业已经普遍(个别国家例外)地同时采集正面和负面信息的情况下。如何通过有限的过去信息的分享,帮助授信人或投资人将社会资源更多地配置给守信主体特别是守信的广大小微企业和消费者,应是征信制度的最大使命和挑战。

二、节省时间

在征信出现前,如果您向银行借钱,银行就需要了解您是谁;需要判断您是否能按时还钱;需要了解您以前是否借过钱,是不是有过借钱不还的记录等。您需要向银行提供一系列的证明材料:单位工资证明等。银行的信贷员也要打电话给您单位甚至上门拜访。两个星期甚至更长的时间后,银行才会告诉您是否借钱给您。真是银行累,您也烦,借钱可真够麻烦的。征信的

出现让银行了解您信用状况的方式变得简单：它们把各自掌握的关于您的信用信息交给一个专门的机构汇总，由这个专门的机构给您建立一个较全面、较权威的信用档案（即信用报告），再提供给各家银行使用。有了征信机构的介入，有了信用报告，您再向银行借钱时，银行信贷员征得您的同意后，可以查询您的信用报告，再花点时间重点核实一些问题，便会很快告诉您银行是否能给您贷款。银行省事，您省心。银行需要了解的很多信息都在您的信用报告里了，所以就不用再花那么多时间去调查核实您在借款申请表上所填报信息的真实性了。所以，征信的第一个好处就是给您节省时间，帮您更快速地获得贷款，建立健康的信用关系。

三、借款便利，促进普惠金融

俗话说好借好还，再借不难。如果您的信用报告反映您是一个按时还款、认真履约的人，银行肯定喜欢您，不但能提供贷款、信用卡等信贷服务，还可能在金额、利率上给予优惠，促进普惠金融。在经济信用关系中，征信有助于各行各业建立守信激励和失信抑制机制。

四、信用提醒

如果信用报告中记载您曾经借钱不还，银行在考虑是否给您提供贷款时必然要慎重对待。银行极有可能让您提供抵押、担保，或降低贷款额度，或提高贷款利率，或者拒绝给您贷款。如果信用报告中反映您已经借了很多钱，银行也会很慎重，担心您负债过多难以承担，可能会拒绝再给您提供贷款。在其他信用关系中，征信也有类似的积极作用，可提醒您珍惜自己的信用记录，自觉积累自己的信用财富。

五、公平信用

征信对您还有一大好处是：帮助您获得更公平的信贷机会。征信机构提供给银行的是您信用历史的客观记录，让事实说话，减少了信贷员的主观感受、个人情绪等因素对您贷款或信用卡申请结果的影响，让您得到更公平的信贷机会。征信在整个信用市场的广泛应用，有利于各类社会主体更高效、公正、公平地获得信用资源，从而促进各类信用关系人的整体权益。

六、有利于促进社会诚信和遵法守规

虽然征信是经济意义上为授信机构提供的信用信息服务，信用风险评估也不是对道德诚信的直接的、专门的评价，但是，通过征信活动这种市场机制的约束，促使经济主体（企业和个人）在经济活动中养成重合同、守信用的习惯，自然也有利于在一切社会活动中养成诚实守信的习惯。这是征信的外延积极作用。从这个视角看，中央政府为了建立守信联合激励、失信联合惩戒的机制，促进各行各业的诚信和遵法守规，一度接受"社会信用体系建设"的建议和概念，建立了社会信用体系建设的部际协调会议制度，主观愿望之一是为了更好地发挥征信这个市场机制的更大作用。这也正在对塑造中国特色征信制度产生着重大而深刻的影响。

但就笔者的现有认识水平，想再次强调的一点是，我们不能因此而把征信体系建设与社会诚信建设等同起来，不能将征信的主要作用定位在改善全社会的诚信环境这件更大的事情上。后者不是一个行业的服务作用力所能逮的。既然我们一开始就将征信的"信"定位在经济意义的"信用"上，那么我们理解和期待征信发挥的积极作用，主要也应该是其作为金融乃至经济生活的重要基础设施，在经济领域为维护经济意义上的信用关系的健康持续发展所发挥的积极作用。这样，逻辑上才是一致的。这样认识，并不是笔者不重视诚信建设，而是为了全社会特别是公共部门和教育部门更好地落实中共十九大报告提出的"诚信建设"任务。

第五章
基 础 征 信

【问题】

5.1 基础征信为什么重要？

5.2 征信系统建设应采取什么模式？

5.3 如何看待基础征信业的垄断？

5.4 征信中心的现行体制是否合适？

5.5 基础征信业的使命是什么？

5.6 是否可为基础征信机构划定业务边界？

5.7 是否应当区分负面信息的严重程度，为其在信用报告中设定不同的展示期限？

5.8 授信机构是否可以向信息主体索取其信用报告？

前面的讨论已让我们对征信机制于全社会的意义有了基本的了解。而在征信业务中，基础征信的重要性也是不言而喻的，它不仅可以为其他征信业务包括信用评分、评级提供基础支持，而且也是界定一国征信制度效率、优劣的主要依据。

我国征信业的许多争论问题，都是围绕基础征信业，或者叫信用报告业应该如何发展展开的。随着基础征信业的发展，争论的重点问题也在变化，有的问题已经在实践中有了答案，有的分歧依然很大。

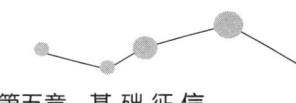

第五章 基础征信

第一节　我国现代征信制度建设的道路选择

20世纪90年代末到21世纪初，在我国引入现代征信制度的起步阶段，这一制度的主要组成部分——基础征信业几乎是空白的，关于现代征信制度或征信体系的建设模式，核心即关于基础征信业的发展路径，存在着是由政府主导推动建设，还是依靠市场民营征信机构自发发展的争论。

一方面，美、英大型征信机构对进入我国征信市场表现出强烈的兴趣，它们通过其官方或国际金融机构游说中国政府，希望中国开放征信市场，为民营征信机构从银行采集信用信息提供方便，实际上是希望中国也走一些发展中国家的道路，即依靠市场征信机构自发地建立征信系统，发展基础征信业。国内也有一些声音与之相呼应，主张走完全市场化的道路来建立中国的征信体系。

另一方面，主张政府主导推动建设征信体系（实际上主要是基础征信服务体系）的声音也开始集聚。有两点主要依据：一是出于建设速度的考虑。鉴于以国有大银行为主导的银行间接信用在我国信用市场占据着统治地位的现实，出面建立全国统一的中央基础征信数据库并提供信用报告服务的机构必须是有很强公信力的机构，否则，仅靠市场机构自发组织建设和发展，可能要花费很长的时间，甚至难以建立起来，适应不了我国信用市场发展的紧迫需要。二是出于国家信息安全的考虑。征信虽然主要是一种微观信息中介服务，但由众多的微观主体的信用信息账户构成的数据库，则关系到国家信息安全。这样的数据库如果控制在外国资本的手里，并被用来服务于政治目的，有可能损害国家利益。而如果我国征信系统建设走完全开放的市场化道路，在国内民营征信机构力量薄弱的背景下，则势必会出现征信数据库被西方大国资本控制的局面。

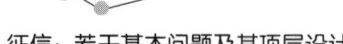

征信：若干基本问题及其顶层设计

一、从我国国情看，现代征信系统/制度建设初期采取任由民营征信机构自发发展的建设道路没有现实可行性

主要原因是民营征信机构获取主要信用信息资源十分困难。我国信贷信用信息主要集中于大型国有金融机构，没有哪家民营征信机构具有足够的公信力，有能力说服商业银行将其客户信用信息分享出来。2015年以前，一些民营征信机构为此已经努力了十几年，都没有成功，主要原因是它们很难得到商业银行的信任。因此，依靠民营征信机构自发建设无法迅速地完成全国统一征信系统建设的任务。

二、征信系统建设应采取政府推动与市场机制相结合的"双轮驱动"模式

中国特色社会主义市场经济，就是适应中国历史、文化、政治和经济国情，把社会主义和市场机制有机结合在一起的制度总和。征信机构的发展也要适应中国国情，不能一味照搬西方国家的模式，应走出一条具有中国特色的征信业发展之路，在需要发挥政府推动作用的时候，政府就应积极发挥其集中力量办大事的优势；同时，在该引入市场机制的时候，就应果断地引入市场机制，以利于行业的更好发展。即总体看，我国征信体系建设应该采取初期政府行政推动与长期市场机制发展相结合的"双轮驱动"模式。

我国现代征信系统/制度建设初期应由政府推动建设。首先，政府具有权威和公信力，可以迅速地组织起拥有信用信息的机构，向政府主导建立的征信系统报送数据。依靠政府推动迅速建立起征信系统的框架，实现主要信用信息数据的集中，既符合现代征信业发展规律，也符合我国国情和征信业发展现状。

其次，金融业是现代经济的核心，金融稳定直接影响到一国乃至世界经济的健康运行。征信系统采集了一个国家大部分企业和公民个人的基本身份信息、银行信贷信息、金融体系外的负债信息，信息覆盖的广度和深度渗透到社会经济生活的方方面面。对征信系统信息的整合与研究，不仅可以分析微观经济个体的信用状况，还可以分析一个国家各行业、各地区的信用状况

甚至整体经济金融形势。因此，征信系统涉及国家的信息安全。如果国外势力利用征信系统从事危及国家安全的活动，则会损害国家利益。因此，国家应该实现对征信系统特别是基础征信系统的有效监督管理，从法律制度、市场准入和监管层面把握我国征信业的发展方向。

目前，国际上形成的环联、益博睿和艾可飞等主要从事个人征信服务的大机构都经过了上百年竞争发展的历程，都是高度市场化运作的机构。但中国特色社会主义道路已经不允许我国照搬西方经验模式、走完全市场化的道路。如果在我国基础征信业发展初期就走完全市场化的道路，则很可能会出现国内小而弱的民营征信机构被外国大征信机构各个击破、兼并的情况，形成外国征信机构垄断中国征信市场的局面。

三、还在路上的探索

在上述争论的背景下，为了完成国务院要求的"提出全国企业和个人征信体系建设总体方案"的任务，2002年3月由中国人民银行牵头，以国家发展和改革委员会、国务院信息办为副组长单位，17个部委（办）及工商银行、农业银行、中国银行、建设银行、交通银行5家商业银行，共22个单位，组成了"建立企业和个人征信体系专题工作小组"。经过两年多的国内外调查研究，该专题工作小组在2004年9月上报国务院的《建设企业和个人征信体系总体方案专题报告》中，提出了政府主导加市场机制的主张：

"企业和个人征信体系建设在未来几年内要完成以下任务：

（一）尽快出台征信法规，并制定有关配套的实施办法，使征信业发展和管理有法可依。

（二）在一、二年内基本建成全国统一的企业和个人信用信息基础数据库，形成覆盖全国的信用信息服务网络，首先满足商业银行信用查询的基本需要，逐步为企业信用评级、个人信用评分等业务提供基础数据。

（三）形成少数采集保存全国信用信息资源的大型基础征信机构和众多提供信用信息评估等信用增值服务的征信服务公司并存，既有分工又有市场竞争、运行高效的社会征信机构体系。

（四）初步建立包括政府部门分业监管、行业自律管理在内的较为完整的市场监督管理体系。"

此外,在上述专题报告的"加快全国企业和个人信用信息基础数据库建设"部分进一步提出:

"当务之急是加快全国统一的企业和个人信用信息基础数据库建设。目前中小企业贷款难,关联企业贷款风险突出,个人消费贷款风险日益上升,商业银行迫切需要覆盖全部金融机构的信用信息,以提高审贷水平,防范贷款风险;同时,健全的征信体系也有利于商业银行增加中小企业和消费贷款,提高社会就业率和消费水平。经过几年努力,人民银行建立的银行信贷登记咨询系统和上海个人征信系统建设试点,已经取得成功经验。在此基础上,加快全国统一的企业和个人信用信息基础数据库建设已经具备条件。

全国统一的企业和个人信用信息基础数据库首先将依法采集和保存全国银行信贷信用信息,主要包括企业和个人在商业银行的借款、抵押、担保数据以及身份验证和账户信息,在此基础上,逐步扩大到保险、证券、工商、税务、质检、海关等,形成覆盖全国的基础信用信息服务网络。该系统首先向商业银行提供企业和个人信用信息的查询服务,满足商业银行对信贷征信的需求;同时依法服务于其他部门的征信需要,并依法逐步向有合格资质的其他征信机构开放。全国统一的企业和个人信用信息基础数据库采取中央统一建设,各地区、各行业联网接入运行的方式。采取集中统一建设方式,主要基于以下考虑:一是该系统必须首先解决链接企业和个人在全国各地区、各银行开办的所有银行贷款和有关账户,并链接企业下属各子企业及个人为主要出资人的所有企业,只有这样才能形成企业和个人完整的信用数据,使用者才有可能对企业和个人的完整信用状态做出全面、正确的分析和判断。二是商业银行为提高核心竞争力,普遍加大银行信息系统建设和改造力度,其突出标志是全行数据的大集中,有的商业银行已经实现全行数据集中到一至二个数据处理中心;其他商业银行多在实施中,拟在近年内完成数据集中。三是目前人民银行正在运行的业务管理信息系统中包含不少企业和个人信用信息。例如,已成功运行多年的'银行信贷登记咨询系统',在商业银行对企业信用调查中发挥了重要作用;正在运行的'企业外债统计监测系统''外汇账户管理信息系统',正在建设的'银行账户管理系统',分别包含有

第五章 基础征信

企业外债、企业和个人的人民币、外汇账户的开设情况。这些信息系统都是人民银行和外汇局统一建立、集中运行的,整合这些资源可以成为该系统的重要信息来源。商业银行迫切希望集中接入该系统。从国外的实践经验看,随着IT技术的发展,从技术、效率、成本、安全等方面考虑,建立覆盖全国、集中统一的基础信用信息系统是比较好的方案,美欧等发达国家和多数发展中国家也是这样做的。

建立全国统一的企业和个人信用信息基础数据库,最早是由马凯同志在2001年11月在上海调研时提出,他在给总理的报告中提出:'我们有条件利用人民银行初步建立的银行信贷登记咨询系统(年底前可实现跨行、跨地区联网),把其改造为全国性的征信中心(最终从人民银行分离出来,成为独立的、公正的中介服务组织),从而在信用信息征集环节建立统一的中央数据库(当然,这并不排斥地方和行业拥有统一标准下的子数据库),实现资源整合,信息共享,企业和个人两个征信系统同时运行;同时,在信用信息评估等信用增值环节,各地可成立若干征信服务公司或信用评级公司,把中央数据库的数据作为重要的征信信息来源,利用其开展地区性、个性化信用服务,各征信公司进行平等竞争。这样做,可以避免各地一哄而起、重复建网,有利于信用信息资源共享,也有利于解决征信中自然人和法人难以严格区分的矛盾(如大量中小企业是私营、合伙和个体),更能体现全国是统一大市场、信用具有社会性而不是区域性的内在属性。'该报告提出的意见,得到了当时国务院主要领导的肯定。温家宝同志也作了明确批示:'请人民银行会同有关部门研究提出方案。可从信贷信用征信起步。'

为贯彻国务院领导同志的批示,两年多来,人民银行做了大量工作。银行信贷登记咨询系统2002年已经实现全国联网,全国统一的企业征信已经有了雏形,商业银行已将查询该系统作为贷款决策的固定程序,在防范贷款风险中发挥了重要作用。个人征信系统建设也已取得了进展。特别是温家宝总理2004年2月10日在全国银行、证券、保险工作会议上做出关于'加快全国统一的企业和个人信用信息基础数据库的建设,形成覆盖全国的基础信用信息服务的网络'的指示后,人民银行加快了个人信用信息数据库的建设进度。预计2004年底可实现在若干城市主要商业银行的数据采集和查询,2005

征信：若干基本问题及其顶层设计

年实现全国联网运行。银行信贷登记咨询系统的升级改造工作已经启动，按照商业银行的意见，重点解决关联企业信贷查询、中小企业信用风险审查和商业银行数据联网接入等问题。"

按照上述报告的意见，央行从 2004 年开始牵头组织商业银行推动建立了全国集中统一的企业和个人征信系统（当时也称"企业和个人信用信息基础数据库"），并于 2005 年 6 月发布了部门规章《个人信用信息基础数据库管理暂行办法》（中国人民银行令〔2005〕第 3 号），设立专门的机构——中国人民银行征信中心负责企业和个人两个系统的建设、运行和管理。自 2006 年实现全国联网运行并提供服务以来，征信系统建设不断推进，覆盖面不断扩大，产品种类和服务范围不断拓展，在防范化解信贷风险、改善信用环境、维护金融稳定、促进经济金融健康发展及构建和谐社会等方面发挥着越来越大的作用，得到了全社会的广泛认可。特别是在 2008 年波及全球的金融危机中，中国金融业仍保持了健康快速发展，初步建成的征信系统发挥了重要的基础性作用。其间，自 2010 年 10 月开始，经国家发展改革委批准，征信中心开始向商业银行收取信用报告查询服务费，标志着中国开始将市场机制引入基础征信体系建设。与之相配套，自 2012 年 12 月与中国平安保险（集团）股份有限公司在上海签署中国平安保险加入征信系统合作协议开始，征信中心逐步与新接入征信系统的机构都签署了长期的合作协议，实现了接入模式从行政模式逐步向市场模式的转变。目前，征信中心代表的（基础）征信系统已经成为我国金融乃至市场经济的一项重要基础设施。虽然中国特色征信系统的建设和实践在诸多方面与西方国家有明显区别，但是并没有改变征信服务的本质特征。

实践表明，在全国范围内，依靠央行主导的行政推动，首先立足银行信贷信息，建成全国集中统一的企业和个人征信系统，并在此基础上逐步采集可持续更新的其他非银行信息，适时引入市场机制提供专业化的服务，是一条符合中国国情和征信本质要求，并可避免重复建设、少走弯路的道路。

自建成以来，征信系统的接入机构、收录主体和提供查询服务的水平均呈现快速增长趋势。据央行征信中心统计，截至 2017 年底，个人和企业征信系统分别已累计接入各类金融机构 3 245 家和 3 177 家；收录个人主体 9.5 亿

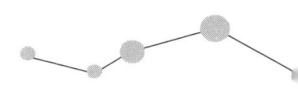

人（其中有信贷记录4.8亿人）、企业及其他组织主体2 510万户（其中有信贷记录690万户）。2008—2017年的十年间，累计提供个人信用报告查询50亿笔、企业各类信息查询7.7亿笔。仅据21家全国性商业银行的统计，每年拒贷、预警和清收高风险贷款合计已超过2万亿元。

迄今的实践，已经回答了我国现代征信系统建设（主要是基础征信业发展）在初期应采取什么模式、走什么路径的问题。2018年2月，伴随着又一个实质上的基础机构——"百行征信"正式拿到央行批复的个人征信（特许）许可牌照，曾经的争论也基本尘埃落定。但是我国征信业仍处在建设发展的初级阶段，基础征信业的建设发展道路仍很漫长，一些新的争论又变得更加突出，比如，如何看待和塑造仍然高度垄断的基础征信业，未来基础征信机构应该有几家，目前两家基础征信机构之间是怎样的关系、会如何演进，央行征信中心是否应当更多地引进市场机制和适时启动企业化改制，基础征信机构可不可以发展征信增值服务业务，等等。这些还需继续探索和假以时日的实践回答。

第二节　如何看待基础征信业的垄断？

毋庸讳言，由于抓住了中国信用市场的主体（银行业），央行主导建设的全国统一的企业和个人征信系统符合中国国情，取得了很大的成功，但在中国基础征信市场已形成了高度垄断——实际上是一家独大。于是，树大招风，前述疑问和与之相关的一些争论便浮出水面。究其根源，虽然中国已于2008年开始实施《反垄断法》，但人们对垄断的认识和态度仍然存在较大的差异，在遇到有关垄断的问题时，仍难免存在争议。这里只是期待基于社会对垄断的常识，总结几条争议较少的、有关我国基础征信业目前现状及其未来的认识：

1. 任何产品或服务，只要已确定为非公共产品，即不该用纳税人的钱来提供的，就不该是独家垄断的，尤其是在有数亿人口的大国。如有人想维系某种非公共产品或服务的独家垄断，不仅不可持续，而且总体危害要远远大于局部的"优势"或"利"。遗憾的是，直至2017年底，笔者服务的央行征信中心代表的基础征信业，正是这种尴尬的情形。

2. 市场的力量已经可以让我们清楚地看到，我国基础征信业独家垄断的格局，在不久的将来必然会被打破。2017年上半年看到的前景还在两者之间：要么，监管当局顺应市场的趋势，对基础征信业进行科学的顶层设计，主动打破独家垄断格局，较快地培育一个高效率的现代基础征信业；要么，还是等待市场自发的力量，可能需要一个较长的竞争过程，来实现殊途同归。进入2018年形势又进一步明朗：前者的趋势更加明朗；市场关注的焦点转向新的顶层设计的格局、可行性和进展速度。

3. 在大型经济体，基础征信业进入较成熟稳定时期，都是寡头垄断的格局，即有少数几家提供基础征信服务的市场机构。由此形成的适度竞争加上必要的价格监管，可能是建设一个有较高效率的基础征信制度进而提高整个征信体系效率的必由之路。

2017年底，百行征信浮出水面是符合以上社会共识的。

专题4

基础征信之寡头垄断

初识垄断，曾经以为，垄断于经济是有百害而无一利的。后来才逐渐明白，这种认识是肤浅的。

20年前，一次去巴黎参加中法宏观经济论坛，法国学者介绍法国基础产业演变的历程，使笔者认识到，带有网络平台的，并且产品或服务易做到排他性消费的基础产业，如铁路、水电气、通信、邮电等，都必然会形成全国跨地区的垄断，才能形成规模优势。只是形成垄断的程度，是否可以接受独家垄断，还是少数供应商的寡头垄断，会根据经济体的规模和基础设施硬件投入高低等因素来决定。

产业发展规律及其国际经验已经表明，涉及人和企业组织这两大市场经济活跃主体的现代基础征信业，需要利用现代技术一方面能全面采集能反映其信用状况的信息，同时又能方便低成本地为社会提供以信用报告查询为主的产品和服务，显然是带有网络平台特征的基础信息行业。如果再

第五章 基础征信

> 符合处于大国经济体内以及需要保障高效率和有公信力的两个客观要求，则必然选择寡头垄断的供给体制。"寡头"在中国是名声不好的专业词汇，通俗地说，就是少数几家，多数场景更宜中性理解。
>
> 中国基础征信业之寡头垄断之路的前景已经明朗，只是未来如何有效突破独家垄断的格局，迄今仍正方兴未艾地处于官方和民间的热烈讨论之中。本书最后，还要作深入讨论。

第三节 我国基础征信业的未来道路

一、对走过的路怎么看？

20世纪90年代，王喜义先生领导下的中国人民银行深圳经济特区分行创新纸质贷款证，记录突破专业银行体制后企业在各家商业银行的贷还款信息；1995年，人民银行总行派出以蒋万进先生为组长的三人小组驻点深圳调研总结经验，提出"推广深圳经验、在全国建立贷款证制度"的政策建议并被采纳；21世纪初，央行建成全国电子化的银行信贷登记咨询系统，并在上海资信评估公司开展个人征信试点；2004—2010年，戴根有先生执掌征信中心期间，建成全国集中统一的企业和个人征信系统。这段在2018年以前我国基础征信业的初期建设历程，可以简单地概括为：以央行为主导的行政推动，适时引入市场机制，形成征信中心一家逐渐壮大的模式，为支持中国特色市场经济特别是主流信用市场——银行信贷市场的发展作出了重要贡献。

以上对于过去的粗略概括，估计争议还不大。但如果对这个初期建设历程或模式的特点、内涵和经验作进一步的阐述总结，虽然是同一个客观标的，但由于认识理念和利益格局的不同，来自央行、商业银行、其他政府部门和其他市场机构（包括非银行金融部门）的人士可能会有不尽相同的感受和看法。

笔者作为亲历者，愿意这样小结：

征信：若干基本问题及其顶层设计

（一）市场需求是基础的、第一位的推动因素。在这个初期建设进程中，央行为主导的政府行政推动因素和市场需求及市场机制支撑因素相结合，两者都发挥了重要作用。但如果问哪个因素是基础的、第一位的？则答案显然应是后者。因为商业银行的积极配合，是不可或缺的关键因素。应该说，央行是抓住、抓准了机遇，顺应了市场需求，积极组织推进了这一进程。

（二）建设速度先扬后抑。先扬，是指主要得益于央行的行政公信力优势，这个平台建设从信贷信用信息起步，迅速实现商业银行的信贷信用信息集中统一采集，建成了全国统一的企业和个人征信系统，及其配套的我国基础征信制度的基本框架，为这一时期中国特色市场经济的高速发展特别是主流信用市场——银行信贷市场的发展作出了重要贡献。后抑，则是指相对于这个系统建设初期（2005—2010 年），在系统平台建成并向商业银行提供了基本的信用报告查询服务以后（即 2011 年以来），虽然接入机构和查询量仍在增长（这主要是市场需求推动的结果），但响应市场需求的速度，包括机构接入、产品研发和服务提升的速度，反而慢了下来。

（三）在充分肯定央行推进中国现代征信体系建设成就（包括设立征信中心的成绩）的同时，不得不指出，决策选择征信中心为事业单位的体制，而不是更有效率的企业化管理体制，并且央行内部不能冲破阻力及时启动早就认准方向的征信中心的体制改革，显然是受到了社会及央行内部想引导中国基础征信业走向两个不同方向的影响。这是前述"后抑"的主要原因。实际上，有业内资深专家早已指出了征信中心的体制弊端，并判断它很快就会从初期对中国征信业发展的积极促进作用走向反面。

虽然自 2010 年 10 月开始，国家发展改革委已批准征信中心向商业银行收取信用报告查询费，本来这意味着国家层面已认定征信服务不属于公共产品，并开始朝着更多地利用市场机制方向发展，但是，无奈不愿意看到征信中心体制改革的意见仍占据上风，与引入市场机制方向相反的、将征信系统及征信中心继续推向行政化方向的力量仍然很强，这些年内外部都眼看着征信中心的内部管理机制严重机关官僚化……因此，从体制上看，按照《建设企业和个人征信体系总体方案专题报告》最初对中国征信业的顶层设计，央行发起的全国性征信中心的建设道路才走到一半，便停滞不前了，即马凯先生"最终从人民银行分离出来,成为独立的、公正的中介服务组织"的设想还未实现。

市场和国家利益都明显需要加快发展"覆盖全社会的征信系统",不会长期容忍基础征信业一家独大的低效格局,央行因既做裁判员又当运动员而受到的诘难倒在其次。

二、基础征信业的使命

全面采集有助于准确评估信息主体信用状况的信息,是基础征信业的使命。但是,迄今以央行征信中心为代表的基础征信机构,除了在金融信用交易信息中的信贷类信息采集较为全面以外,其他金融信用信息(如保险信用、互联网金融信用)、商务信用信息、民间信用信息、公开信息、其他非公开非信用交易信息的采集,要么刚刚开始还采集得很少,要么尚未开始。因此,中国基础征信业距离能够较好地承担起其使命,还有很长的路要走。

基础征信业的各相关方,可从以下视角找到自己的着力点,为早日做大做强我国基础征信业作出应有的贡献:

(一)规范信息记录。这是实现信息分享的基础。虽已进入信息化、大数据时代,但就全社会而言,满足征信制度要求的信息记录基础仍较薄弱。除了金融机构的信用交易记录较规范、完整外,其他信用信息的记录都还较薄弱,主要是记录的依据留存和识别身份的信息不足,表现在小微企业处于弱势一方的商务信用关系中、民间信用尤其是亲友借贷信用关系中、公共部门记录企业或个人的信息中和其他市场主体记录其他能反映或影响信用的非公开非信用交易中。即便在银行信贷记录中,大小银行都不断有被欺诈、被有逃废债嫌疑的人钻空子,使其信用记录被质疑并得不到司法机构采信的情形。

(二)健全信用信息分享机制。征信制度的本质特征是一种授信人(债权人)分享其客户信用信息的机制。授信人(债权人)对征信服务有强烈的需求,征信机制对授信人主动向征信机构报送其客户信用信息有较大的回馈。因此,对主流授信机构来说,征信机制本身就包含了较强的报送数据的激励机制。但是,一些非主流授信机构,出于各种原因(包括节省成本),虽然对征信服务有同样的需求，但对于报送自己客户信息的动力不足，如果能从其他渠道不规范地获得信用报告，很可能就选择逃脱分享其客户信用信息的义务。同时，在小微企业处于弱势一方的商务信用关系和民间信用尤其是亲友借贷信用关系中，小微企业和个人债权人对于加入征信机制约束其债务人心存顾虑，也动力不足。在非信用关系的场合，公共部门和其他掌握独特替代数据的市场机构，仅依靠征信服务本身的回馈激励机制，也不足以激励其与征信机构建立长期稳定的报送数据的关系，需要研究健全其他有效的激励约束机制，包括法规强制机制。

（三）视全面采集信用信息为己任。这首先是获得国家授予特许经营权的基础征信机构的使命，但也需要监管当局和各级政府的责任担当。推进征信系统全面采集各类信用信息，首先要树立一个共识，即征信服务于经济意义上的信用，而不仅仅是为金融服务的。在此共识下，首先，基础征信机构在推进全面采集信用信息的道路上，先关注金融领域，从采集银行信贷信息起步，再扩展至采集证券、保险机构和互联网金融的信用信息，是优先实现全面采集各种金融信用信息的合理路径。但如果对非金融信用信息采集不积极、不研究、不作为，则是短视、不应该的。例如，对来自公用事业企业要求接入征信中心征信系统的需求响应不积极，迄今不愿意满足其合情合理的信用报告查询需求，令人难以理解。符合市场预期的作为，应是针对公开信息、商务信用信息、民间信用信息和其他替代信息的不同特点，积极研究有效的采集模式和平台。特别是，商务信用和民间信用与金融信用具有不同的特点、规律，必须加强研究，鼓励积极创新探索，才能找到有效的商务信用信息和民间信用信息的采集模式。这应该成为未来基础征信业发展的一个重要研究课题。其次，既然《征信业管理条例》规制的是整个征信业（不是"金融征信"），监管当局也应在促进基础征信机构全面采集各类信用信息上有更大的作为。就征信制度建设而言，仅限于覆盖金融信用反而达不到信用普惠的目的。最后，既然各级地方政府都认识到对改进本地信用环境负有重要责任，一个有效的抓手就是要支持征信机制全面覆盖本地各类信用市场，并为征信机构全面采集各类信用信息创造条件。

（四）担当个人信息权利保护的先行者。基础征信业各参与方尤其是基础征信服务机构，不仅在逐步推进全面采集反映和影响信息主体信用状况的信息上负有重要使命和直接责任，而且在保护个人信息权利上肩负重要使命，应当成为全社会践行严格保护个人信息权利的先行者。这是由征信业暨基础征信业的行业特点和地位决定的。征信业作为采集、加工和处理个人重要信息并对全社会提供服务的行业，一直是个人信息保护关注的重点领域。2017年10月，英国三家个人征信机构——益博睿、艾可飞、阔尔[1]，为跟上于2018年5月生效的欧盟《通用数据保护条例》旨在加强数据保护、明确个人信息处理的要求，联合发布了《个人数据处理公告》[2]，公开说明征信机构处理个人信息的目的、法律依据、收集的信息类型及渠道、共享信息的对象、信息的保存时长、消费者的权利等。类似国际上知名基础征信服务机构主动提高自身信息透明度的实践，值得国内基础征信从业机构研究、借鉴。

三、基础征信业的边界

在这个题目下，可以讨论两个问题。

一个是关于基础征信机构与其他征信服务机构的边界问题，即是否可以为两者划出一条清晰、稳定的界线？恐怕不能。

为什么不能呢？我们知道，基础征信业务是指其主要业务活动是全面采集企业和个人的负债历史记录，整理、保存、加工后，主要以信用报告形式对外提供服务的活动。并且，具有利用现代计算机及网络技术，以大型数据库为支撑，提供信用报告的高效自动查询的特征。一个征信服务机构的业务，只要符合这个概念定义，就可认定为基础征信服务机构。但没有必要，也很难在基础征信业务与其他征信业务之间，划出一条清楚的界线。主要理由是：(1) 虽然想划出这条界线的主要动机可能是好的——想给更多的一般小型专业征信服务机构留下业务发展空间，以培育整个征信体系竞争与合作的活力和效率，但很可能事与愿违，也与先进的监管理念不相符。因为一个行业的活力和效率，从来都是来自健康的市场竞争，而不会来自管理部门对一类机

---

[1] CreditCall.
[2] CRAIN, *Credit Reference Agency Information Notice*.

构业务的限制。（2）实际上，很可能也限定不住。一个有核心竞争力的百年老店，业务服务也是要不断创新、升级发展的。以益博睿为例，虽然它是国际上公认的一家较成功的也是规模最大的基础征信服务机构，但其自身在不断的业务拓展中，已将自己定位为全球的国际信息服务商。实际上，只要给了一个机构某个行业的牌照，就很难也不应该限制其在该行业领域内发展了。与其逼其通过申请新牌照来突破人为划出的业务细分限制，还不如不设定这样的限制。（3）用来界定基础征信服务机构的两类业务活动——信息采集和信用报告服务，也都是概念上区别于基础征信机构的一般专业征信机构可以从事的业务活动。比如，一个信用调查机构在某类信息采集上或某个领域企业的信息掌握上有优势或专长，则它完全可以凭借其优势，或独立或在与基础征信机构的合作中生存下来。反之，同样也不应限定基础征信机构的业务发展。再比如，信用评分业务是否应划归基础征信业务范围？这将是一个很难的选择：只让基础征信机构做，或不让基础征信机构做，显然都不合情理和行业实践。实际上，已经出现了向消费者提供免费信用评分服务的专业征信公司（如旧金山的 Credit Karma）；信用报告和信用评分的种类很多，再强大的基础征信机构也做不完；政府监管部门也不能人为地不允许基础征信机构在其主要产品信用报告中加入信用评分，加或不加、加的信用评分是其自己研发的还是别的专业机构研发的或合作的，都应交给市场决定。总之，不适合也难以在基础征信机构与其他征信机构的业务之间划出一条清晰的界线。

另一个有关基础征信业的边界问题是：是否可在不同的几家基础征信机构之间划出业务边界？答案也是否定的。最近，有研究中国征信监管的权威学者提出，未来新批设的个人基础征信机构，原则上不与央行征信中心开展同质业务，新老征信机构在业务范围上要错位发展、功能互补。这是在把加入征信系统的数据源机构分成持牌金融机构与非持牌金融机构的基础上，预想在不同的基础征信机构之间划出业务领域边界：有专门采集持牌金融机构数据的，也有专门采集非持牌金融机构数据的，即画地为牢。这个设想的出发点也许是好的。央行内部、征信中心内外，一部分人从内心也是希望画出一条别的基础征信不能侵犯的分界线，愿望还是能安逸地继续吃垄断的"便宜饭"。殊不知，征信业的一个基本规律是，要求基础征信机构尽可能全面采集各类信用信息，以便准确评估信息主体的信用状况。画地为牢，违背了这个征信基本规律的客观要求，长期实践中也是做不到的。中国基础电信业走市场化道路，已提供了前车之鉴。实际上，征信中心早已开始采集非金融机构的信息，包括已企业化的水电气通信企业的商务信用信息、非持牌金融机构的互联网信用信息（通过下属公司采集）和公共部门的公开信息等，只是由于其机制动力不足发展缓慢而已。新批设的基础征信机构，未来势必也要吸引持牌金融机构加入其建设的基础征信平台。长期来看，几家基础征信机构的数据、业务有交叉、重叠，能够开展健康、适度竞争是必然的。但是，为了避免过度竞争，监管部门对新批设的基础征信机构的业务发展路径进行必要的引导，促进其初期业务拓展选择征信中心业务基本上还未覆盖的领域，以尽快弥补基础征信业的短板，即初期引导补缺、错位发展。这种管理部门的担当有为，与想当然地画地为牢、长期不允许业务交叉竞争的主观愿望，有着本质之别。

四、负面信息的展示期限问题

在基础征信业的主导产品信用报告中，负面信息的展示期限是受到广泛关注的重要问题。通常，严重负面信息在信用报告中的最长展示期限，是各国的行业法规要解决的问题。我国现代征信业相对西方发达国家起步较晚，随着信息技术和交通通信的巨大进步，社会生活节奏大大加快。因此，我国第一部征信业的管理法规《征信业管理条例》第十六条规定："征信机构对个人不良信息的保存期限，自不良行为或者事件终止之日起为 5 年；超过 5 年的，应当予以删除。"这条规定，总体上是合适的，兼顾了征信约束惩戒机制与不过度惩罚和给予改过机会之间的平衡。

但是，仅有这一条还不够。这个规定还太粗，没有考虑负面信息反映的信用违约程度的差异。显然，众多非恶意的、小额的、短期的、不严重的信用违约，都按 5 年——这个适合解释为严重违约信息展示的期限，或所有负面信息展示时间的上限——长期展示在信用报告中，是一种过度的、不公平的惩罚。我国现代征信制度建立以来，涉及众多金融消费者的这类抱怨已经积累很多，是到了该考虑研究如何区分不同严重程度的违约，及如何设定不同展示期限的时候了,以提升征信机制的公平公正性,维护消费者的公平信用权。

研究区分不同严重程度的负面信息,在信用报告中设定不同展示期限的规范,可有几种思路。一是可以考虑由监管部门出台部门规章或行业管理的规范性文件;二是监管部门允许基础征信机构在遵循上位法的前提下,制定细化的规则,甚至允许不同的基础征信机构制定宽严尺度不一的规则,让征信的主要服务对象——信用关系当事人有更多的选择,根据其不同偏好选择适应何种规则体系。总之,完善细化这类征信规则,实践需要已经较为急迫,但未必一开始就要上升到法律或条例的高度来进行规范。

五、授信机构是否可以向信息主体索取其信用报告?

为了保护商业秘密,促进商业银行间的合法良性竞争,而不是促进不当竞争,国际基础征信业有一个惯例,那就是应该加入征信系统的授信机构不得向消费者个人索取其个人版信用报告。因为消费者个人版信用报告,通常是含有其债权(授信机构)名称的,而授信机构从正常渠道查得的银行版信用报告不披露授信机构名称。这个惯例的形成,是因为商业银行的客户名单通常是受法律保护的商业秘密,如果允许授信机构向消费者索取个人版信用报告,获悉了消费者的债权人名单,则相当于获悉了其他授信机构的客户名单,等于侵害了授信机构的商业权益。因此,即便在一个国家的征信业法规中没有这类直接规范,由于要遵守其他法律中明确的不得侵犯个人隐私和商业秘密的规定,征信业也会形成并遵守这个行业惯例。

我国现代基础征信业从起步就遵循了这个惯例,在征信中心定制的给授信机构的信用报告中,是不披露授信方(债权人)名称等身份识别信息的。但近年来,这个惯例受到了一定程度的侵蚀:越来越多的新型小规模授信机构(如小额贷款公司、融资性担保公司、消费金融公司等)既不想给征信系统贡献数据,又想获得征信系统的好处,向急需小额贷款的申请客户索要其个人版信用报告。急需小额贷款的申请客户往往在征信分中心自助查询机上打出自己的信用报告,一转身就交给了跟在身后的指使者——一些小型授信机构。这种现象,给这些小型授信机构短期节省的成本,远远小于其带来的多种危害：加大了消费者的负担；支持了不正当竞争，对已加入征信系统的授信机构不公；长期也不利于这些小型机构对其客户的信用风险管理；更重要的是，任其发展，更多的授信机构也照此行事，将动摇征信制度的根基。也是到了应该抑制其发展，以逐步消除这种违反征信惯例现象的时候了。

实际上我国是有政策规定，不允许授信机构向消费者索取其信用报告的。自 2010 年国家发展改革委批准征信中心开始服务收费以来，在历年的批复文件中均明确要求"各商业银行等征信系统用户，对使用征信系统发生的查询费用，应通过加强和改善内部管理进行消化，不得违反规定，自定收费项目，将征信查询费转嫁给被查询对象，增加被查询对象的负担，也不得要求被查询对象提供其信用报告"。这项政策要求，与征信业的前述惯例相符，也应适合未加入征信系统的授信机构。但这个只是从不得向消费者转嫁成本的角度出台的政策规范，在实践中并没有得到落实。央行作为我国征信业监管部门还未从完善征信机制的角度出台相应的政策。这也反映了监管部门及目前唯一的基础征信机构——征信中心，尚未对这个问题给予足够的重视。

负面信息展示期限不细分，造成很多轻微失信主体遭受征信机制的过严惩戒；新型小规模授信机构游离于征信体系之外，却仍然能够违规获得信用报告，对已加入征信系统的授信机构是不公平的，甚至有损征信制度的根基。以上两个问题不解决，不利于尽早建成覆盖全社会的征信体系。

六、开启少数几家的新阶段

李铭[①]先生一次在北大的演讲[②]中谈到他心中中国未来的征信市场可能会是什么样子时说：一个避不开的问题是在中国未来的征信体系中，央行征信中心可能会扮演一个什么样的角色。他分析道，征信中心未来有三个可能的角色：其一，改制成为以盈利为目的的企业参与竞争，与此同时丧失《征信业管理条例》赋予的强制采集信贷数据的特权，与其他征信机构一起竞争获

[①] 计算机科学博士，大数据专家，原央行征信中心资深顾问。
[②] 十字路口的央行征信中心，未名湖数字金融研究《金融科技的中国时代：数字金融 12 讲》，2016 - 11 - 25。

取数据采集权利;其二,继续扮演目前的商业银行信贷数据独家采集者的角色,并将所采集到的数据共享给其他够条件的征信机构;其三,继续履行目前的数据采集职能,但允许其他征信机构向商业银行采集信贷数据。三条路径当中,感觉央行允许征信中心改制为企业并进入市场竞争的可能性不大。央行与商业银行的关系使得征信中心履行自己的数据采集职能相对容易,商业银行也对作为央行征信中心在数据安全及维护市场的公平性等方面有足够的信任。于是,走第二条路也许是比较可行的安排。

他的分析很务实,但理论总是落后于实践。我国征信体系建设已经走到征信中心在基础征信业中一家独大的格局被打破、开启建设少数几家基础征信机构的新阶段。

在这个新征程中,央行是否允许、何时以及如何启动征信中心的体制改革?中国基础征信业寡头垄断的格局如何形成?这些社会关切的疑问,大体指向的是同一个问题。笔者的一家之言,将在本书最后一章详述,简言之,就是建议及早再设 1~2 家市场化的、混合所有制的基础征信服务机构;同时,启动征信中心的体制改革;适时、分别给这 2~3 家全国性的基础征信机构发放个人征信业务的特许经营牌照。这是否符合国家大局利益、国情和征信业发展规律?在中国,基础征信机构应有几家较为合适?现在作预测,为时尚早。未来的道路会如何走?近年来市场在密切观察。伴随着 2018 年 2 月央行向百行征信颁发为期 3 年的个人征信(特许经营)许可牌照,初步的答案似业已揭晓。

第六章
信用评估

【问题】
6.1 为什么信用评分不宜作为道德评价?
6.2 信用评分是否可用于非信用风险领域?
6.3 中国的通用信用评分何时才会出现?
6.4 如何消除花钱买信用等级?
6.5 是否可用定量的方法对信用评级的定性评估进行评价?
6.6 指责信用评级机构在金融危机中的表现,是否过于苛刻?

在第四章,我们已对信用评估这个征信服务业内的高端业务有了概要了解。近年来,国内信用评估业务有了较快发展,但总体上发展水平还不高。本章主要讨论信用评估(包括信用评分和信用评级)在中国目前最受关注也是影响信用评估业务发展的几个主要问题。

第一节 信用评分

信用评分中的信用,与本书开篇讨论过的征信中的信用是一致的:关注的都是国际通行的经济意义上的信用关系,主要服务于信用市场。但人的道德层面的诚信,作为影响信用的两个要素之一,与经济意义上的信用有密切联系，甚至在某些信用关系如保险信用中是主要影响因素；在中国目前各行业各地区都十分重视诚信建设的背景下，政府和全社会都期待征信机制能为改善社会诚信环境发挥更大的作用。

自 21 世纪初我国开始消费信贷业务以来，对信用评分的需求快速增长，起初主要是大银行如中国工商银行等引入外部专业公司帮助研发自用的信用评分，以提高包括信用卡在内的信贷风险决策、管理水平和效率。近年来，互联网金融助力小额信贷快速发展，特别是 2015 年初央行接受了 8 家公司的申请并公开发布准许其开展个人征信业务准备工作以来，国内市场机构积极探索研发自己的信用评分，天下信用分、万象分、宜信信用分、芝麻信用分、考拉信用分、小白信用分、腾讯信用分、好信分、百度信用分、非凡信用分、信用温度、沃信用分、试金石信用分等不断涌现。

但总体看，国内信用评分业务发展还处于初级阶段，还远未到成熟期。目前，制约我国信用评分业务发展的三个痛点问题：一是如何树立起信用评分不是道德评价的社会共识？二是如何消除对信用评分可能侵犯个人信息权利特别是隐私权的担忧？三是如何培育发展出中国自己的相对综合并得到广泛应用的通用信用评分？

一、信用评分与道德评价

2010 年，一项由江苏省睢宁县地方政府主导、旨在为公民信用打分评级的举措，经由媒体报道向社会披露以后，引发巨大争议。睢宁县的《大众信用管理试行办法》规定，公民如果出现银行欠贷、闯红灯、欠缴水费、不赡养老人、偷盗等各种不良行为，将被量化扣分，评为诚信、较诚信、诚信警示和不诚信的 ABCD 四个等级，扣分情况将定期公布。当年推行这套大众信用评分评级制度的睢宁县官方也向社会解释了其初衷是好的：想运用信用评分评级工具，加强和改进对社会大众官民一致的社会管理工作。但由于其诚信道德评价的主要特征和政府操刀的两大致命伤，遭到社会主流民意的批评。后来，睢宁县官方很快便停止了这一做法。但随着"社会信用体系建设"的持续推进和受到中央有关部门的鼓励，一些地方政府背景的广义信用评分（如苏州市的"桂花分"、宿迁市的"西楚分"）仍在创新试探社会的接受

第六章 信用评估

程度。

在加强社会诚信建设和强势政府的大环境下，出现睢宁县异化信用评分活动的现象，不足为奇。经过睢宁县评分风波的讨论和近年来新进入征信领域的市场机构在推出其信用评分产品时向社会所作的宣传解释，社会大众对信用评分的误解有所减轻，但还远未消失，一些地方的公共部门仍想在这方面做出"政绩"。这提醒我们，应高度重视不宜将信用评分与道德评价混为一谈，并严格限制可以进入信用评分的非经济信用的评价因素及其应用范围。"一些事物倘若过于庞大，就会有害，比如寂寞，比如爱。"这是大卫《荡漾》里的一句名言。评价（包括信用评分）也是这样的事物。

信用评分原本就不是对人的诚信道德评价。至少可以讲两条理由。首先，在其理论和实践中，信用评分就是运用数学模型模拟对信用风险的评估，不是对道德诚信的评价。随着具体评分定位目的的不同，评分背后的模型种类、被预测变量的定义和预测变量的筛选都会不同。这里面有专业技术，甚至主观判断的因素，但都与道德诚信没有直接的关系。常用的信用评分模型要预测的目标，是循环信贷账户未来可能变"好"、变"坏"或维持"中性"的概率。假定被预测变量 Y 取值"好"定义为"逾期不超过 30 天"，而"坏"的含义是"逾期 90 天以上"，取值"中性"为其他情形；预测变量 X 是一组来自信用交易历史记录、其他信用强相关因素记录的变量，那么，一个具体的评分数值，仅仅就是一个对某消费者的某个循环信贷账户在未来的表现期（比如 12 个月内）可能变"好"、变"坏"还是"中性"的概率估计，并不是对该消费者个人的诚信道德品德的判断。譬如，700 分，含义就是数学模型预测该消费者的账户未来"即便出现逾期也不会超过 30 天"的可能性是 80%。这不是，也不宜解释为消费者的诚信度评价。虽然我们在前面也指出主观守信意愿和客观信用能力是影响信用状况的两类要素，我们可以定性地说一个人的信用状况与其主观守信意愿有一定关系，但是，迄今为止中外征信服务包括研发信用评分工具，都未曾尝试将这两个因素分开来加以量化和测度。用来建立评分模型中的变量数据（不论是预测变量还是被预测变量）都是与经济意义上的信用有关的交易、行为、特征的客观信息记录，其中没有也不可能有反映诚信水平的变量。因此，即便我们可以说，用来判断、评估某个消费者经济意义上的信用风险大小的工具——信用评分与其主观守信意愿有一定关系（数量上无法也不宜度量），但绝不能把两者混为一谈、等同起来。

其次，想引入信用评分工具作社会大众的诚信道德评价，在实践中也行不通。试图将原本属于信用风险管理的基础性工具用来作为诚信道德评价，尤其当这种评价由政府等公共权力部门作出并试图与公共服务挂钩时，都是对信用评分的异化和泛化，这样的探索活动已经不是征信业中的信用评分业务了。在征信业相对发达的国家，尚未见过类似的实践探索。撇开信用评分，试图作社会大众的诚信道德评价也是十分困难的。将通常依赖数学模型、大型数据库和计算机自动计算的信用评分，用作社会大众的诚信道德评价，在实践中是难以想象的。即便将来大数据分析方法、工具再进步，能够将更多的人的某方面的诚信道德表现作客观记录、量化，我们仍坚信试图作这样的尝试也是会失败的，相信没有一个社会群体会愿意接受这样的相当于将人从道德上划分成三六九等的评价。法制日报[1]的呼吁是"惩戒失信不需要道德大棒"。这是人性决定的。如果不能清醒地认识和解决这个问题，任由这种信用评分的异化、泛化发展，走入诚信道德评价的歧途，势必会争议不断，至少会影响信用评分业务的正常发展。

属于征信业务的信用评分不是对社会大众的诚信道德评价；试图异化信用评分，用来作为面向社会大众的诚信道德评价，害远远大于利，是行不通的。信用评分有高低，信用报告的信息可有正面、负面的解读，但征信制度远不是信用黑名单制度。强调这个社会共识（至少是行业共识），并不妨碍我国在加强社会诚信建设的背景下，加强诚信教育和社会道德模范评选的引领作用，以及在行业信用建设中推进行业黑名单、公共部门联合建立奖惩机制、对公众人物进行道德监督等有积极意义的探索。常常，真理与谬误只有一步之遥。

---

[1] 法制日报，2018-05-03。

二、公众对某些信用评分是否会侵犯个人信息权利特别是隐私权的担忧

这是目前在中国社会公众关注信用评分的第二个问题。如果解决不好，这种担忧也会影响信用评分业务的发展。细究起来，这类担忧包括：（1）是否会有隐私信息进入信用评分？进一步的关注包括进入信用评分的信息要素是否有底线？（2）公众的知情权是否能得到保障？（3）信用评分是否会被滥用，而导致损害公民的其他正当权益？

是否会有隐私信息进入信用评分的问题，等同于哪些信息可以进入征信的问题。后者，我们在第二章中进行过深入分析和讨论。简言之，这与全社会对某类信息是否属于隐私信息有无共识有密切关系：当存在共识时，可通过法规约束将隐私信息排除在征信系统之外；当没有共识时，可交给公民自治来解决。个人信息主体的选择权，实际是将那些社会没有共识（亦即法规没有相关明确规定）是否属于个人隐私的信息，是否能进入征信被征信机构采集、使用的决定权交给消费者个人。依法监管与社会自治的和谐结合，应能较好地解除社会大众对这个问题的担忧。其中，依法监管在这里为保障个人信息权利，主要职责是要及时凝聚社会共识，征信监管当局可以尝试研究制定一个中国特色的信用评分技术标准，至少为哪些信息不可以进入信用评分划出明确底线。根据征信业较成熟国家的经验，这里应遵循的主要原则是不得使用法律明文不允许的政治、宗教、民族、性别、性倾向等信息和隐私信息；除此原则以外，如果想施加更多的限制，利弊共识是很难形成的。

公众在信用评分上的知情权要知情到什么程度才合适，是监管当局可以组织讨论的一个问题。一般认为，可知悉如下内容是较为合适的：（1）信贷机构使用的评分是谁评的？2013年11月开始，费埃哲已在美国向已购买其评分的信贷机构的客户免费提供其个人信用评分，以提升对消费者的知情服务。（2）评分或者说表现变量的定义是什么？（3）哪些信息参与到信用评分中？但也有人提出更高要求：评分研发机构应该连评分模型都一道主动披露。这显然有失偏颇和公正。2014年1月，德国最高法院判决，以数学和统计计算方法为基础的信用评分方法应当作为商业秘密予以保护。并不是外国的月

亮比中国的圆，而是人类有关社会经济生活的基本认识道理是相通的。笔者支持这样的争议：一是信用评分方法细节应可作为研发机构的商业秘密；二是简单的评分卡模型一般公众能够理解，但对大多数数学模型则不易理解的。因此，恰当的知情权，可以促进公众更加注意保持自己的良好信用记录，但硬性做过高的披露要求，并不能为公众带来多少收益，依据并不充分。

目前，国内一些具有强大市场推广力背景的市场机构推出的信用评分发展很快，例如"芝麻信用分"①据称已在100多个场景落地应用，提升了相关信用服务，同时也采集使用者六个维度的信息。但是，信用评分的应用绝不是场景越多越好；能采集到的信息数据也不是都适宜进入评分作为解释变量。"芝麻分"中的"人脉"②，因多数人认为属于隐私信息，堂而皇之地进入信用评分，难免会存在争议。公众对信用评分的滥用担心，主要集中在通用信用评分上。"芝麻分"看来是具有成长为中国的一个通用评分潜质的，因此它应高标准要求自己，更加慎重才对。

由于信用评分原本就是信用风险管理的基础性工具，因此在法规尚无完善规定的情况下，如果我们能够遵循一个原则，即仅限于用在经济意义上的信用风险管理场景，就基本可以做到防止其滥用了。这个原则，换句话说，就是如果超出信用风险管理场景（比如人大代表的推选）的应用，即便属于法无禁止的情形，也应谨慎对待，宜由监管当局组织社会讨论后再作决定。信用评分应用在有信用风险管理需求的经济领域场景下，才能体现失信惩戒和守信激励应恰当的原则。但超出经济领域，如果不谨慎，没有法规的明示和监管部门的支持，就可能属于大而无当的情形，就可能造成对信用评分较低人群的过度处罚和不公。

三、通用信用评分的前景

关注国内信用评分业务，绕不开国际最常用信用评分开发商费埃哲及其

---

① 根据其披露的信息，身份、履约、历史、人脉和行为五大类的维度信息，是其考量的评估因素。

② 其披露的信息解释为"人脉关系：人脉关系的稳定性等因素是综合评估的考量因子"。

第六章 信用评估

信用评分品牌 FICO。这家纽交所上市的美国公司，自称是全球领先的预测分析和决策管理提供商，业务遍布 90 多个国家和地区，拥有 5 000 家以上企业，包括多家财富 500 强的稳定客户。2007 年开始进入中国，帮助过多家国内大型商业银行开发专用信用评分。

在商业银行需求推动下，国内信用评分业务在不断发展进步，但总体看，评分产品的开发应用尚处于较低水平：一方面，市场上尚未有一款较为成熟的、综合的通用信用评分产品；另一方面，各类为小型授信机构服务的各种专用评分产品也供给不足。对少数专家争议的是否存在通用信用评分的问题，这里就不赘述讨论了。

从评分种类看，就产品本身的技术特征而言，在国内市场应该说征信中心近年来开发的、含有一百个左右预测变量的、因担心被误解而改称为"信用报告的数字解读"这一产品，最接近通用信用评分。该评分在谨慎验证对其客户有较强区分能力以后，目前数十家有信贷业务的金融机构，包括全国性商业银行的信用卡业务和部分机构的车贷、消费贷业务已在免费试用，在协助各行判断客户信用风险、提升决策效率方面已显现出积极的作用。该评分在研发前期，引入过中国科学院大数据挖掘与知识管理重点实验室和 FICO 的合作支持，但主要由于机制动力等原因，此评分何时能向社会公开推出应用，并跟消费者见面，尚不得而知。除此以外，国内市场尚未有一款较为成熟的通用信用评分产品，这不仅是指主要为信贷信用服务的通用评分，也是指主要为保险信用、互联网金融等服务的反欺诈评分。市场机构探索推出的时间更短、支撑数据面窄的信用评分，还都是处于试用阶段的专用评分。市场需要的小微企业信用评分也很匮乏。好在相对发展较快的银行内部评分弥补了市场评分产品的供给不足。

从评分机构看，FICO 在中国市场的业务拓展，前期与一些大型商业银行合作较多；随着大银行认识到信用评分对其业务发展的持续重要性，都渐渐培养出自己的内部评分研发队伍；目前，FICO 在国内拓展业务的重点已转为面向城商行等中小金融机构的专用信用评分及智能决策服务。其他征信机构，包括本土专业评分研发机构（如专注反欺诈评分的机构），都还在初创阶段，形成稳定品牌的评分产品尚需时日。

信用评分业务格局受基础征信业的体制格局影响很大。未来信用评分市场发展，随着国内基础征信业格局的演变，两者前景尚不明朗。在不久的将来，国内形成一个主要由市场机构提供的、不止一个品牌并且FICO难以主导的通用信用评分市场，是大概率事件。

"芝麻分"要在中国成为一个合法的通用评分产品，还有两个问题需要解决：一是合法性问题。个人征信服务（包括信用评分产品）是持牌征信机构提供的。不论"芝麻（信用）分"属于支付宝、蚂蚁金服还是其旗下的"芝麻信用"，因其主人并不直接持有个人征信业务的牌照，如果它的应用超出了其主人自身业务的信用风险管理场景，都会面临这个疑问的风险。就像中国工商银行如果把其内部信用评分产品推向社会应用，也会存在同样的风险一样。二是综合度问题。目前，"芝麻分"基本上属于一种商务信用专业评分产品，如何突破信用信息的市场壁垒，让其自身拥有的商务信用信息与其并不掌握的金融信用信息融合，以让"芝麻分"升级从而为更大的信用市场服务，成长为更综合的信用评分产品？这是对相关方格局和智慧的考验。

第二节　信用评级

信用评级在金融活动中发挥着日益重要的作用，但国际、国内金融市场参与者对现行信用评级制度及评级机构提供的服务并不太满意。尤其是评级机构在2008年全球金融危机前后的表现加深了这种不满。随着经济体制改革开放、市场经济及金融业的高速成长，国内信用评级业从无到有，也有了长足进步，但实践中也暴露出花钱买等级、难以建立市场评价制衡机制、多头监管等制约评级行业进一步发展的问题。中国人民银行等金融监管当局为解决这些问题，一直在积极探索解决方案，成效尚有待时日。

一、近年来国际社会对信用评级制度机制的反思

由于评估对象有量到质的差别，信用评级比评分的影响要大得多，受到社会的关注也要高得多。特别是在对2008年以来的金融危机的研究中，国际

第六章 信用评估

社会形成了若干对信用评级制度机制的反思:

一是质疑国际三大评级机构的水平和效果,特别是质疑其独立性、公正性和前瞻性评估的能力。

全球最大的三家国际评级机构穆迪、惠誉和标准普尔均来自美国,它们在全球评级机构市场份额中所占比例高达90%。高度垄断地位,并不意味着获得了高度尊敬和制度的合理性。从最初的次贷危机,再到欧洲主权债务危机,发展到全球金融危机,全球金融市场对评级业的质疑、不满越来越多。市场原本指望评级公司能够事先发现重大风险问题,能给重大信用风险提供早期预警,但事实上评级公司做得并不好,并没有及时发现重大信用风险,因而其评级水平、方法和机制等受到了广泛质疑。有的质疑评级公司的评级程序及其内部使用的模型,认为需要改革和完善;有的指出评级公司与被评估企业存在利益冲突,认为应该改革其收费模式;有的指出少数几家评级公司在国际资本市场拥有过大发言权是不正常的;更多的,是批评三大评级机构对发达国家和新兴市场国家的评级存在明显的双重标准,歧视广大发展中国家:在新兴经济体经济处于快速上升周期的时候,三大评级机构却刻意压低新兴市场评级,对中国的部分评级完全经不起时间检验,而在这些经济体经济处于调整或困难时期,三大评级机构极易落井下石。同时,在欧洲主权债务危机过程中,欧盟中一些国家对三大评级机构的评级调整和结论也相当不满;甚至美国人也对标准普尔下调美国主权信用评级的做法提出了异议。总体而言,评级行业应该更加具有竞争性,也让评级使用者有更多选择权和自我判断。

三大评级机构面对这些质疑也作了一些自我辩解,强调虽然参考不少信息,但评级并不能对评估对象的现状和未来作出全面、准确的体检和判断,而仅仅是对其信用违约作出的事先估计,仅是提供给市场投资人和授信人的参考意见。

二是评级业还有可能加剧宏观经济的周期性波动。宏观经济形势好的时候市场都很乐观,评级机构也不例外,往往不断调升评级,导致市场过度乐观,对经济过热和资产泡沫推波助澜;而在经济衰退期,评级机构常常也跟风突然大幅下调评级,加重公众对形势恶化的估计,加深经济衰退或延迟复苏。因为在景气上升周期时，评级依据的企业盈利能力、财务状况和偿债能力等数据会比较好看，而在危机爆发或是危机深化阶段，这些数据就会比较难看。如果评级机构主要参照这些信息而不能建立更科学的分析框架和提高前瞻性分析能力，则其评级调整，从短期看会放大评估对象的真实状况，加剧市场震荡；从长期看则会扩大顺周期性。危机后人们认识到，应该鼓励评级机构加入宏观调控和微观投资主体共同努力的方向，减少顺周期因素，自觉更多地增强逆周期性力量，以降低和缩短经济波动，增强系统稳定性。

三是迄今流行的发行人付费的收费模式，导致评级机构独立性、公正性被侵蚀的质疑。本来各评级机构的评估方法本质上是作为商业秘密、核心竞争力而不可能充分披露的，加上国际上行业垄断程度高，缺乏竞争性，使得在这种收费模式下，评级机构很容易被利益驱使而偏向于发行人，影响其独立性、客观公正性。国内各类信用评级市场花钱买评级也是普遍现象。这实际上反映了这种收费模式下，评级机构商业化运作和保持独立性之间的内在矛盾。

四是大部分投资者和监管者过度依赖外部评级，容易产生道德风险和责任推诿，也使评级业对市场的影响力过于强大。有关银行风险资本管理的巴塞尔协议，虽然总体上要求银行采用内外部评级来计量其风险资本，但因认定评级公司具有更强的独立性和客观性，而实际上起到了鼓励银行使用外部评级的作用。可实践表明，几家具有高度垄断地位的评级机构也不是神，难以担当准确掌握从微观到宏观信用风险的大任；而投资者和监管者过于依赖评级机构，丧失自己对风险的独立判断，是不正常和有害的，反而易于导致系统性风险。

但各方特别是官方对评级机构的批评是否公允，尚不能成为定论。毕竟，国内外的评级机构还是给市场提供了微观主体（不含主权评级）和债项的信用风险的基本正确的判断；误导百姓投资不具投资价值产品的评级意见也是罕见的；面对复杂的信用风险评估，超越一般专业水平下的智慧评级机构并不存在，而评级机构也只是做了当前人类认识水平下的专业评估工作，并都声称其评级意见仅供市场参考；预测宏观的经济、金融危机，也不是评级机构的主要职责。因此，一度各方对评级机构失职的批评是否过于苛刻，也是一个可以冷静思考的问题。

二、建立保障评级独立性机制面对的问题及其解决方案探索

伴随国内信用评估业的快速发展，存在一个始终受到多方诟病的问题，通俗地可称为"花钱买等级"。根据监管部门的一份研究报告，2007—2011年五年间，中国信用评级行业的1 222次等级迁移中共发生了339次等级变动，其中上调次数为327次，尤其是在2008年到2009年宏观经济出现大幅度波动的情况下，发债主体级别却呈现持续、集中上移的态势。

这个问题的实质，是关系评级制度的一条最基础、最重要的原则——评级机构的独立性原则，在迄今我国信用评级制度建设的初期并没有得到有效保障，严重地影响了信用评级行业的公信力。独立性是排在客观性、公正性之前的基础原则。不能有效保障独立性，就不可能保障客观性和公正性。人们关注、反思信用评级活动的其他问题，如评得准不准的问题，呼吁建立市场评价体系以检验、促进评价标准的问题，则是相对次要、技术性的问题。

被评估主体或发行人收费模式，是产生这个问题的一个重要原因。这种模式使得评级机构和被评估机构或发行人之间产生了较强的利益联盟。但这也并不是影响信用评级独立性问题的全部，其他因素还有：

1. 实际上，投资者付费也可能存在利益冲突。投资者在购买之前，希望把同样风险的债券的评级评得越低越好，这样他可以更低的价格购买，获得更高的利息收入；而当投资者买了并持有债券期间，又希望评级机构跟踪调整时能提高等级，而不是降低等级，降级会对他的利益有损失。这里也有利益冲突。只是对评级机构的压力、影响，发行人付费模式可能相对于投资人付费模式要更大一些。如果不能切断利益冲突，其他保障独立性的机制也不完善，仅仅改变收费模式是远远不够的。

2. 信用评级服务的收费定价机制，也对评估的独立性有重要影响。如果把评级机构视作单纯的商业机构，任由竞争谈判决定评级价格，那么满足直接购买评级服务人的愿望，就可获得较好的价格，甚至达不到市场监管者认可的等级就不能发行而损害评级机构的收入。不仅定价机制方法要适合评级服务的特点，评级前付费也是必要的。迄今，国内评级市场的定价机制仍很

不完善。例如,在发行人付费模式下,给予高等级的评级可获得高价格的收费,仍是大行其道的潜规则;部分信用评级市场仍存在价格恶性竞争。

3. 评级透明度不高。要保障评级的独立性,必须要能保障评级方法、信息和流程的高度、必要的透明度,使之能够接受各方的监督,同时也不损害法律和监管当局认可的商业秘密。这必须有一套完善、明确、行之有效的制度机制的保障。但迄今国内有关信用评级透明度的法规或自律规范还很不全面、具体和明确;各评级机构自觉履行透明度职责的标准也很不一致。这为评级意见受利益相关方左右留下很大空间,让社会对评级的独立性很不放心。

4. 监管对独立性的关注不够。国内行政管理部门国家发展改革委、人民银行、银保监会、证监会等,基于自身对有关金融市场业务的管理职能,都在实施对信用评级机构的管理,但都停留在对评级机构可以进入其管理的市场开展信用评级业务资质的认定上。在资质认定过程中,这些部门对信用评级机构的独立性都有一定的关注。例如,2006 年发布的《中国人民银行信用评级管理指导意见》也明文要求评级机构遵循"保证评级的公正性、一致性、完整性,信用评级结果不受任何单位和个人的影响"和"信用评级机构和评估人员如果与被评对象有利益关系的,应当回避"等原则,但类似要求都太原则和粗泛。针对上述三个影响评级独立性的问题——利益冲突、定价机制和透明度,有关制度规范和机制建设还很不系统,也不完善,更谈不上有效监管的落实。总之,本来就不协调、规则不一致的多个监管部门,对评级的独立性这个基础性重要原则研究落实机制不够。

5. 谁来选择评级机构?虽然有主动评级与受托评级之分,但实践中受托评级仍是评级机构的主要营收模式。即便监管部门能做好市场门槛的把关,一项具体的信用评级业务交给哪家资质合格的机构做?谁来选择评级机构?这就是中国人民银行原行长周小川指出的"业务指派"问题:"我们要考虑尽量避免利益冲突,一个重要方面就是要处理好业务指派和收费模式问题。"这对评级机构的影响显然重大。这个问题回答不好,具体选择评级机构的机制不完善,仍有可能对评级的独立性产生负面影响。

6. 地方行政对中介服务的干预。随着中国特色市场经济的发展,社会对政府与市场的边界认识越来越清晰,政府对市场专业机构业务的直接、显性

第六章 信用评估

干预越来越少，但一些地方政府为了地方利益，对在一些重大事项中的中介服务的干预仍然存在。央行研究局局长徐忠先生最近在一个学术论坛上就指出："最近正在进入破产重组的东北特钢，在发行短期融资券时公布的资产负债率在80%左右，没过几个月就严重资不抵债，显然，在此过程中会计、信用评级以及承销机构中，必然有造假欺诈行为。在我国，市场约束要真正发挥作用，中介机构健康发展并避免政府干预还有很长的路要走。"这种干预，对信用评级独立性机制的伤害及其不良影响，显然也不亚于其他影响独立性的因素。人们当然期望，在正在推进的国有企业混合所有制改革中，中介评估机构能够独立、公正、更好地发挥专业服务的作用。

为进一步完善独立性机制，反思这些问题，还没有现成的答案，显然不是一句"交给市场决定"就能较好解答的。对于纯私人产品或服务，由市场决定资源配置，是迄今最有效的。但对于有外部性的产品或服务，仅靠市场机制来决定供求关系，是有缺陷的，外部性越大，缺陷的负面影响也越大。而信用评级活动，对于任何购买者或消费者，正是有着很大外溢效应的社会服务：不仅为发债人（被评估主体）服务，而且为投资人服务，也为监管部门服务，对金融、资本市场各参与方乃至全社会都有较大影响。但这种有较大技术、智力分析含量的中介服务，显然又不宜（至少在中短期内）直接归入公共产品/服务的范畴。如果说，我们讨论的是有关信用评级业供给方的改革，则我们必须在纯私人服务和公共服务两端之间，探索找到适合这种带有公益性、攸关多方利益的竞争性服务特征的运行体制模式。看来，就选择评级机构这个重要环节，需要有公共部门或自律组织代表公共利益以适当形式参与其中，至少在管理部门之间已经基本形成共识。这个共识，已体现在管理部门在推进国内信用评级运行体制改革的探索中。

专题5

管理部门改进信用评级制度的探索

国内现代信用评级制度起步于20世纪90年代，伴随金融体制改革而产生的、对外部信用评级需求的推动，在远东资信、新世纪、中诚信、大

征信：若干基本问题及其顶层设计

公、联合资信等市场化评级机构先后出现的同时，90年代初期，中国人民银行省市分行也组建了二十几个国有的资信评估公司，但主要因体制机制及政策变化原因，存续时间都不长。

随着金融的快速发展，金融分业监管体制在我国形成。目前，至少有人民银行、银保监会、证监会、地方金融办、发展改革委五个系统管理部门，都涉足信用评级业务的管理工作，俗称"九龙治水"也不为过。其中，人民银行管的事略多一点，大家主要管的是对在其主管的一块金融信用市场开展信用评级业务的机构进行的资质认定。这个管理工作，因为认定资质的标准不一、不透明，而受到广泛批评。但此局面，虽在高呼金融监管协调的背景下，近期尚不见改变的前景。

人民银行曾经深入管过一阶段银行信贷市场的外部信用评级工作。不仅分地方由省市分行认定进入银行信贷市场的评级公司资质，而且规定一定数额比如 1 000 万元以上的银行贷款业务必须进行外部评级，并对由此形成的信贷市场评级业务进行指标行政分配管理。此项依据不太充分的管理工作，在多数省市进行过一阶段以后，也主要由于市场的批评而终止了。

人民银行研究改进国内信用评级制度的努力，表现在两个方面：

一方面，加强和改进对从事外部评级的市场评级机构的监管。这方面，一是出台了若干规范性文件，如《信用评级管理指导意见》（2006）、《关于加强银行间债券市场信用评级作业管理的通知》（2008）、《征信数据元 信用评级数据元》（金融行业标准，2009）。其中，为规范在银行间债券市场和信贷市场从事信用评级服务的评级机构行为，提出了一系列的内部制度建设要求和开展评级业务应遵循的原则，特别是对保障评估独立、客观、公正和科学性的方法、流程的原则要求。二是在此基础上，开展资质认定工作。在行政认定评级机构资质多年实践以后，2017年央行又在银行间债券市场推出信用评级机构注册制，这是关于评级机构门槛资质制度的较大改革。市场初期反应积极，长期效果尚有待观察。三是试图套用原本适用于评分验证的违约率检验方法，来对市场机构的评级准确性

第六章 信用评估

进行检验。殊不知，评级对于评估预测对象——"违约"并没有明确的、可做量化记录的定义，其评级意见——某个信用等级只是对信用违约风险的定性的、模糊的判断。因此，试图用有关预测精度、误差和两类错误的概率这套数理统计方法来检验评级效果，并不适用、恰当。监管部门若试图对评级的"违约"作出一个明确的、可做量化记录的定义（这实际是模糊或混淆评分与评级的差异），恐怕还难以得到业内的认可。是故，该项一年验算一次的内部试检验工作，经历多年也未能作为正式制度向社会公开。

另一方面，央行作为有高度公信力的公共部门，看到信用评级对金融基础设施建设的重要性及其存在的问题，一直也有想自己介入甚至操刀信用评级服务的冲动。这方面，在分行层面20世纪90年代办资信评估公司基本失败以后，近年来央行又出了两个大招。一招是，2010年在国内最大的债券市场——银行间债券市场，由中国银行间市场交易商协会代表全体会员出资设立了一家新型信用评级公司——中债资信评估有限责任公司。这是国内首家以采用投资人付费运营模式为主、由央行管理的行业协会设立和监管的评级机构。周小川的致辞称"我们要考虑尽量避免利益冲突，一个重要方面就是要处理好业务指派和收费模式问题，要深入研究评级行业收费模式，我们正在探讨中的由投资者付费并自行选择评级机构的模式，就有可能改变评级行业内部潜在的利益冲突问题，特别是改变过去广受指责的花钱买评级问题。"这表明了设立这一新型评级机构的背景和目的。公司树立的发展目标是：做评级行业先进理念的倡导者、行业标准制定的重要参与者和改革创新的探索者。总之，在这一评级运营模式的创新中，重塑中国信用评级市场的意图明显。为配合这一创新，银行间债券市场实际上同时推行了双评级制度，以减少对其他市场评级机构业务的冲击。运行五六年来，在银行间交易商协会的支持下，这家最新、官办色彩最浓的评级机构，自身定位为信用信息综合服务商，已建立起近200人的年轻专业队伍，紧贴市场，积极创新产品服务，业务发展迅速，并积极践行创设初衷，努力保障评估的独立性，努力提升评级透明度和风险变化预警能力。总体看,初创阶段的市场反映评价积极正面。但是,是否能被国内更广泛市场甚至国际资本市场认可;是否能长期有效保障评估的独立性;是否能在此基础上,提升其评级的客观、准确和科学水平,经得起市场评价检验;特别是,是否能在下一次大的经济金融风险来临时,能有比过去的评级机构更好的风险预警能力;是否能发挥协助宏观经济管理熨平经济周期波动的作用,都还有待时间检验。

另一个大招是,自2015年开始,人民银行开始了央行内部评级工作。评级对象分为两类:向央行申请贷款的金融机构和金融机构的客户——工商企业即非金融企业。这是作为央行对商业银行贷款(俗称再贷款)新运行体制的配套改革措施推出的。在商业银行向中央银行借款也要提供抵押品的大原则下,人民银行于2015年启动了地方中小商业银行在向中央银行借款时,可用其信贷资产提供质押的试点工作。随着央行再贷款逐步重回基础货币供给的主渠道,这一关系到完善央行货币供给机制的重要改革,势必还将扩大至全国大型商业银行和政策性银行。这里主要探讨的是央行内部评级的创新。之所以称为央行内部评级,主要是因为评级结果只在央行内部使用,不向外提供。如能长期坚持这一政策定位,这对信用评级市场的影响有限,但多少还是会有影响,特别是这一工作更广泛地展开以后。因为央行虽不主动发布内部评级结果信息,但也不是在保密状态下开展这一工作,至少被评估对象(金融机构和工商企业)是容易知悉央行内部评级结果的。分开谈,对金融机构的内部评级,既为央行存款保险制度下对存款金融机构的风险管理服务,也为央行货币政策操作中对金融机构的授信管理服务;而对作为金融机构的客户工商企业的内部评级,主要是为央行判断金融机构拟质押给央行的信贷资产是否是质量较好的合格抵押品服务的。目前,央行内部已经设立了央行内部评级委员会,并分设了分管对金融机构的内部评级和对非金融企业的内部评级的两个办公室。对金融机构的内部评级,完全由央行内部的行政系列部门操作;对非金融企业的内部评级,则主要由央行内部专业机构(企事业单位)操作。总体而言,央行内部评级是由央行系统内部生产,并为央行所用的主体信用评

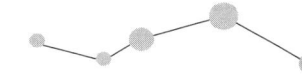

级。相对而言,社会对后者,即央行对工商企业的内部评级的外溢效应更加关注。从目前的制度设计看,央行内部评级应能较好地保障对金融市场的投资人和被评估对象的独立性,对于国内信用评级行业的其他影响还有待观察。

其他管理部门凡有对一块市场信用评级业务负有监管职能的,也都制定了大同小异的部门规章,如证监会的《证券市场资信评级业务管理暂行办法》(2007)等。例如,国家发展改革委在《关于进一步强化企业债券风险防范管理有关问题的通知》(2012)中,为规范信用评级机构的评级行为,防止以高评级招揽客户、"以价定级"、跟踪评级不尽职、出现兑付风险事件而不及时揭示风险等行为,提出了三条措施:"(一)加强评级机构自身信用记录的采集使用,强化综合信用承诺制度,对以高评级招揽客户、"以价定级"等行为进行处罚。(二)我委将组织市场机构投资者定期对评级机构进行评价,加强对评级机构企业债券评级行为的监督。对评级质量差,风险揭示严重缺失的评级机构实行禁入制度。(三)鼓励举报不规范评级行为,一经查实,按规定处罚。"2016年,发展改革委首次开展的对其认定有资质的6家评级机构进行的综合信用评价工作,就是实施上述措施的最新实践。同时,证监会也开始了探索评级行业的付费模式改革。

2017年12月,一则中国外币主权债券13年后重返国际市场的消息刷爆金融市场。在没有国际评级公司提供债项评级的安排下,财政部在香港发行的20亿美元主权债券被一抢而空,共获得约220亿美元认购,约为计划发行金额的11倍,其中来自欧洲的订单约占1/3。国际投资者用真金白银,肯定了中国主权信用和经济表现。中国主权债如此受欢迎,与此前多家国际评级机构调降中国主权债务信用评级形成强烈反差。有评论认为,这次无评级主权债的发行,是中国政府推进国际信用评级体制改革、引导投资者更加注重独立信用风险评估能力建设的重大举措,也是对国际评级机构调降中国主权债务信用评级的侧面回应。

加大信用评级业的对外开放。中国人民银行新任行长易纲在"中国发展高层论坛2018年会"上阐述其金融业的开放有三条规律①时透露,我国已经放宽了外资金融服务公司开展信用评级服务的限制。这是监管部门为促进我国评级机构在竞争中强身健体推出的最新措施。

总体看,近年来多个监管部门对我国信用评级制度的革新举措,符合国际评级业改革发展趋势,期望能对完善我国信用评级制度、推动评级业高质量发展起到有益的促进作用。

总之,金融市场各相关方应坚定不移地抓住独立性这个基础性、关键性的制度机制建设,才能沿着正确方向保障信用评级市场的健康发展。

三、如何建立信用评级的质量评价体系?

前面,我们讨论了信用评级的独立性。在此基础上,我们的最终目的,是追求评级的客观性、准确性。因此,我们是不是该讨论如何建立科学的评级方法了呢?的确,各方对此都很关心,对此有不少公开的讨论。但笔者以为,这并不适宜作为一个公共话题,而更适合作为每个评级机构应持续关注的内部话题。设想,凭借我们的认识水平,再加上未来智能计算和大数据,通过公开讨论,如果有一天我们能够准确认识任何一个较大信用关系中的某种定义下、某种程度的违约,与形成这种违约的社会、组织、人为甚至自然环境的各种影响因素之间的规律和关系,并能够运用掌握的数据信息和模型把这种规律和关系准确表达出来,那么,信用评级就应该作为透明的公共服务提供给社会和金融市场了。如果有这一天,信用风险管理也将变得简单起来,金融危机、经济危机就不会再重复出现了。但实际上,至少在较长的时间里,人类的认识水平还达不到这一步。穆迪投资者服务公司在其官方网站上说:"因为这涉及展望未来,信用评级在本质上是主观的。此外,由于长期的信用判断涉及很多对特定行业、发行机构和国家来说非常独特的因素,因此我们认为,任何将信用评级降格为公式化方法论的做法都将是误导性的,

---

① (1)金融业作为竞争性的服务业应当遵循准入前国民待遇和负面清单原则;(2)金融业的对外开放要以汇率形成机制的改革和资本项目可兑换的进程相互配合、共同推进;(3)金融业的开放要和防范金融风险并重。金融业的开放程度要以金融的监管能力相匹配。

并会导致严重错误。"

现实是：由于采用的评级体系和评级技术不同，对同一评级对象，不同评级机构评定的结果仍存在差异，有的可能还是较大的差异。因此，我们不得不退而求其次，来研究如何建立可行的验证不同机构评级结果的准确性及其评级体系的科学性的方法，即讨论如何建立适合信用评级特点的、对评级质量进行科学评价的体系，以促进评级机构不断调整、优化自己的评级方法，使自己对评级对象的信用风险判断符合其未来信用违约的实际表现，尽最大努力对信用风险提前作出更准确的预测判断。这不仅是监管部门及投资者关注的重要问题，也是评级机构完善自身评级技术、提高信用评级公信力需要努力研究解决的问题。迄今，国际评级市场尚未完成这一课题。

目前，受到较多研究关注的有两类验证方法——违约率检验和利差检验。

信用评级揭示评级对象的信用风险，是通过其评定的等级表示的对信用违约概率高低的判断来实现的。这种判断估计，客观不客观，准确与否，理论上是可以通过事后对评级对象的实际违约率的统计计算与评级估计判断的违约概率的对比分析来进行验证的。这也是国际上迄今在重点研究的事后检验评级机构评级质量的方法。

违约率检验的对比分析，具体又分为两种。一种是将各家评级机构的评级对象的历史违约率统计作为一个标尺，通过比较其不同信用级别、不同行业债务人所对应违约率的差异来验证不同机构评级体系的科学性、评级的有效性以及评级结果的准确性。这种对比分析，主要是看不同级别的评级对象的实际违约率水平的差异和稳定性，以判断不同等级对风险水平的区分能力。进行这种违约率的统计对比分析，一个前提是要对"违约"作出明确的、最好是各个评级机构都口径统一的定义。

通常，违约是指债务人不能按事先达成的协议履行其义务的行为。但为了对"违约"行为进行统计，必须有更具体、可操作的定义。巴塞尔新资本协议对"违约"作了以下参考定义：债务人出现下述一个或多个事件时，认为该债务人违约：（1）有充分证据证明债务人不能全额、按期偿还其债务，包括本金、利息等；（2）债务人的任何失信行为，例如被起诉、未遵守特定条款、债务冲销、提取特别准备金、债务重组，包括本金或利息减免和延期等;(3)债务人申请破产保全或类似的保护申请。

我国信用评级业的法规或管理部门尚未就是否采纳巴塞尔新资本协议推荐的"违约"定义做出规定。实践中,无论是债项评级还是企业主体评级,目前国内均没有违约率方面的统计,这方面的研究投入还不够。

违约率检验的另一种方法,是将事后统计计算的评级对象的实际违约率,与当初评级估计判断的违约概率进行对比分析。这种对比分析,可以更直观地检验评级结果的客观准确性。但做这种对比分析,除了需有前述对"违约"明确、可操作记录的定义以外,还需要对评级等级代表的对信用违约的定性描述即对违约概率估计预测作定量处理。但对定性评级作定量化解释处理是否合适,还需要论证,还存在较大的争议。假如可以作定量化解释处理,则需要在大量有效评级对象的实际违约率数据积累的基础上,对现行的一套评级等级符号,做出对应的、一套标准的违约概率的估计区间。比如,AAA级对应违约概率区间[0,1‰],AA级对应违约概率区间(1‰,1%],A级对应违约概率区间(1%,5%],BBB级对应违约概率区间(5%,10%],等等。

在第四章,我们讨论了信用评级与信用评分的种种差别,也指出了两者在本质上是一样的:都是对评估对象的信用违约的估计判断,都是提供给授信人或投资人作决策和持续的信用风险管理做参考的。但即便在这个本质相同的特征上,也存在一个大家至今忽略的差异:评分对"违约"是有具体、明确定义的,不同目的的评分其"违约"有不同的定义,并都可以定量地判断和记录;而评级则不是,各大评级机构对评级的"违约"既没有具体、明确的一致定义,对评级结果的具体等级、对应"违约"程度和可能性也只是定性的描述,如AA级含义是"偿还债务的能力很强,受不利经济环境的影响不大,违约风险很低"、BB级则代表"偿还债务能力较弱,受不利经济环境影响很大,有较高违约风险",并没有定量的描述和解释。这个差异的影响是深刻的。是应当尊重其客观存在的差异,还是为了寻找科学评价评级质量的定量检验方法,也将定性评级意见定量化?这也是一道未解难题。

以上我们重点讨论了评级质量的违约率检验方法尚未解决的主要问题。

至于另一种仅适用于债券评级质量粗略评价的利差检验方法，由于其存在因果关系不清、非信用因素难以量化剔除等较大局限性，我们略去，不作讨论。

最后，简要讨论一下信用评级质量的评价体系该由谁来建立。第一，各评级机构为了不断发现问题、及时改进评级方法，应当建立自身的质量评价制度。但这不易为公众所用。第二，最利益攸关的投资者应该是建立信用评级质量评价体系的主要力量，但广大中小投资者力不从心，只能靠大中型专业投资机构如投行、投资基金等的投入，并应当鼓励它们将成熟的评价结果向市场公开披露。第三，还可以考虑由监管部门代表广大投资者以购买服务的形式，聘请专业评级认证机构提供可追责的评级认证服务，引导建立市场化、专业化的评级认证市场。

四、提高信用评级专业水平的主要建议

基于对评级业的一般反思和前述讨论，小结一下未来改革国内信用评级制度、促进评级机构提高专业水平可参考的主要建议。

（一）避免评级的利益冲突，保障信用评级的独立性

这是市场最为关注也是我们前面重点讨论的问题。关键是建立持续有效的保障机制。同时，监管部门又要防止急于求成情绪，避免过多地干预市场，在具体评级业务上自己替代投资者选择评级机构，甚至想要自己做适合市场机构去做的信用评级服务。但这并不排除探索建立一些政府型或公众型的机构，以及代表投资人的机构参与提供评级服务，它们在动机上较少受到发行利益的驱动。这符合供给侧混合、多元所有制改革精神，可有效加大评级市场的竞争。

（二）强化投资人特别是机构投资者的风险意识及风险识别能力和责任，减少对外部信用评级的依赖

较大信用关系中的信用风险本质是前景不确定的事物，对其进行评估定级的确是一件比较复杂、困难的专业工作。并没有"高人"或高智商评级机构保证能把风险评估这件工作做得一定比金融市场中的其他风险分析和管理人员做得好，判断更准确、更及时。但一段时期以来，在金融市场和各金融机构中，有很多来自金融监管部门和金融机构内部的规定，包括内部激励机

制与外部评级挂钩，造成了许多过于依赖第三方评级、减轻自身责任的现象。这并不利于提高整个金融市场判断信用风险的水平。因此，现在有一条重要共识，就是要降低对外部评级的依赖，特别是大型金融机构更是如此。这需要监管部门和金融机构清理过度使用外部评级的规定和内部制度，让金融机构自己的主见在市场上占有相应的地位，以在机制上减少由于少数机构做评级所导致的顺周期性和投资者盲目跟风状况。

（三）合力支持本土评级机构发展，逐步改变三大评级机构的垄断格局

国际三大评级机构并不是"神"，占有过高的垄断地位并非国际、国内评级市场的健康模式。我国评级业开展业务时间短，缺乏长时期的历史数据积累，评级结果尚未得到充分检验，在技术改进、公信力建立等方面都还存在较大的差距。与欧洲一样，我国早就提出要支持本土评级机构的发展，但要促使它们未来成长为有国际话语权的评级机构，是个中长期的过程。在尊重市场的基础上，加速这个过程需要各方努力。首先，要抑制直至消除外资相关方对国际评级巨头的迷信，政策、监管要明确反对对本土评级机构的歧视。其次，要在人民币国际化、"一带一路"资金融通、推进"双评级"等评级制度改革的过程中，适当鼓励、推荐使用优秀的本土评级服务。可喜的是，金砖国家已经就评级互认、建立联合国际评级机构达成重要共识，有望加速推进打破三家评级机构高度垄断的不合理格局；国内民营评级机构如大公国际评级公司，已在努力开拓国际市场。最重要的是，发展中国家的评级机构要持之以恒地练好内功，加强自身内部建设，不断改进评级技术，积累数据、经验和商誉，并通过优胜劣汰、兼并收购等不断发展壮大。

（四）统一监管规则，改善评级业的监管

即便难以改变九龙治水的现状，也应在央行的牵头协调下，尽早实现对评级业监管的规则统一，以便能够更好地形成监管合力，形成公平的竞争环境，朝着前述三个主要改革目标，促进评级业健康发展。2018年3月全国人大批准的新的金融监管框架，让市场更有信心早日实现这个目标。

第七章
大数据、新技术与征信

> 【问题】
> 7.1 大数据资产像黄金,还是空气和水?
> 7.2 新型数据进入征信,是否应获得法律或监管授权?
> 7.3 新型数据以什么方式进入征信才是公正、普惠的?
> 7.4 征信机构如何跟上技术进步?
> 7.5 新技术会让信息更安全吗?
> 7.6 区块链技术会助力征信系统升级吗?
> 7.7 区块链征信研究需要关注哪些问题?

大数据与新技术(尤其是互联网新技术)相互驱动,是这个日新月异新时代的孪生兄妹,也是对当代和未来征信业影响巨大的因素。为了便于较深入地理解,我们尝试将两者分开,较纯粹地分别探讨它们对征信业的影响和趋势。

第一节 大数据与征信

随着人们意识到基于数据的决策和运营可以获得巨大价值,基于信息主体的大数据及其分析市场的规模正不断扩大。推动大数据产业投入持续增长的主要原因是：新兴产业和传统产业的信息化催生着海量数据不断产生；信息技术和分析能力、人工智能的发展使数据的处理可以更快捷、更有效，可以为决策、生产、服务和运营提供新的视角；各行各业对基于大数据的分析和决策需求越来越旺盛。

大数据和征信有着天然的联系。征信机制最基本的作用就是将分散在不同授信机构碎片化的局部信息收集、整合、加工成为具有较完整效果的全景视图，从中挖掘出风险信息，解决交易过程中的信息不对称问题，降低交易成本，协助商业机构更加有效地进行决策，减少风险。这也正是大数据技术的较佳用武之地。

随着国内市场化征信的展开，大数据征信成为热点话题。征信机构可以理解为与信用相关数据的工厂，其基本业务流程包括信用信息的数据采集（数据可以理解为原料，数据采集可以理解为收集原料）、数据处理（相当于原料粗加工，整理具有一致性，去掉不符合质量要求的原料，粗加工成基本组件）、数据分析和挖掘（原料深加工，按照一定的产品模型，由生产线批量生产）以及数据服务（产品进行质量检查，进行包装，提供给用户终端）。大数据及大数据技术为征信业发展提供了新的前景。

一、大数据给征信带来的机遇

（一）扩大征信数据源

先将具体某类新数据是否可进入征信的问题暂放一边，大数据为征信活动提供了一个全新的视角：海量的、多样的、交叉互补的大数据出现，为征信机构及时获得有关主体更多维度的信息提供了可能。

如前所述，除了属于身份识别用途的基本信息以外，征信数据可分为五类：金融信用信息、商务信用信息、民间信用信息、公开信息和其他信息（非公开非信用交易信息）。我们将讨论的大数据，主要是指既不属于信用交易、又非公开的其他信息中的新型数据，如支付、物流、纳税、电商消费、社交、行踪等信息。大数据中的新型数据大大拓宽了征信潜在可采集数据的范围。

为讨论方便，可把合法设立的征信机构迄今采集的信贷及类信贷信息，

法院判决、企业破产等公开信息和其他信用如公用事业缴费、租赁等商务信用信息,称为"传统征信数据";而把未来可合法进入征信的大数据,称为"新型数据"或"替代数据"。

新型数据特别是个人新型数据进入征信系统,应符合征信的通用原则,如数据对于征信是有用的——能在一定程度上或从某个视角反映信息主体信用状况的信息;数据是可以信赖的——数据有质量保障及个人信息权利保障机制等行业技术性要求,尤其要遵循与个人信息权利保护有关的原则。法规如有明确规定,市场机构可以采集或禁止采集的数据信息类型,自然可以进入或禁止进入征信机制,这不在话下。属于社会共识的隐私信息(比如社交信息),即便其与信用有较强的关联,也不能作为替代数据进入征信。在法规滞后于实践、尚缺乏明确允许或明确禁止法规的背景下,作为弥补法律授权空白的机制,大数据中的新型个人数据进入征信必须遵循个人自治原则,通过充分明示的、法律认可的方式经消费者同意授权。

(二)大数据的应用有利于征信服务升级

大数据及支持其应用的新技术拓宽了征信产品服务的广度和深度,使征信面向更多领域提供更多、更好的服务成为可能。国际上几家主要征信服务商都在扩展升级其征信服务:其征信产品更加丰富、多元、及时和动态化,响应不同客户群体的细分需求,提供更综合的数据、先进的分析技术和决策能力以及更加个性化、更好客户体验的征信服务,以帮助客户提高决策效率、更好地评估和管理风险、降低成本和增加收入,促进信用服务更加精准、公正和普惠。大数据使征信服务范围相比传统征信更加广阔,从面向银行信贷延伸到保险、租赁、保理、医疗护理、电信、零售、出租审查、消费和协助司法执法等经济和社会领域。这个趋势与社会信用不断深化的趋势是一致的。

大数据有助于弱势群体获得信用支持,为社会带来更多的福利,对大多数从未获得过信用支持的、实际上是守法诚信的普通民众和已度过高风险创业初期的小微企业而言,不断发展的大数据中有大量的、潜在的可以进入征信的新型数据,可用来有效记录分析其信用情况,帮助他们获得信用支持以改善经营和生活。

因此,不论我们主观上喜欢不喜欢,客观趋势必然是会有一些新型数据进入征信。重要的是，如何认识和应对有更多替代数据进入征信带来的挑战。

二、大数据给征信带来的挑战

（一）如何看待大数据资产？它是黄金还是空气和水？

全社会都认识到数据是一种资产，广泛应用可带来巨大价值。如何看待大数据资产，成为一个重要的理念问题。现在，有一种倾向是把数据看作黄金：一些机构（既有市场机构，也有公共部门）一方面利用拥有数据的优势，要么直接买卖数据，要么鲁莽地试探新的应用场景来为自己谋利；另一方面拒绝数据的合法流转流动和共享应用，要求其他具有合法应用场景和优势的机构只能通过花钱购买获得其数据，即拒绝让数据增进社会福利。概言之，对这些机构而言，其拥有的数据首先要为自己带来利益，而数据的合法应用带给社会的福利是在其次的。笔者认为这种倾向是错误的、有害的。错就错在，这种对待数据资产的理念是与人民追求美好生活的向往背道而驰的。相反，大数据更应该像清洁的空气和水，在未来社会是人人须臾离不开的。

数据视作资产，如何确权、定价和变现，是很多人关心和讨论的问题。借鉴政府对南水北调工程源自长江水系的水的定价，也许有助于寻找这个问题的答案。显然，直接拥有和管理密云水库资产的人，并不能给向北京市供应的水定价。另一方面，要准确界定水这种自然馈赠、虽有源头但常态在流动的资产的所有权，难度很大却实际意义不大，不如搁置争议。显然，直接拥有和管理密云水库资产的人，并不能给向北京市供应的水定价，有关法规和政府部门势必在这类资产的定价中发挥主导作用。其定价和变现，都应以有利于提升全社会的福利水平为主要考量。但是，我们也不能走向另一个极端，把个人信息数据甚至征信服务视作或引向公共产品，这是另一个方向的歧途。

在这个处于大数据时代的入口，全社会能不能通过充分的讨论早日达成共识，树立"大数据应像有管理的、清洁的空气和水"的理念，而不是任由少数机构逐利的力量把大数据视作黄金似的可以自由买卖的私有资产？这是一个有关数据流动、使用的基础理念问题。在笔者看来，这是人类社会面对大数据遇到的第一个挑战。

第七章 大数据、新技术与征信

树立并可实施这个理念的关键,是否是应将"不买卖数据"这个征信业的行业惯例上升为法律规范?这里的数据,主要是指机构记录的身份、交易及业务的原始数据,而不是加工数据产品。虽然国际上还尚无先例,但是否可以在不断完善中国特色社会主义理论和研究撰写中国特色市场经济学教科书中,在这个问题上先行一步作些有益的探索?笔者尚无充分的依据建言,只是求教于读者,期待引起专家学者和全社会的重视和关注,能及早开展建设性的讨论。

(二)个人信息权利保护面临更多的挑战

在大数据应用及树立"大数据应像清洁的空气和水"理念的过程中,遇到的最重要的综合性挑战,是如何更好地保护个人信息权利。解决这个问题,就好比我们在蓝天保卫战中要减少空气中有害的雾霾。现代征信业的发展,伴随着个人权利觉醒、个人信息权利保护趋严的过程。大数据征信背景下,公众更加关注征信机构的运营,包括个人信息的收集、使用、准确性、修正和共享过程。

其中,个人隐私权保护面临的矛盾可能更加突出。即便在征信业较成熟的西方国家,许多消费者保护团体、隐私权倡导者、立法机构和政府监管部门都认为,现行法律规定仍没有充分保护个人隐私,对征信机构使用新型个人信息的关注度越来越高。他们在争取使公共和私营部门在传播及商业使用个人信息时有更多的出于保护个人信息权利的限制。法律、行政命令或监管机构应可以根据新情况、新矛盾对征信机构及其对个人信息的收集、使用、交流、访问、准确性、删除、分享、修正等过程作出新的调整和矫正。任何关于个人征信机构的经营做法或产品涉及侵犯隐私权的,无论是否符合当前或未来的法规和行业惯例,都可能使个人征信机构面对公众的批评、私人集体诉讼、名誉损害和监管机构索赔等风险,都可能有害于个人征信机构的业务或需要其承担更多的责任。

这就要求征信监管当局及时作为,就掌握新型个人数据(如收入、资产、社交、消费、行踪、健康等)的新市场机构实际上已在尝试进入征信业务的实践是否合适,组织社会进行有效的讨论。在对识别信用有帮助的新型替代数据中,甄别哪些可以合法地进入征信。换言之,任何既不属于信用交易信息,又不属于公开信息,但可能对反映信用状况有直接或间接帮助的,某类传统征信未曾采集的信息进入征信,是否需要有法律作出明确规定,或由监管当局发出明确指令?这是大数据带给我们的第二个挑战,也是在大数据时代如何更好地保护个人信息权利首先遇到的挑战。值得欣慰的是,一些互联网巨头利用自己掌握的独特数据,不透明地试水个人信用评估的行为,已经引起我国征信监管当局的高度关注。市场期待,有些问题不久就可以找到有共识的答案。

(三)大数据对传统征信机构的挑战:新型数据如何进入征信才是公正、普惠的?

大数据及其技术的应用,为提升征信机制、改进征信服务提供了前所未有的机遇。传统征信机构是否能主动抓住机遇,还是得主要靠掌握新型征信数据及大数据技术的新市场力量来从外部推动征信行业升级?这是个未知数。

这个未知数意味的挑战是:可以进入征信的新型数据,会以什么方式进入?不同于授信机构(包括新金融机构)有动力主动通过征信制度分享其信用交易信息,我们关注的新型数据,是大数据中的非信用交易、非公开的业务数据,由于数据种类、性质不同等原因,掌控该类数据的"独角兽"公司并无这样的动力。无论是否介入授信业务,这些新市场机构都有更大的意愿和动力利用其掌握新型数据(特别是独家拥有)的优势,要么将其转换成支持其自身金融业务的优势,要么试图直接与有需求的其他机构对接介入征信服务,以获取掌控数据对其自身的更大价值。这对传统征信机构形成的新挑战,是否能够通过市场机制来有效、公正求解,还是需要法律或监管的适时适当介入,以实现征信的本质要求,让传统征信数据与新型数据融合,提升征信机制?这里的市场机制,显然要超出传统授信机构向征信机构单向付费的合作机制和惯例。即便能够通过反向付费、购买数据来实现合作,也要受到成本瓶颈的制约。是否能够达成长期、稳定的合作模式?怎样才能实现多赢、社会效益最大化?这些势必考验各市场参与方的智慧。

这实际上提出了一个全社会特别是监管当局应予以高度关注的问题,即在获得合法授权可以进入征信的情况下,新型数据以什么方式进入征信才是公正、普惠的?这是大数据带给征信的第三个挑战。这也与新技术带来的专利和垄断（包括数据垄断）的平衡问题该如何把握有较大的关系。

立法机构及行政监管当局应当组织讨论，是否是时候应当在中国创立若干适应新时代的征信管理新原则？比如包括但不限于以下原则：

（1）原始记录数据不得自由买卖，只能依法流转（如银行记录的信贷信息提供给征信机构）。

（2）不属于记录信用交易的新型数据进入征信，应获得法律或行政监管的授权。

（3）获得合法授权的新型替代数据，应以公正、普惠的方式进入征信。

（四）身份欺诈愈演愈烈，应加大反欺诈产品开发力度

在大数据时代，社会面临更严峻的反身份欺诈形势。征信机构在反身份欺诈领域一直发挥着重要作用。美国2003年的《公平和准确信用交易法》对《公平信用报告法》进行了修订，为应对美国身份盗用高发的状况，增加了防范身份欺诈的相关条款，如添加"欺诈预警"，建立全国性的欺诈预警通知机制等。随后，美国各州也出台了信用报告安全冻结的法规。在此背景下，征信机构不断创新反欺诈产品和服务，在反欺诈领域发挥着重要作用。

从国际经验来看，在网络时代身份欺诈高发的背景下，身份验证和反欺诈已经成为各国征信机构的重要业务领域之一。对于信息主体，事前欺诈预警、冻结报告查询，以及事后的信用信息变化监控、提供身份欺诈保险等，可帮助信息主体防范身份欺诈风险、降低欺诈损失；对于授信机构，征信机构建立欺诈信息共享平台共享已确认的欺诈信息，提供信息比对和身份验证、欺诈预警和欺诈评分等产品和服务，可满足授信机构监测和量化欺诈风险的迫切需求。这也应是我国征信产品开发的重点方向。

第二节　新技术与征信

我们有幸生活在一个技术日新月异的时代。新技术以前所未有的速度改变着我们的经济、社会和生活。互联网技术正推动着人类社会和物质世界走向万物智联的时代。在互联网+、数字化技术助推传统行业服务升级过程中，

征信：若干基本问题及其顶层设计

每天都会产生大量数据，包括客户消费行为习惯、支付、信用等各种信息。新技术催生的新行业、新业态、新的商业模式，如电商、新金融、共享经济、物流、自媒体等，也产生大量新型数据。新技术本身也直接产生新的大数据，如摄像、指纹、刷脸、声纹的记录与分析均能直接输出大量的数据；人工智能、复杂的算法均可生成自己专有的数据。新型数据中可以识别信息主体身份的，都是潜在的可从某个视角分析其信用情况的数据。因此，大数据是新技术的产物，大数据对征信业的影响实际上源于各种新技术。

进入以信息的电子化、自动化为标志的现代征信业以来，征信便成为一个离不开技术支撑的信息内容服务行业。可以毫不夸张地说，是信息技术的不断进步引领着征信业的发展。应用于互联网、大数据、通信、移动终端的各种信息新技术的不断涌现和成熟，正在深刻地改变着人类社会的生产和生活，也是推动征信业发展的强大力量。目前最热的是人工智能和区块链技术。人工智能技术虽然是人类发明的，但未来在人类生产、生活的各个领域，在一定程度上可以替代人类劳动、可超越人类技能和智慧的前景，已经是可以预期的。区块链技术作为脱胎于比特币的底层技术，其应用前景被广泛看好（这与比特币的未来命运无关）。

一、人工智能与征信

人工智能（也称机器智能，Artificial Intelligence，AI），是研究、开发用于模拟、延伸和扩展人的智能的理论、方法、技术及应用的一门新的综合科学技术。

人工智能探解智能的实质，并生产出一种新的能以近似人类智能的方式作出反应的智能机器。可以设想，未来人工智能的科技产品，将会是人类智慧的"容器"。人工智能不是人的智能，但可以模拟人的意识、思维的信息过程，能像人那样思考甚至可能超过人的智能。人工智能发展的一个主要目标是使机器能够胜任一些通常需要人类智能才能完成的复杂工作。目前，人工智能的重点研究应用包括机器人、语言识别、图像识别、自然语言处理和专家系统等。

人工智能＝大数据＋深度学习。大数据的发展和计算技术及技术能力

（最新的进展是量子计算）的大幅提升，是推动人工智能日益成熟并在更多领域应用落地的两大核心因素；数据和技术也是驱动征信进步的两大要素。因此，人工智能可以提升征信服务也是必然的、符合逻辑的。改进反欺诈和信用评估服务，是目前人工智能在征信领域应用探索的重点方向。

（一）生物识别（Biometrics）技术在身份识别上的成功应用，为征信机构提升反欺诈服务指明了方向

对消费者身份进行有效识别是提供征信服务的前提条件。近年来，人工智能在生物识别方面的应用取得较大进展，主要来自基于大数据和人工神经网络的机器深度学习实现了突破。算法的演进、大数据技术和计算机运算能力的提高，特别是深度学习方式的开发，使得机器的智能显著提高。

根据驰虎科技的研究①，人工神经网络受1943年首创的人类神经网络计算模型的影响而开发，并在1957年面世的感知器（Perceptron）系统——一种基于双层网络的模式识别算法中得到第一次软件体现。但因计算能力有限而被弃，近年来由于互联网和大数据技术的出现而再度引起关注。

互联网经济时代，金融服务会更多地体现在场景模式的应用中。机器深度学习通过在大数据中寻找模式，在这些模式的基础上运用一定算法再次统计分析，在无须过多人工介入和人为干涉的情况下，利用分析所得预测事件结果。通过分析持续产生的越来越多的数据，构建并不断完善预测消费者行为的各种数学模型，在此基础上进一步生成"深度"计算模型，如此不断深化学习，从而使预测结果越来越趋近现实情况。

在传统商业模式中，征信机构主要通过采集消费者的身份编码和姓名对消费者身份进行识别。如，美国征信机构采用社会保障号对消费者身份进行识别；我国央行征信中心采用包括证件类型、证件号码、姓名在内的三项标识，并在信用报告查询时引入其他问题对消费者身份进行识别。这些方法更适合在线下、低频的交易模式中使用，已经跟不上互联网金融远程线上、交易量大、频繁、小额等特征的需求。互联网信用对征信的需求，首先是要求有与之相适应的新的更安全、可靠和高效的消费者身份识别/验

---

① 驰虎科技：《金融AI化 | 人工智能在征信业的发展与蓝海》，新浪看点，2018-01-04。

证服务。

生物识别技术在一些新型金融机构的业务应用中已取得较好的进展。其中，人脸识别技术最为吸引眼球，配合传统的密码、短信等安全验证手段，自带活体检测效果可有效避免以往因用户个人信息泄露造成的金融诈骗事件，为金融业的风控手段增添了强有力的武器。

在基于声纹、人脸、指纹、虹膜和DNA的五种生物识别中，DNA识别的准确率最高，但难以采集；声纹识别的准确率相对较低，但比起人工识别准确率已大为提高，足够安全，且最容易采集；虹膜识别在稳定性和准确率上的表现均居中，是权衡成本和应用后在目前最具性价比的生物识别技术之一。

目前，主要利用人工智能中的生物识别技术，帮助传统身份识别/验证（仅依靠身份证号）服务升级的进展十分迅速。2017年9月，支付宝和菜鸟在上海举办的物流开放大会上宣布面向中小物流企业开放从基础的支付到中高的营销、信用、金融等服务。其在自提柜上即可实现的"刷脸取件"，采用的就是蚂蚁金服基于Face＋＋研发的人脸识别技术。在现场演示中，自提柜只用5秒就完成了对取件人的身份验证。

微信身份证——网证是由公安部第一研究所与腾讯合作在国家重大项目支撑下推出的，是实体身份证芯片唯一对应的电子映射文件，通过国家"互联网＋可信身份认证平台"签发，目的是解决"网上身份难确认、易伪造"等难题。2017年12月25日，广州第一张"微信身份证网上应用凭证"在广州市南沙区签发。

征信机构如果不能应用人工智能技术，及早采集指纹、人脸、声纹和（或）虹膜等记录信息并升级身份识别信息数据库，不仅将被挤出身份识别、反欺诈服务市场，而且可能危及其他征信服务。

（二）人工智能一定能提升信用评估及分析预测能力

机器人阿尔法狗（Alpha Go）通过对众多棋谱的学习加上人发明的算法，即博采众人智慧，便可稳赢当今围棋顶级高手；阿尔法元（Alpha Zero）在掌握围棋规则的基础上主要依靠自学习，便能轻松击败阿尔法狗的事实，虽然只是在一个偏重计算领域的探索，但却使我们深信：在各个领域，未来人工智能都可能取代或超过单个或一群人的智能。有人预测，未来5年内在各个行业领域，人工智能都会得到不同程度的应用。

撇开在其他场合讨论的大数据应用的法律、文化、伦理问题，假定进入征信的新数据都是合法合规的，只要有充分的数据信息，运用合适的算法加上机器自学习，人工智能对信用风险的识别、区分、评估及分析预测能力一定会超过迄今传统的信用评估（包括信用评分和信用评级）。目前，国际上金融机构和征信机构都在积极研究人工智能技术及引入替代数据，探索改进信用评估方法，有产品已经落地，如艾可飞与金融科技公司合作开发的信用能力评估产品（Affordability Passport）。在国内，大银行和新科技公司巨头也在积极合作探索提升信用评估，如阿里（蚂蚁金服）和腾讯均想推出自己的信用评分产品，百度与农业银行合作的AB贷产品也已上线。征信机构和信用评分公司如不能跟上，很可能在信用评分市场的空间会被进一步压缩。

就像人工智能已经开启的巨大应用前景也会给人类提出许多巨大挑战一样，人工智能肯定能改进信用评估，会提升信用服务的可获得性及广度，改善金融普惠，但同时也引发了公众及监管部门对人工智能应用的担忧及顾虑，包括可理解性、透明度、规避歧视等问题。

二、区块链与征信

（一）区块链的优势特征

区块链技术是利用块链式数据结构来验证与存储数据、利用分布式节点共识算法来生成和更新数据、利用密码学的方式保证数据传输和访问的安全、利用由自动化脚本代码组成的智能合约来编程和操作数据的一种全新的分布式基础架构与计算范式。简言之，区块链是一种按照时间顺序将数据区块以顺序相连的方式组合成一种链式数据结构，并以密码学方式保证不可篡改和不可伪造的分布式账本。

区块链专家们总结的以下评价和描述，有助于我们理解区块链的优势特征：

1. 去中心化：由于使用分布式核算和存储，不存在中心化的硬件或管理机构，任意节点的权利和义务都是平等的，系统中的数据块由整个系统中具有维护功能的节点来共同维护。这是区块链技术最受关注的特征。

2. 开放性：除了交易各方的私有信息被加密外，区块链的数据对所有人公开，任何人都可以通过公开的接口查询区块链数据和开发相关应用，因此整个系统信息高度透明。

3. 自治性：区块链采用基于协商一致的规范和协议（比如一套公开透明的算法），使得整个系统中的所有节点能够在去信任的环境中自由安全地交换数据，使得对人的信任改成了对机器的信任，任何人的不确定性干预不起作用。有专家说，区块链技术是在缺乏信任的社会环境中，运用技术创造了可高度信任的系统。

4. 信息不可篡改：一旦信息经过验证并添加至区块链，就会永久地存储起来，除非能够同时控制住系统中超过51%的节点，否则单个节点上对数据库的修改是无效的，因此区块链的数据稳定性和可靠性极高。

5. 匿名性：由于节点之间的交换遵循固定的算法，其数据交互是无须信任的（区块链中的程序规则会自行判断活动是否有效），因此交易对手无须通过公开身份的方式让对方信任自己，对信用的累积非常有帮助。

6. 智能合约（也称可编程合约）：是代表参与者事先同意的权利和义务的存储在区块链上的一段代码，它们可以被区块链上的交易所触发，触发后这段代码可以从区块链上读取数据或者向区块链上写入数据。

区块链脱胎于2009年诞生的比特币，因在比特币上极具杀伤力的应用，伴随着市场热炒各种加密数字货币而被广泛关注。因个人投资者与官方和大机构的态度迥然不同，以比特币为代表的非官方数字货币的未来命运如何尚不明朗（虽然德国已成为世界上第一个承认比特币为"私人货币"的国家），也不是我们在这里讨论的问题。但市场已有一个较高的共识，即区块链作为比特币的一套底层技术是正在走向成熟的、具有广泛应用前景的技术组合，应该并可以与加密数字货币解耦。摩根大通首席执行官杰米·戴蒙（Jamie Dimon）把比特币描述为"一种欺诈"，这代表了大企业对比特币的态度，但他同时还说："区块链作为一种技术是很好的技术。我行其实已在使用它。它会在许多不同领域都很有用。"我国工信部信息中心工业经济研究所所长于佳宁先生认为，区块链本身是对互联网基础设施的重构，它的价值要远远高于之前的一些具体应用。正因为它是一种颠覆性的变化，它本身的普及速度并不像预期得那么快。一旦新的基础设施显露威力，到时候它的应用普及速度可能会非常快。

据 2018 年初中国金融当局技术研究机构的一项调研判断，目前区块链技术平台不断演进发展，一批金融区块链项目开始落地，利用去/弱中心化、透明、可追溯、智能合约等优势，实现流程优化、业务增信、提升效率和降低成本。同时，区块链技术本身还不成熟，面临技术、运维管理、治理模式等挑战，目前主要在非核心、非实时交易领域进行实验探索，距离大范围商业应用尚需时日。该调研也建议，官方应持续关注区块链关键技术进展，加强金融应用场景和商业模式探索，适时介入监管，促进其健康有序发展。

（二）理论上，区块链技术应可有效解决征信的痛点

1. 信息孤岛问题

征信机制本是解决信用信息不对称问题的。虽然迄今的征信系统及其技术架构在一定的范围内和程度上实现了授信机构间的客户信息分享，但覆盖全社会的信用信息共享机制还远没有实现，大量的商务信用和民间信用尚未纳入征信体系，各种信息孤岛问题始终存在。既有行业的、地区的信息条块分割，难以互联互通；也有征信业内征信机构之间缺乏高质量的数据共享，征信机构与其他中介机构等缺乏有效的共享合作；还有握有新型可替代信用数据的机构（通常本身并不是信贷机构）不愿通过现有征信机制分享信息的新问题；甚至公共信息也不能方便、高效地为社会所用。这里面既有激励机制和法规缺失等体制机制原因，也有传统征信系统的技术架构未能提供合理共享方案的原因。

2. 信息主体、数据源机构和客户资源等权利保护不力

对信息主体特别是个人的信息权利（包括个人隐私权）保护，始终是消费者、监管当局和全社会关注征信的焦点。规模不同、性质不同的数据源机构对征信系统的贡献和使用的利益平衡也存在合理的关切。授信机构分享出客户信息，还免不了担心其宝贵的客户资源信息被泄露。大数据背景下，上

述合理关切变得更加强烈。然而,传统征信系统技术架构并没有从技术底层对这些合理关切给出令人信服的保障。

应用好前述特征优势,区块链技术在理论上应能有效解决上述征信业的痛点问题。有分析认为,区块链的去中心化、去信任、时间戳、非对称加密和智能合约等特征,在技术层面保证了可能在有效保护数据隐私的基础上实现有限度、可管控的信用数据验证和共享,甚至有望在大数据时代重塑数据生产关系。针对目前我国传统征信行业的现状与痛点,区块链应可以为下一代征信系统带来全新的技术架构,以促进参与信用信息交易的各方最小化风险和成本,加速信用数据的存储、转让和交易,从而更好地实现各行各业的信用数据共享。更有学者提出了区块链征信的多种不同模式。

其中,对各行业都需要的身份识别服务,区块链技术也可较传统的依赖官方唯一身份编码的方式有效、可靠很多,因为区块链技术可以创造出一种数学上不可复制的编码。每个人可以接收一个区块链哈希值——一种针对每个个体的独特算法,它可以在每个数字交易或操作上进行标记。这种技术可以创造一种更有效、更科学的方法来进行识别、验证和安全交易。国外,已有多家机构宣传其基于区块链技术开发的身份识别系统落地,包括2018年2月微软对外宣布的其去中心化身份识别系统 DID。

专题 6

微软宣布去中心化身份识别系统 DID

在内部孵化了12个月以后,2018年2月微软对外宣布了其去中心化身份识别系统 DID(Decentralized IDs)项目。它给我们展示了未来利用区块链技术实现 DID 身份验证的一个宏伟蓝图。

目前区块链已有的 DID 方案有 Blockstack ID 和 uPort 等方案,美图也发布了利用区块链技术实现人脸识别身份验证的白皮书。美图区块链的愿景是通过为用户创建一个去中心化、安全加密的身份通行证:美图智能通行证,从而连通数字世界和现实世界,创造一个可信的区块链环境。考虑到去中心化的身份识别是互联网的基础功能,美图踏入这个全新的领域，要得到业界大范围的认可及落地具有非常大的挑战，但微软推广其应用可能要容易得多。微软的 DID 有望在 1~2 年内取得广泛的认可及支持。微软声称，创建一个通用的身份识别方法是其优先议程，区块链技术是迎接这个挑战的强大工具。

应用场景：预计，推广 DID 应用，钱包将会首先和 DID 打通。大量的 App 需要集成 DID SDK（尤其是移动端的），在移动端，用户可以使用自己的 DID 登录对应的系统。楼宇的门禁系统将会成为一个典型的 DID 应用，访客提前使用自己的 DID 申请授权，访问公司认可的任一员工使用自己的 DID 接受申请，访客来访时候使用自己的 DID 就可以顺利进入楼宇了。这个场景可能只需要不到 10 行代码的智能合约即可实现，且不需要依赖公司任何资源。但是按照区块链的常见的做法，授权这个操作需要用户支付一个小额的 gas 费，以支持背后执行智能合约以及将数据入链的矿工。

匿名与隐私：DID 默认是匿名的，就有点类似实名认证之前的手机 SIM 卡，技术角度它具有唯一性且不可伪造，由于运营商把控了发卡，因此要群控一堆账号需要一定的工作量证明。即使 SIM 卡不做实名，也是 App 所需的优质的真实身份标识。与 SIM 卡不同的是，用户完全掌控自己的匿名身份，用户的数据可以有选择地加密保存在区块链上，比如用户的学历证明，只需要用户自己和对应的权威 DID 可以访问证明的数据，而外界只看到权威 DID 对用户学历证书认可的签名。

通过 DID，用户可以向访问的系统提供有限的信息，比如昵称为 Tim，有点类似微信授权只能取到用户的昵称，避免用户注册一个系统就要重复地暴露自己大量隐私数据。用户也可有选择地将自己部分物理身份，比如社交账号与 DID 关联。如果将身份信息关联，就可以实现笔者说的刷脸入住的功能。

在隐私方面，DID 可以有选择地公开自己的隐私数据，比如打车时，仅向对方公布自己的打车历史记录及信用。由于区块链本质是匿名并且部分数据是可加密的，这个在技术上不难实现，而这一切（仅公开对方需要的信息）可以通过智能合约来自动完成，不需要像 Android 安装应用的时候，用户需要作出复杂的技术选择。

安全：关于安全，DID 在执行合约时可以适当增加一些类似 PoW 的算力证明，或者需要用户付出很小的一笔 gas 成本，这种环境下，僵尸账号及垃圾邮件等业界困扰已久的问题也迎刃而解。

展望：跨链与 DID 将成为下一代区块链技术的热门话题。DID 成为互联网的基础设施之后，如果跟智能合约关联并支持跨链应用，用户就可以很方便地利用去中心化网络联系到一辆同城共享汽车，而共享司机也可以查看下单的 DID 信用信息决定是否接单。用户可以给一个餐厅的 DID 执行外卖合约，餐厅执行接单之后，智能合约会自动触发送货员的 DID 执行送货的合约，之后所有结算自动进行，中间也不需要一个中心化组织来协调。由于区块链是不可篡改的，自然形成了用户的信用记录。

对于 LinkedIn 这样的职场记录，一个用户要通过 DID 形成自己的工作履历，需要每份经历得到相关同事（DID）的证明及认可，因此在这样去中心化的 dapp 里面，孤立的 DID 可能没有意义。由于信息不可篡改，承担证明的同事会更重视信息的真实性，从而会形成非常有价值的数据沉淀。

最后，如微软声称的，未来，DID 将是推动信息互联网到价值互联网转型的一个重要开始。

（摘自 Tim Yang《聊聊微软刚发布的区块链去中心化身份识别系统 DID》，微博 http：//weibo.com/timyang）

（三）区块链征信方案研究可关注的问题

虽说目前区块链的应用场景主要集中在数据交易共享、打破数据孤岛方面；2018 年 2 月 IBM 区块链技术副总裁根纳罗·科莫（Gennaro Cuomo）在向国会作证时表示，IBM 已经参与了超过 400 个区块链项目。但是国内外尚未见到被社会广泛认可的、运用区块链技术的主要优势特征来升级或取代传统征信系统的成功项目。这意味着还需要各相关方合力研究，以促进早日实现区块链征信的真正落地。

建立区块链征信方案的研究框架，需要从业务、技术和政策法规三个方面回答以下问题：

1. 如何重构征信系统的基础设施架构？是以现有征信机构为基础（节点）构建有限多中心的区块链征信数据库（私有链），还是直接重构以众多数据源及用户为节点、无中心的分布式区块链征信数据库（联盟链）？

2. 如何吸引传统征信机构及数据源的积极参与？传统征信业在征信系统和基础设施方面耗费了大量资源，传统征信系统与区块链征信系统的过渡和衔接存在较大的成本替代和利益冲突风险。区块链技术在征信场景的落地，首先将遇到的较大挑战是，寻找合适的应用场景和模式吸引征信机构积极参与。

3. 如何设定区块链征信中的激励机制？传统征信实际上把信息共享分成了两个环节——数据报送（或采集）和信用信息（包括信用报告）查询——来完成。在区块链征信中，是否只需要在传统的数据报送环节设立激励机制，即鼓励节点（如数据源机构）将其客户信用信息的变化及时记账并在区块链中广播共享就足够了？因为，这在理论上已将传统征信的两个环节合二为一，从而提高了信息共享的效率。是否还需要从需求端区分，以便合理分担用于激励的费用？换言之，在区块链征信场景下，对各类有合法需求的人而言，是否都需要及时、全面地掌握信息主体的信用状况（这是需要巨大成本的）？

4. 如何优化区块链的底层技术，解决数据复制（分布式记账）带来的资源浪费和数据权利保护问题？理论上，对于提升数据共享、打破各种信息孤岛，区块链去中心化的分布式网络数据库是可行的解决方案。但是，一方面，由于区块链技术的共享账本特征（公有链还是私有链都是如此），传统架构下的一份征信数据会在每个区块链节点上都有副本，不可避免地带来网络带宽和存储资源的浪费。另一方面，新型替代数据持有机构（非信贷机构）的数据独享存在冲突（即便是对信息进行加密处理也是如此），如何扬长补短，使得改进的区块链能有效地解决这种冲突或担心？

5. 如何优化区块链的底层技术，解决征信查询的高并发需要和性能要求？应用区块链技术搭建征信数据库时，一个人的数据不可避免地分散在多个块上,在高并发查询的场景下,遍历整个链检索一个人的数据生成征信产品,其效率是一个头疼的问题。

6. 如何利用区块链解决征信查询的信息主体授权问题,从而实现更高等级的信息保护?由于难以解决征信查询过程中的授权验证问题,传统征信机构要花费很多精力用于防范未授权的违规查询。在引入区块链后,能否借助智能合约解决信息主体的查询授权问题?

7. 区块链征信中的智能合约或可编程合约至少应包括哪些内容?

8. 区块链是否可为商务信用和民间信用进入征信提供更好的技术方案?

9. 区块链是否能为征信机制的国际化早日给出答案?随着全球化的深入,跨境征信需求越来越大。传统模式下,信息安全、身份认证都是跨境信息交换面临的障碍。能否利用区块链的特性解决跨境征信的痛点?

10. 区块链技术本身迄今暴露出的不成熟问题特别是安全漏洞问题,能否先于上述问题找到解决方案?例如,以太坊被称作区块链2.0,"最安全、最可靠、最方便",但最新的研究揭示,其智能合约存在巨大漏洞,迄今还没有找到解决方案……

希望这些未必全面、未必准确的问题引起的讨论,有助于关注我国征信事业发展和区块链2.0应用场景早日落地的各方能够为社会提供一个区块链征信方案的研究框架。

面对新技术的潮流,尤其面对像区块链、人工智能这种会带来颠覆性变化的新技术,国内的文化、社会环境可能存在更多的顾虑、担心甚至害怕,但我们不能因此再错过历史的机遇。为了迎接、拥抱新技术,征信业从市场机构到监管当局都需要增加研究投入,需要完善官民研究形成合力的体制机制,也需要培养、发掘和引进稀缺的高级研发管理人才。

大数据与当代许多新技术本是密不可分的,把它们放在一起考察,有更多的话题值得深入研究。譬如,我们前面仅从大数据的视角,粗浅地讨论过数据特别是个人信息数据资产是黄金还是更像有管理的空气和水一样的资产。将大数据与区块链技术放在一块,最近徐小平与韩锋先生有过一段有趣的对话①，韩先生认为区块链就是未来的黄金。他主要还是从数字加密货币的角度看的，征信业更关心的是个人信息数据资产应当怎样流动、管理才更有利于社会整体福祉的提升。

众所周知，公权力部门的态度对新事物的发展有着很大影响，在我国更是如此。笔者赞同，匆忙颁布法规不是应对未来新技术的最好方式，而应该通过培训、学习来提升公共部门对新技术的认知；均衡性和灵活性是鼓励和实施技术创新的关键。

第三节　艾可飞及民警信息泄露事件对征信信息安全的启示

新技术是双刃剑。进入大数据时代，新技术使信息安全面临更大的挑战，征信业也不例外。如果不能用新技术更好地保障信息安全，就必须扎紧制度的笼子，让对其信息安全负主体、直接责任的企业和其他机构组织切实负担起责任，同时，监管机构也要对不断产生和拥有大量个人信息的征信机构和科技公司实施更严格的监管。近两年美国著名基础征信机构曝出数据泄露，以及民警泄露居民住址信息致人被杀死亡等典型事件，给予我们鲜活的教训和启示。

一、两个数据泄露事件简要回顾

根据公开报道，艾可飞公司最早在2017年7月29日监测到其在线异议门户网站（消费者可在网页上发起信用报告异议申请，并上传相关资料）有可疑的网络流量，当即阻断了异常访问连接。7月30日再次监测到异常网络流量，随即关停该网站。8月2日，艾可飞将此事报告了联邦调查局（FBI），并聘请网络安全公司麦迪安（Mandiant）协助调查。艾可飞公司的调查确认，该网站在5月13日到7月30日之间受到了黑客攻击，导致一些包含消费者

---

① 2018年1月22日网易科技讯，徐小平与清华大学韩锋对话：区块链就是未来的黄金。

征信：若干基本问题及其顶层设计

重要身份信息的文件及后台数据库表信息被窃取。在对信息泄露影响的范围进行调查和评估后，2017年9月7日，公司首次对外披露信息泄露的消息。

据艾可飞披露的消息，泄露信息主要涉及美国、英国、加拿大三个国家的消费者，主要包括身份信息及部分信用卡号等信息。同时，艾可飞宣称其存放信用报告的核心征信数据库并没有遭到黑客攻击。

表1　　　　　　　　　　艾可飞事件泄露信息的范围

涉及消费者数量（人）	信息类别	具体信息项	所在国
1.455亿	身份信息	姓名、社会安全号码（SSN）、出生日期、地址及部分驾照号码	美国
20.9万	信用卡信息	信用卡卡号	美国
18.2万	纠纷文件	包含身份标识信息	美国
40万	身份信息	姓名、出生日期、电子邮件、电话	英国
8 000	身份信息	姓名、地址、社会保险号码	加拿大
不详	信用卡信息	信用卡卡号	加拿大

这些信息如果被不法分子利用，对消费者造成的困扰和伤害，是难以估量的。

艾可飞的自查承认，黑客利用了艾可飞在线异议门户网站应用程序存在的一个安全漏洞非法进入数据库窃取数据。该漏洞属于高危等级的远程执行命令漏洞，负责维护该开源应用的美国阿帕奇软件基金会在该漏洞发现的当天（2017年3月7日），已经公开提供了漏洞补丁文件。艾可飞公司虽然表示在收到美国计算机应急响应小组（US–CERT）的警告后也采取了相应的升级措施，但是由于内部管理疏忽，并未修复异议门户网站的漏洞，甚至对黑客攻击前的多次提醒警告置若罔闻，信息安全团队在例行检查中也没有检查出此问题，直接导致了泄露事件的发生。

中国的个人信息安全问题更加严峻。网民说，只要想知道，你的住址、家庭情况、职业，甚至亲朋好友、上司的电话住址都可以买得到。我国目前的个人信息泄露、被滥用，可以说基本上处于失控的状态。最近，一名警察

泄露公民信息致人死亡事件[①]向我们昭示着信息安全的本质。宁波一名民警擅自利用公安信息系统帮人查住址，导致女子赵某被前男友况某找上门并杀死在暂住地内。该案中的民警詹某已被宁波市镇海区法院以侵犯公民个人信息罪判处有期徒刑1年3个月，缓刑1年6个月。

二、信息泄露事件带来的启示

（一）加大对黑客攻击违法犯罪的打击力度

这是矛盾的主要方面，其他则是次要方面甚至是不同程度的受害者。这个源头得不到有效抑制，其他努力都将事倍功半。从目前全球黑客违法犯罪猖獗的形势看，显然世界各国包括发达国家对黑客违法犯罪打击的力度不够。提升对黑客攻击违法犯罪的打击力度，显然需要从立法、侦别技术、司法、监管等各方面综合施策，任务艰巨。我国目前正在开展扫黑除恶的专项斗争[②]，如能把黑客违法犯罪也包括在内，依靠强大的国家机器，我国的铲除黑客攻击违法犯罪、净化互联网环境工作一定可以走在世界的前列。

（二）立法禁止买卖有关个人的身份、信用等原始记录信息，加大对违法买卖、盗窃个人信息及利用个人信息进行欺诈等犯罪的打击力度

2017年5月《最高人民法院、最高人民检察院关于办理侵犯公民个人信息刑事案件适用法律若干问题的解释》的出台，对于抑制近年来侵犯公民个人信息犯罪的高发态势有积极作用。但是，侵犯公民个人信息犯罪与电信网络诈骗、敲诈勒索、绑架等犯罪呈合流态势的严重形势仍未得到有效逆转。还需要从完善立法、从严司法和监管等方面综合施策，加大对违法买卖、盗窃个人信息及利用个人信息进行欺诈等犯罪行为的打击力度。树立不非法获取、不买卖个人信息的理念，让这一理念在全社会深入人心，恐怕还需要一个较长的过程。

以上两条，是社会管理角度从根源上减少个人信息泄露的措施。

---

① 人民网——观点频道，2018-05-09。
② 中共中央 国务院发出《关于开展扫黑除恶专项斗争的通知》，新华网，2018-01-24。

（三）征信服务机构应加强信息安全管理

互联网时代网络攻击高发，网络安全形势越来越严峻。拥有大量敏感数据的金融行业以及征信行业已经成为网络攻击的重灾区。此次艾可飞事件暴露了该公司在信息安全管理方面的诸多问题，如在脆弱性检查和补丁管理方面存在漏洞、敏感数据加密措施不完善、重要数据库的访问权限控制不足、系统安全监测不到位等，为所有信息系统运营者敲响了警钟。很多观察者认为，艾可飞数据泄露事件完全可以界定为一个疏于管理的信息安全责任事故。征信行业应建立最严格的网络安全标准，健全网络安全防护体系，提高安全生产能力，提升信息安全管理水平，确保征信信息在采集、加工、对外提供服务的全流程安全、可靠，严防数据泄露。

艾可飞数据泄露事件，印证了有关信息安全的一个流行的通俗说法："七分管理，三分技术。"只要我们在有关信息安全的重要环节、重要岗位管理到位，对于人们已经发现的数据盗窃攻击，运用现成的技术都是可以有效防范和杜绝的。

（四）美国模式与欧盟模式的有效性思考

欧盟从1995年的《个人数据保护指令》到2018年5月25日正式生效的《通用数据保护条例》（以下简称《条例》），最突出的变化，是其适用范围从属地主义向属人主义的扩展，保护更加从严。任何网站甚至手机软件（APP）只要能够被欧盟境内的个人所访问和使用，产品或服务使用的语言是英语或者特定的欧盟成员国语言，产品标识的价格为欧元，都可以被理解为该产品、服务的目标用户包括"欧盟公民"，从而适用于《条例》。这也是《条例》在全球引起极大震动的核心原因之一。不论是银行、保险、航空等传统行业，还是电子商务、社交网络等新兴领域，只要涉及向欧盟境内个人提供服务并处理个人数据，都将进入《条例》适用范围。

这提醒跨国大数据公司：合法合规不仅攸关生死线，也是通过应用新技术、业务创新来获取基于个人数据巨大价值的安全屏障。

以是否存在综合、严格的个人数据保护法律为主要区别，各国对个人数据保护的模式大体上可分为欧盟模式和美国模式。虽然市场机构更喜欢并认为美国模式在保护个人数据上也是有效的，但是美国而不是欧盟的大数据机构接连出事，使我们不能不思考美国模式的有效性。美国立法机构也在思考，是否要出台更为严格的个人数据保护法律规范。

（五）应健全数据泄露事故通知制度

数据安全风险不断增大，实现事前百分之百的绝对安全难度很大。数据泄露事故通知制度是在数据泄露的事后，及时将损害降低到最小程度的一种制度设计。建立完善的数据泄露事故通知制度是当前数字经济时代一项不可缺少的重要制度。通知对象主要是个人主体和监管机构。该制度应明确通知触发条件、通知程序、影响评估等规则，在发生个人数据泄露的情况下，及时主动采取措施更有利于预防和减少因数据泄露遭受的损失。我国也很有必要研究建立适用于征信机构的数据泄露事故通知制度，完善征信机构对于此类事件的应急和补救措施。

（六）要加强对大数据、新技术在征信业的应用进行有效监管的研究

2018年3月欧洲征信协会发布《关于大数据和金融科技的宣言》[1]，提出了征信机构对大数据和金融科技监管的主要建言：

一是实施"同样的服务、同样的规则"原则。

二是扩大信用数据集的范围：建立更全面的信用数据池，并实现数据在整个欧盟境内的可得性。

三是建议利用监管沙盒等创新的框架，建立欧盟范围内统一的大数据和金融科技监督与管理方法。

差不多在同一时间，欧盟委员会正式宣布，为促进该地区金融服务业数字化转型，欧盟将推出一项总计23步的"金融技术行动计划"，[2] 主要包括建立欧盟金融科技实验室、制定监管沙盒最佳实践图以及推动大规模众筹行业改革等。

这些动态很值得中国同行深入学习和研究。

（七）全面、正确把握信息安全的内在要求

根据百度词条的定义，信息安全是指需要保证信息的保密性、真实性、

---

[1] ACCIS Manifesto on Big Data and Fintech.

[2] FinTech Action Plan.

征信：若干基本问题及其顶层设计

完整性、未授权拷贝和所寄生系统的安全性。信息安全的范围很大，包括如何保障国家信息安全、防范商业企业机密泄露、防范青少年对不良信息的浏览、个人信息的泄露等。网络信息系统的信息安全是指硬件、软件、数据、人、物理环境及其基础设施受到保护，不受偶然的或者恶意的原因而遭到破坏、更改、泄露，系统连续可靠正常地运行，信息服务不中断，保障实现业务连续性。

  信息安全也有狭义安全与广义安全之分：狭义的信息安全仅指计算机信息系统的技术安全内容；广义的信息安全不再是单纯的技术问题，而是要同时关注技术、法律和管理等问题。

  如何在征信体系及征信活动中全面、正确把握信息安全的内在要求呢？是否仅限于关注个人信息的泄露问题就够了呢？在笔者看来，大量的信息泄露事件的教训启示，只关注信息泄露本身是不够的，还必须同时关注信息的非法使用及其给信息主体带来的危害。换言之，信息安全不仅要关注信息不能流到坏人手里，也要关注坏人利用信息干坏事。这两个环节的问题至少应平衡地受到关注。因为，利用信息非法谋利是产生信息安全问题的根源。关注信息泄露问题本身，不让信息流到坏人手里，不让坏人有利用信息干坏事的条件，这很重要，这需要持续的技术和管理制度的改进以堵住漏洞。现在的问题是，相对而言，全社会对后一个环节的问题，即利用信息非法谋利及给个人带来损害的问题关注力度不够，不仅打击力度不够，犯罪分子非法窃取和使用个人信息已成公害，而且个人信息主体因此受到伤害也难以获得救济和赔偿。这需要从法规制度建设和强化国家机器对信息犯罪行为的打击力度两方面着手，从根源上堵住坏人利用信息干坏事。只有在各个环节多管齐下，才能有效地减少信息泄露事故，改观信息安全形势。技术进步是人类追求美好生活的必由之路。正是在这个意义上，科学是第一生产力，技术进步是一切事业发展的可靠路径。我们相信，征信人与全社会的共同努力，一定能让征信制度机制插上更新的技术翅膀，为人类社会带来更多的福利。但技术进步已经可以让我们眺望，在未来万物智联的趋势下，授信机构直接通过未来网络（而无须通过征信机构中介搭建的中心化平台）的联通，便可以更高效、低成本、更安全地分享（共享）客户信息。这个趋势，我们已经可以

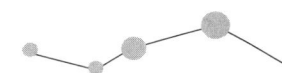

第七章 大数据、新技术与征信

在西欧的"开放银行数据共享政策"①中看到端倪。为加强市场竞争,促进金融产品和服务创新,提升消费者获取的金融服务的质量,该政策要求银行遵循以用户为中心的理念,在获取客户授权后向满足条件的第三方机构开放访问账户数据。这一新的金融数据共享趋势被视为欧洲金融业的一次影响深远的变革。从全球范围来看,加大金融信息共享已是大势所趋。如何认清和顺应这个趋势,在这个趋势中保护好个人信息主体的权利,需要加大研究投入,以让自己不要在这个趋势中掉队并继续发挥重要作用,是基础征信机构乃至整个征信行业面临的巨大挑战。

---

① 是欧盟《新支付指令》(PSD2, revised Directive on Payment Services)和英国开放银行政策(Open Banking Remedy)的统称。

第八章
征信业的规范与管理

【问题】
8.1 征信业规范与管理的目的和主要任务是什么?
8.2 征信业的规范与监管、自律与监管,孰轻孰重?
8.3 征信业的信息安全标的是什么?
8.4 就征信业而言,是否存在脱离保护个人信息权利需要的信息安全?
8.5 加强我国征信业自律机制建设的重点在哪里?
8.6 "社会信用体系建设部际联席会议"制度是否会长期存在?
8.7 中国征信业会出现双头监管吗?
8.8 查询企业信用报告是否应获得企业的授权?

征信业即使不是唯一也是极少数的法规准许运作社会主体特别是个人的一类信息数据的重要行业:从主体的基本信息和信用信息数据的采集、保存到处理加工及提供信息数据产品服务。现代社会已认识到个人在其个人信息数据上有一系列合情合理的权利,有的已通过法规明确了下来,有的尚没有。而普通居民个人是弱势群体,为了保障个人合情、合理又合法的信息权利,必须有一套必要、有效的法规制度机制安排。法规反映的社会共识已经明确,对个人征信业需要实行严格的规范和监管。这里讨论的规范,是指在我国法规体系中,属于国家部委制定的部门规章层次(含省级地方政府出台的规章)以上的法律和规范性文件(包括行业标准)的总和。监管,狭义的是指各行业主管部门和各级地方政府依法对各行业的行政监督与管理;广义的则还应包括司法系统和其他社会组织的监督管理。

仍处于发展初期、面临种种问题甚至有严重分歧认识的我国征信业,应遵循哪些原则、如何进一步研究完善有关法规规范、实行怎样的监管,本身也有争议,也是很大的挑战。

第一节 征信业规范与监管的主要目的和任务

"规范征信活动,保护当事人合法权利,引导、促进征信业健康发展,推进社会信用体系建设",这个《征信业管理条例》开宗明义的目的,也是条例明确的征信业监督管理部门——中国人民银行依法对征信业实施监管的目的。这个目的表述并不复杂,但实际上很宏大,不便理解其中的要害,也没有区分企业征信与个人征信存在的很大不同。在这个宏大目的中,还可以进一步发问:最主要、最核心的目的是什么?由此派生的行业监管的主要职责、任务是什么?在这个行业初创时期,存在多种回答和选择。基于行业发展与个人信息权利保护这个征信业基本矛盾,建立征信业的法规制度及其执行机制,包括行政监管和行业自律的主要目的就是保护消费者(个人信息主体)的合法信息权利。抓住并解决好这个主要矛盾,就可以实现征信业的规范、健康、可持续发展。

在征信业的基本矛盾中,主要属于行业发展方面的内容,因为有市场需求的推动,按照法无禁止即可为的原理,实际上并不需要过多的公权力介入和公共资源投入。而面对发展的冲击,如果没有有效的法规及管理制度保障,属于弱势群体的普通消费者的个人信息权利就很容易受到很大的侵蚀。因此,征信业发展过程中,在现有法律和社会管理制度的基础上,建立起一套有效的征信业规范和管理制度的主要目的,就是要保护个人信息权利(益)。因此也可以说,这是征信业基本矛盾的主要方面;征信业的信息安全也是为这个目的服务的。

对此也存在争论,有人常拿信息安全甚至国家信息安全说事,认为保障信息安全才是建立征信规范和监管制度的主要目的。很少有人敢讨论这个说法。实际上，如果补充说这里的信息安全是服务于个人信息权利保护的，则这个说法就没问题，但如果把保障信息安全看作并列于甚至超越保护个人信息权益的目的，则至少在逻辑上是错误的。在征信业，并没有脱离保护个人信息权利需要的、空洞的信息安全目的。脱离保护个人信息权利需要、不重视做具体的保护个人权利工作的、空洞的"信息安全"，就可能成为监管者手中的无的放矢的大棒，就可能走向限制征信业的应用、合理合法的数据挖掘研究和数据流动的歧途。换言之，各方需要重视关注的、着力花工夫解决的是出于个人信息权利保护需要的信息安全问题。

明确树立征信业规范及监管的主要目的就是保障个人信息权利，则征信监管的重点任务也就易于把握了，简言之，就是要汇聚社会共识，牵头组织制定一套在征信活动中有效保护个人信息权利的法规规范，并为规范的落实，在行业内督促相关组织机构制定落实法规要求的微观自律制度。显然这应是在行业发展初期征信监管当局的重点工作任务；长期来看，征信监管的重点任务，则是按照法规制度规范的要求，监督征信机构、数据源机构及征信数据产品使用者履行好保护个人信息主体合法权利的义务。

行业管理制度主要包括密切联系的法规规范和监督管理两个方面。虽然2013年实施的《征信业管理条例》已授权央行管理征信业的职责，并为个人征信业设立了行政审批许可，就征信业务规则等作出了明确规定，特别是对个人征信明确了较严格的管理原则，已初步建立征信业行政监管制度框架并开始实施监管，但总体来看，我国征信业仍处于发展初期，包括法律规范、行政监管、行业自律和司法等方面内容的征信业管理体系仍处于建设、形成过程中，业务规则都还较原则，业务细则尚较匮乏。

那么，在我国征信业发展初期的现阶段，试问继续完善征信业的规范与日常监管两者之间，孰轻孰重？恐怕很难回答。一方面，规则要先行，进一步细化、完善征信业务规则的任务仍很重；另一方面，对征信活动参与方的全面日常监管的任务也很重。

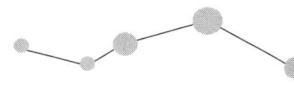

第八章 征信业的规范与管理

第二节 完善个人征信业的规范急需研究的若干问题

以上讨论了建立有效行业管理体系的首要问题，即明确征信业管理的主要目的及重点任务是保护个人信息权利。接下来应优先讨论的问题，应该是如何建立健全我国个人信息权利保护的制度规范，即研究、推进我国个人信息权利保护的立法问题。但由于这是一个远超征信活动及其管理的问题，我们已在本书第二章讨论征信业的基本问题时做过提出问题式的初步讨论，并期待本书的读者、关心我国征信事业发展的人们争做研究、推进我国个人信息权利保护立法工作的排头兵。在本章，笔者无意也无力就这个更大的题目作更深入的讨论。以下，仅就完善个人征信业的规范目前急需研究的问题作点初步讨论：

一是要在征信法规层面提升个人信息权利保护理念，以便在征信业率先作出示范，有效防止个人信息的不当滥用。从迄今的实践看，仅仅靠"个人授权/同意"机制实际上是挡不住个人信息被不当滥用的，还需要研究在法律法规层面作出更严格的规范。现在，在消费者接受各种服务时与服务提供商签署的协议中，均有像微信服务商腾讯在其提供的格式协议中的承诺："除法律法规规定的情形外，未经用户许可腾讯不会向第三方公开、透露用户个人信息。"类似的承诺/条款，包含两层含义：第一层是，符合法律法规规定情形的，无须用户许可，服务机构即可向第三方公开、透露用户个人信息。第二层是，在法律法规规定的情形以外，只要经过用户许可，服务机构是可以向第三方公开、透露用户个人信息的。在两层含义中，第一层含义的问题不大，需要的是法律法规（包括司法解释和司法判决实践）不断细化、明确有关规范，减少擅自解释、钻空子的空间。包括征信的合法应用场景，应随着社会的合理需求作出及时合理的调整。

重点分析一下第二层含义在实践中的问题。在想要的服务面前，消费者的普遍真实意愿是：既想得到服务又不想让服务机构把其个人信息给第三方。

这才是消费者的真实意思表达,也是合情合理的。但是,面对不同意就不能获得服务的"强势强权",消费者通常不得不作出让步,甚至习惯了并不仔细审查格式条款就打勾。换言之,被捆绑的自治权,并不能表达出大多数消费者个人的真实意愿。这可以说是个人信息被滥用、个人信息权利得不到有效保护的重要根源。针对这个问题,有两个解决方案。第一个解决方案是,针对征信活动作出更严格的规定,只有法律法规明确准许的个人信息才能进入征信;只有在法律法规明确准许的场景才能提供征信服务。既然个人同意权机制并不能有效阻止个人信息被滥用,就不能依赖个人授权,而应主要依靠更有力的法律机制来保护个人信息。这样,更严格规范下的征信服务反而变得更加简洁,又能确保只有在法律认可的适当场景才可以得到含有适当信息的征信服务。第二个解决方案是,在法律法规上作出规定,将消费者个人是否同意处分其个人信息的意见,与任何机构提供的服务和产品脱钩,对"不同意"的消费者也要一视同仁地提供服务。即在法规上视类似捆绑的"霸王"条款非法无效。两个方案都是个人信息保护理念的提升。

二是在征信信息采集环节,需要监管部门组织社会讨论扩展个人信息可进入征信的原则,并讨论扩展禁止进入征信、禁止采集的信息目录。现在看来,条例已明确个人征信业务禁止采集的宗教信仰、基因、血型、疾病和病史信息目录,显然远远不够。目前很多市场机构实际已在从事个人征信业务,却处于无监管状态,有强烈冲动利用所掌握的新型数据(有些显然属于个人隐私信息,如社交、搜索习惯等)抢占征信市场。这种冲动是市场需求推动的。在推进普惠金融事业中,有效解决"薄信用记录",势必要让一些社会共识认为合适的新型替代数据进入征信。在我国这个征信初创期与大数据应用扩张期交汇的时期,研究、扩展征信活动禁止采集的个人信息目录是当务之急,是合法扩大征信信息采集空间的必要条件,否则任由征信乱象发展,对社会危害很大。

三是统一的五年负面信息保存期限过于粗放,需要根据负面影响的不同严重程度作出更细化的规定。否则,对轻微违约处罚过重,有失公正,不符合现代文明社会包容、允许鼓励改错的精神。这方面的矛盾在个人征信业务中已经很突出,需要征信监管当局的积极作为,至少在不突破五年保存期限上限的条件下，应责成或明确允许征信机构制定相关政策并向社会公示。在此基础上，还可以通过法规、监管或征信机构的自律，进一步研究在消费者清偿债务后，其负面信息在什么条件下即可从信用报告中删除的规则。

可供研究者参考的一个案例是南非政府自2014年4月起实施的《国家信用修正案》(National Credit Amendment Bill)。该修正案要求南非国内注册的征信机构删除已偿清债务的消费者信用报告中的负面信用信息。此前，南非国内有2 100万信用活跃人群，其中一半存在不良信用问题。不良贷款信息阻碍了这部分人群的就业、租房以及贷款等日常活动。该修正案使清偿所欠债务的消费者更容易重新获得信贷支持。被删除的信息包括：（1）涉及消费者行为的主观分类，如拖欠、违约、支付速度慢、潜逃或无法联络；（2）涉及强制执法行为的不利信息，即那些涉及信用主体的强制执法信息，如没收或追回违法所得、诉讼或诉讼撤销；（3）消费者就信用报告提出异议后的处理结果及异议说明；（4）信用报告中用以标注个人负面信用信息的标记、符号、标志等。在讨论过程中虽然也遇到担心它将导致道德风险和逆向选择问题的反对，但该修正案还是获得多数人的支持成为南非的法律。

四是监管当局需要抓紧研究细化征信业保障信息安全的细则。在国家尚缺乏个人信息权利保护综合立法的背景下，征信业应率先借鉴先行国家的经验，尽早研究建立征信业信息安全若干准则，包括但不限于：明确征信业信息安全的标准及等级；严禁采集任何法律和监管当局明确界定的个人隐私信息；明确非法泄露、盗取、买卖个人信息的情形及其处罚准则；在发出第一张个人征信业务牌照的同时，取缔其他机构非法经营个人征信业务；等等。

五是研究修订征信机构在信息采集环节需要企业信息主体授权的规定。在遵循法规特别是遵守有关信息主体权利保护法律规定的前提下，国际征信业的一个主流实践是，征信机构在采集信息环节是不必获得信息主体（至少对企业而言）的事先同意授权的，理由不再赘述。极少数征信业后发展国家（如俄罗斯、中国等），由于缺乏经验和出于谨慎，在最初制定征信业管理法律规范中，曾有要求征信机构须获得信息主体事先同意才可以采集信息的条款，但多数都已在后来的法规完善修订中予以取消。例如，2014年7月俄罗斯时隔十年后修订的《联邦信用记录法》，已取消了之前只有在取得信息主体书面同意后才能采集数据这一限制，新的规定使征信机构采集数据无须经信息主体授权。

六是监管当局需要研究将授信机构不向信息主体索取信用报告的行业惯例及不得转嫁接受征信服务成本的收费政策，明确为征信业务的法定规则。目前，一些小型信贷机构如小额贷款公司、消费金融公司、融资担保公司等，一方面想获得征信机制的好处，另一方面又不想为征信制度作贡献：既不积极加入征信系统（有的甚至加入后又退出），又在做业务时要求贷款申请人到征信中心打印出其个人信用报告，转身交给信贷机构。这种做法，为信贷机构节省了小利，却加大了消费者负担，侵蚀了征信制度的根基。如果银行等接入机构都这样做，就建立不起带给社会福利的征信制度。虽然国家发展改革委自2010年批准征信中心服务收费以来，就明确了以下政策——"各商业银行等征信系统用户，对使用征信系统发生的查询费用，应通过加强和改善内部管理进行消化，不得违反规定，自定收费项目，将征信查询费转嫁给被查询对象，增加被查询对象的负担，也不得要求被查询对象提供其信用报告"（《关于中国人民银行征信中心服务收费标准有关问题的批复（发改价格〔2016〕54号）》），但该政策并不适用未接入征信系统的机构，尚不能对抑制上述做法发挥作用。制止上述错误做法有两种选择：一是征信监管当局积极作为，为征信制度保驾护航，牵头研究将授信机构（即便允许选择不加入征信系统）不得向信息主体特别是个人索取信用报告、不得向消费者转嫁接受征信服务成本的行业惯例上升为一条征信业务规则。二是征信中心也可主动作为，制定自律规则，制止上述做法。第一种选择机制性更强，第二种选择有利于更早实现，可以殊途同归。管理部门倾向哪一种选择，应当尽早对社会明示。

此外，研究建立征信行政监管机构与基础征信机构合作监管的规则，让特许经营的基础征信机构在征信业的合规运行和信息安全中肩负起特别的责任，探索形成协同共治的先进监管格局；研究建立公共部门规范公开披露其依法应公开的信息资源，并为依法经营的征信机构获得、利用公共信息资源平等地提供方便（包括及时批量获取）的规则；研究抑制主流、大银行歧视在小型信贷机构有负债的客户的有效措施；为包括信用评分、信用评级在内

第八章 征信业的规范与管理

的信用评估活动研究建立必要的业务规则；为引领、鼓励征信机制为商务信用、民间信用和国际信用服务，建设覆盖全社会的征信系统，研究辅助政策和建立更多、更细的规范规则，等等，都是在这个初级发展阶段应当研究、完成的重要任务。显然，这些完善征信业规范的任务，要比将来依法实施日常监管的任务紧迫得多。

综上，在规则还存在明显缺陷的阶段，难免出现该管的没去管、不该管的却管得过多的现象，影响监管的公正性和有效性。因此，我国现阶段完善征信业的管理制度，还是应着眼于个人信息权利保护，继续把工作重点放在研究完善征信业务尤其是个人征信业务的规范建设上，包括细化规范规则，修订调整与征信业的规律要求和实践实际不相符、有偏差的规范规则，以及补充必要的规则。在做好这些工作的过程中，不仅可以在征信领域探索建立我国个人信息权利保护立法的试验田，为我国个人信息权利保护事业作出较大的贡献，而且可以在"放管服"改革中走在前列，树立先进的市场监管理念和模式。

第三节 企业征信规范和监管的重点

鉴于企业和个人在社会经济活动中的角色、地位、性质等有很大的不同，征信活动及对征信活动的监督管理，从理念到实践也有很大区别。

征信业规范及监管的主要目的是保障个人的信息权利。换言之，就信息主体权利保障而言，企业主体的信息权利，并不是征信业规范与监管的主要目的。这是为什么？企业征信活动还需不需要专门的规范和监管？如需要，其重点又是什么？

第一个问题，为什么征信业规范和监管的主要目的是保障个人而不是企业的信息权利？可讲三条理由：一是企业相对于个人，不是弱势群体，企业和个人的主体属性不同。个人作为自然人具有人格尊严，以人格权保护为要义；而企业是经营类主体，为经营而生，有关制度应以促其资信透明、便利交易及防范交易风险为主旨。在征信活动中，个人需要保护的主要权利标的，是个人隐私权和其他合法的个人信息权利，如果没有明确的法规规范和监管力量等公共资源的帮助，就很难得到有效保护。企业需要保护的主要权利标的，是企业的商业秘密（包括保护商业竞争范畴的商业秘密）。面对征信业的冲击，即便征信业高度发达，企业组织也是有能力保护其商业秘密不流入征信数据库的，几乎不需要公共资源的帮助。二是自人类社会进入信息文明社会以来，要求企业组织履行社会责任、公开披露除商业秘密以外的信息的趋势越来越明显。而对个人却没有类似的趋势，反而社会文明程度、人权意识越高，对隐私权及其他个人信息权利的保护需求会越高。三是相对于法规或社会共识界定的个人信息权利，对于企业而言，许多相应对称的权利并不存在，例如知情权、选择权等，仅剩的也只有要求信息是客观准确的异议权或纠错权，企业是有较强能力举证、容易得到保障的。简言之，虽然都是民事主体，但各类企业组织与自然人的能力、法律地位和责任等，都是有很大区别的；就与征信的交集而言，企业在信息上的权利本身就不多，也不敏感。

第二个问题，即在第一个问题的基础上，还可以进一步发问：企业征信到底还需不需要专门的规范和行政监管？如果限定在基础征信业范畴，基本的答案是"不必要的"。因为在企业基础征信业，实现规范、健康运行的核心原则，就是保护企业商业秘密。而这个原则，在我国已有多个重要法律（如《反不正当竞争法》）作出了明确规定，已是社会共识，企业基础征信活动的相关方自然要遵守。并且企业有能力保护其商业秘密不被采集进入企业征信系统；国内外企业征信业的实践，也并没有采集法规或社会共识认定的商业秘密。简言之，已有法规和社会治理体系足以保障企业主体的信息权利。因此，没有必要制定专门针对企业基础征信活动的法规规范，也没有必要投入公共资源，对企业基础征信活动进行行政监管。国际、国内的企业基础征信活动实践，都已经充分说明了这个事实。

因此，需要研究《征信业管理条例》中不符合实际的有关企业征信的规定，及早作出必要的调整。一是应明确企业征信备案管理制度为无条件备案，以便集中精力做好事中事后必要的监管。实际上，全球尚无对信用评级活动以外的企业征信业务进行行政监管的先例。根据实践并无需求和一直以来

（未来监管当局恐怕也没有动力）对国内大量已存在的企业征信活动（包括外资企业征信服务机构邓白氏）都未实施监管的实际，和前面讨论过的、对企业基础征信活动无须制定专门的法律规范并实施行政监管的理由，有关立法部门和征信管理当局，应及时研究调整企业征信备案管理制度的建议。二是及早研究取消仅对国家金融信用信息基础数据库即征信中心要求的、只能向"取得信息主体本人书面同意的信息使用者提供查询服务"的不合理规定。例如，在卖方投保的贸易信用保险业务中，保险公司因为信用风险管理的需要而查询买方的信用报告是完全合理的。而照搬对个人征信的规范，规定查询企业信用报告必须要获得企业的授权同意，是不符合金融对企业信用服务的规律，有害于对企业的授信服务的。一方面要求征信中心在信用体系建设中发挥更大的作用，另一方面又作出这样显然不符合市场活动规律的规定限制其业务发展，也显然是不合理、不符合实际的。国内外的企业征信规范和实践，甚至各类企业信息的查询系统，均没有要获得被查询企业的事先同意才能查询的规定。

但是，包括信用评级的征信业，如前所述，由于信用评级（主要也是涉企主体评级或债项评级）的广泛影响及重要性，至少在相当长的时期内，还需要制定一些必要的专门规范加以必要的监管，以保障信用评级的客观、准确和公正性，重点是形成有效保障评级独立性的约束机制。

第四节　完善中国征信业行政监管体制的思考

在完善征信业规范的基础上，中国征信业的行政监管体制和作用会怎样演变？与行业自律相比较，孰轻孰重？我们可从三个视角进行思考和分析：

首先，从国内监管实践视角看，现代征信的发展历史还很短，实施监管的时间就更短。但短暂的行业实践，已经可以看出未来我国征信业监管模式的端倪。中国人民银行自2003年底经批准设立征信管理局以来的工作，大体可以分为两个阶段：第一阶段是前十年，主要是牵头推进全国集中统一的企业和个人征信系统建设，并研究建立初步的行业规则。这阶段主要是培育、

征信：若干基本问题及其顶层设计

促进行业发展，加上牵头调研、起草条例的工作，虽也属于行业管理部门的职责，但并不同于未来长期稳定的日常监管工作。第二个阶段是以2013年颁布实施《征信业管理条例》为分界点/起点，开始依法对征信业实施监督管理。围绕保护个人信息权利，已经做了一些有益的监管工作，如：督查相关机构的信息安全工作；对少数征信系统用户未经授权违规查询个人信用报告的行为进行行政处罚；对个别投诉到征信管理局的、未按法规流程受理个人信用报告异议的投诉进行督办等。但总体来看，新兴的、专门经营信息主体信息的征信业侵犯个人信息权利的问题、矛盾并不比其他行业（如电信业、医疗业等）严重，还未发生过批量非法买卖个人信息的恶性案件；可能损害个人信息权利的最多矛盾集中在个人信用报告异议中，但主要得益于条例及中国人民银行2005年3号令对征信异议的较好规范，以及征信机构及接入征信系统的数据源机构的自律制度和受理征信异议的服务实践，加上司法兜底的帮助，现行解决个人征信异议矛盾的制度是基本有效的。如果未来能进一步研究建立征信纠纷调解组织，则征信行业自律在保障个人信息权利上将会发挥更大的作用。一说到行业自律，或增强行业自律的作用，一些人自然就想到行业自律组织。实际上，是否有行业自律组织，与一个行业自律情况如何，并没有必然的联系，大部分细分的行业是没有行业自律组织的。至少从目前看，对于征信这个细分较小的信息行业来说，在国家已经明确在一个国家部委系统内部设了较大行政监管队伍的情况下，未急于设立征信行业协会，是更适宜的选择。

可见，服务于征信监管的主要目的——保护个人信息权利，如果法规较为完善并建立起有效的执行机制，则日常行政监管需要投入的公共资源并不多。但显然，我国征信业"较为完善的法规体系及其有效的执行机制"还远不是现实。因此，在这个新兴的又具有广泛基础性影响的行业发展初期，很需要监管当局在明确行业发展及监管目标的基础上，在完善法规及其执行机制两方面有较大的作为。

其次，从被监管行业的性质看，虽然我国现代征信业是从银行信用风险管理活动中分离、进化出来的新行业，脱胎于金融，目前仍主要服务于金融信用风险管理，被普遍称为重要金融基础设施，但征信服务机构并不经手、

第八章 征信业的规范与管理

管理任何金融资产,只是采集、储存、加工和提供信用信息服务,只是信息(中介)服务,而不是金融(中介)服务。显然,不宜也不必对其像对待金融业一样实施宏微观的审慎监管,就像不能对为金融业服务的技术、法律等服务业也进行金融审慎监管一样;而只宜在信息中介服务业监管的大框架下,基于对征信业规律、特点的认识,对其进行必要的事中事后监管。征信的行业属性、特点和规模,决定对其进行必要的行政监管,远不需要像金融监管那样投入较多的公共资源。

再看征信业较发达国家是如何监管的。在具有较长历史的成熟征信市场,政府对其监管投入的资源并不多。究其原因,主要是征信活动有关的法律规范较为详细,落实法定规范的个人维权、社会调解仲裁、司法机制等较为健全。

以美国为例,从20世纪60年代起美国开始制定各种与信用有关的法规,并不断地完善和修订,逐渐在立法、司法、执法上形成了由20多部法律构成的、较完整的信用管理制度框架。这些法定规范在维护社会信用市场良性运转的同时也成为美国征信业多部门共同监管模式的法律基础。美国征信业的立法和监管,主要集中在规范个人征信活动上。其中,最早的是20世纪60年代出台的与征信相关的法律《诚实信贷法》;但是影响最大的、第一部可以称为专门的征信法律是1971年4月开始实施的《公平信用报告法》。

> **专题7**
>
> **美国征信法律规范摘要**
>
> **一、信息的采集**
>
> ● 消费者信用报告是指由征信机构提供,以书面、口头或者其他资料形式反映消费者个人的可信性、信用状态、信用能力、性格以及一般声誉和人格特征或生活方式的任何信息。征信机构的信息采集应该具有完整性,关于个人信用的正面信息和负面信息都应该收集。
>
> ● 征信机构在采集个人信用信息时,可以不经过消费者个人的同意,但是不允许采集任何法律界定为隐私或法律明令禁止采集的信息,包括但不限于有关消费者的种族、宗教信仰、医疗记录、政治立场的信息数据。

二、信息的使用

- 消费者信用信息只能够用于与信用交易有关的、判断消费者是否有资格获得信贷的、(个人及家庭)保险承做、雇佣或其他法律许可的目的。在信息的共享方面，银行、企业与其他第三方之间可以共享非隐私的个人信息，但是必须将共享的信息内容和对象告知消费者。

- 征信机构在向使用方提供个人信用信息之前，必须最大限度地验证使用者的身份和使用目的，只有在确认其使用目的的合法性的前提下才可以将信息提供给对方。

- 征信相关机构应确保个人信用信息的安全和保密，必须建立自己的信用报告查询系统，记录保存所有查询和购买信用报告的企业及其使用目的。所有滥用消费者信用信息的企业和个人都将被追究民事或刑事责任。

- 其他任何以欺诈方式获取他人信用信息的，应被单处或并处罚款或两年以下的监禁。

- 征信机构只能在以下有限的情况中披露提供消费者个人的信用报告：(1) 与信贷交易有关的业务；(2) 签订保险合同时；(3) 按照法律或者基于法院等政府机构的要求，但必须获得相关政府部门的许可，或者持有联邦大陪审团的诉讼传票或相应管辖区的法院的命令；(4) 消费者主动要求，且信息使用人具备合法的商业需求；(5) 与儿童抚养相关的目的，包括建立个人支付能力和水平，以及应州或地方儿童抚养执行机构的要求；(6) 任何其他目的，都必须取得消费者的同意或者法院的决议。

- 对于一些陈旧信息（超过3个月的信用信息），在信息未得到更新之前，不允许征信机构进行反复公开。

- 征信机构的职员或雇员在未经授权的情况下，明知或故意对他人信用信息进行披露的，应被单处或并处罚款或2年监禁。

三、确保信息的准确性

- 消费者有权了解任何与自己信用状况有关的评价和判定依据，以及持有对不实信息的申诉权利。消费者如果对其信用信息的准确性提出争议，可以直接通知征信机构。如果征信机构有证据证明该争议属于无效的，可以在通知消费者的同时不展开调查。但是，如果争议属实，征信机构必须在接到通知的 30 日内对争议信息进行免费的重新调查，并将调查结果及时通知消费者。如果征信机构不采取调查，则必须在接到通知的 30 日内将争议的相关信息从消费者信用信息的档案中删除。

- 因错误信息所造成的一切后果将由信息提供者承担。
- 征信机构虽然并不需要对错误信息及其造成的结果承担直接责任，但是征信机构有责任用合理的程序来保证信息准确性的最大化。

(摘自《公平信用报告法》《公平债务催收法》《信用修复机构法》《诚实信贷法》《信用卡发行法》《格莱姆—里奇—布莱利法案》等)

对比相对稍晚的于 20 世纪 80~90 年代在西方国家及欧盟出现的数据保护立法，不少学者总结出美欧征信立法上的一些异同。相同点，主要是立法的目的、关注/规范的内容都基本相同：都是集中在个人征信活动的信息采集范围、信息使用目的和消费者的隐私权、知情权、同意权、选择权、数据异议权、信用修复权等权利的保护上，并为有效保障这些个人信息权利，制定了限制数据处理的若干基本原则，以防止滥采滥用个人信息。不同点包括从立法的针对性，即是否有专门针对征信活动的法规，文化差异对征信规范理念的影响，到对信息采集和使用限制约束的严厉程度，直至对消费者信息权利的保护强度等方面存在的差异。核心的、最大的差异是，由于美国征信活动高度市场化，其立法更注重维护市场秩序、征信服务信用市场的效率和消费者获得信用服务的公平性；而在征信机构采集信息和提供信息服务上，除了遵守法律明文规定的限制以外，较少受消费者个人同意（欧洲国家普遍有此法定要求）的制约，因此在消费者信息权利的保护上，一般认为美国要弱于欧洲。而实际上，授信机构通过格式服务合同，很容易获得法律不禁止的消费者的授权，使得欧洲消费者在征信活动中并不能获得比美国消费者更多的福利。换句话说，我们并没有看到在法律明文规定中或征信活动实践中，美国征信机构能够做的事（某类信息采集或某个征信服务领域），欧洲的征信机构不能做。就是说，欧美相关征信法律表述、关注重点差异的实际影响，被或多或少夸大了。应该说，在以欧美为代表的西方信用发达国家，经过几十年的实践和立法，有关征信的法律规范都较好地平衡了征信机构获取数据、信用市场对征信服务的需求与对消费者信息权利保护之间的关系。

在建立征信业法律规范的基础上，欧美国家也都建立了督促征信法律规范落实的行政监督管理制度。

以美国为例，其信用监管（包括征信监管）体系是"双级多头"模式。双级，是指除了联邦监管，各州都设有信用监管机构。多头，是指没有一个统一的行政监管部门，而是由多个行政部门对金融和非金融机构进行监管。对征信活动负有监管职责的主要行政部门是美国联邦贸易委员会（FTC）和消费者金融保护局（CFPB）。

其中，联邦贸易委员会是美国在设立消费者金融保护局之前负责征信业管理的主要政府机构，职责包括对征信法律的执行和权威解释，推动相关的立法，依法制定征信业务程序，对征信机构业务进行监督，实施必要的监管调查和裁决处罚。联邦贸易委员会的主要管辖范围包括银行、提供消费者信贷的金融机构、信用报告或调查机构、信用卡公司、全国的零售企业等。在更宽泛的消费者保护职责下，联邦贸易委员会可以直接对消费者的投诉进行受理，也可以根据国会的询问展开调查。一旦联邦贸易委员会确认被调查公司违反了相关法律，即可对其进行裁决。如被调查公司对裁决不服，可向上一级委员会或者法院申请复议和重判。

消费者金融保护局是根据2010年《多德—弗兰克华尔街改革与消费者保护法案》成立的。该法案将美联储（Fed）、联邦贸易委员会、联邦存款保险公司（FDIC）、全国信用社管理局（NCUA）等7个联邦监管机构的金融消费者保护职能统一到这个新设机构。成立至今，消费者金融保护局在帮助消费者投诉、保护广大信用卡用户和约束收债公司滥用权力等有关消费者信贷保护方面成绩显著。例如，2014年消费者金融保护局将消费者的投诉及其处理结果所有细节分类对外公布，为消费者、金融业监管者、金融机构和全社会辨别、抑制不良信贷行为起到了积极促进作用。此外，消费者金融保护局还专门要求征信服务机构就征信行业存在的问题及改进提出建议报告，为督促征信机构改进服务质量发挥了积极作用。

但我们还注意到，即便在美国这两个兼职征信监管的主要监管部门内部，也没有司（局）级别的专门负责征信监管的内设机构。监管征信活动，只是其内部机构及少数工作人员的兼职工作。

在其他征信业各有特色的英国、德国、法国、澳大利亚等有代表性的国家，都在公共部门序列设立了职责相同的信息（或数据）保护专员（委员会）。但在行政监管都是兼顾明确监管对象机构范围和监管业务功能的模式下，各国对征信业的行政监管也都是少数一两个机构为主、多部门参与的兼职监管模式。总体上，各国政府行政部门专门为征信监管投入的资源并不多。

各国行业组织及协会的自律管理和司法管理，都是构成较完备的行业法治、监管格局的重要组成部分。

征信行业自律方面，还以美国为例，与征信行业有关的协会主要有全国信用管理协会（NACM）、消费者信用协会（CDIA）和美国国际信用收账协会（ACA International）。

全国信用管理协会成立于1896年，总部设在马里兰州哥伦比亚市，是美国历史最久的信用行业自律管理组织，现有近15 000家企业和个人会员，包括商业信用专业人员、征信机构、信用自律组织、信用信息细分行业自律组织和金融管理机构等。全国信用管理协会主要从事商业信用相关的业务，提供行业自律、信用管理、信息共享、信用宣传以及教育培训和交流等服务。全国信用管理协会开发了信用管理者指数（CMI），用于衡量美国经济的整体信用状况。全国信用管理协会每季度召开一次大型会议，成为征信市场企业交流学术和经验的重要平台。

消费者信用协会成立于1906年，是美国唯一的消费者信用报告行业的行业协会，曾颁布了消费者信用报告的标准，并且参与起草了美国信用管理专业法律。目前，消费者信用协会有超过140家会员，包括益博睿、艾可飞和环联三大征信局，以及其他的地方信用局、房屋贷款风险管理公司和商账追收公司等。在三大征信局的支持下，消费者信用协会曾与联邦贸易委员会一同制定了《数据报送资源指南》，对信用交易数据的报送作了若干原则性的规定。如，数据提供机构必须确保数据的准确、完整和及时性；数据报送的内容必须满足《公平信用报告法》和《平等信用机会法》等法律的要求。该指南还包括著名的征信数据采集格式 Metro2，为美国的数据处理和提供机构制定了一个标准的数据处理格式。按照 Metro2 的要求，数据提供机构必须以消费者账户为单位报送消费者的信用交易数据，包括基础数据和账户交易数据。基础数据含消费者身份识别、联系类和就业数据三类信息。账户交易数据则要求包括从账户开立、还款到结清的整个生命周期的账户还款数据。该指南使得美国征信机构的信息数据采集能够及时适应信贷业务不断发展的变化，为保障信息采集效率和数据质量提供了较好的基础，因此也是各国征信机构制定信息采集规范的蓝本。

美国国际信用收账协会创立于 1939 年，位于明尼苏达州的明尼阿波利斯，是全球最大的信用及商账专业人士协会，有近 5 000 家会员，包括商账管理者、信用担保者、资信提供商、信用局、专业律师等业内权威机构。美国国际信用收账协会的业务遍布全球，包括美国、加拿大等 50 多个国家。它是商业债务催收行业的自律组织，通过制定严格的职业道德准则来维护征信行业的稳定、公允和健康发展，并为相关从业人员提供专业教育，举办从业人员执照的培训和考试等，同时还受理消费者对其会员的投诉。

当然，自律管理还应包括行业内机构遵循法律及行政监管者和行业协会制定的业务规范，自定相应的业务规则并进行自我管理的工作。中国征信业的自律也应主要在这个层面。

总体来讲，欧美各国对征信市场的管理，都是以法律和行业自律为主，行政监管为辅。这值得我们思考和适当借鉴。

未来，中国征信业的监管体制，在法律规范进一步完善的基础上，是否会根据国情并借鉴国际经验作适当的调整，比如，是否会有将征信行政监管职能从央行内的单独部门并入其他司局的需求？现在还不是合适的讨论时机。一个重要的变数是，国家是否会将分散在多部门的监管信用评级市场的职能统一到央行？如果国家未来选择对信用评级活动进行统一监管，并明确由央行监管，则在央行仍有长期保留一个专门履行管理征信业（含信用评级业）职能的司局级内设部门的必要。倘若维持多部门对信用评级监管的模式，则随着征信业务规则的完善，对征信业实施监管的主要工作将集中在对征信机构、报数机构和使用机构的个人信息权利保护工作的监督上，工作量并不大，将来考虑并入央行内部其他司局兼管，可能是更好的选择。

第五节　加强我国征信业自律机制建设的理念和重点

无论各国的行业管理体制差别有多大，行业自律管理都是其中的重要组成部分这一点是相同的。目前，我国征信活动的行业自律与西方征信业较成熟国家相比，尚没有行业协会类的联合自律组织。但这是可以理解的，并可能是阶段性的不同点，因为我国改革开放以来现代征信业重启的时间还较短，且已建立了较为有力的行政监管体制。但这并不妨碍讨论如何加强我国征信业自律机制建设。

一、树立重视行业自律的理念

我国社会包括公权力部门的社会自治意识在提升，但总体上我国行业自律管理在国家治理、社会管理和行业管理中的地位不高，行业自律组织不发达、功能较弱。从理论上认识自治、自律的重要性并不难。在一个好的管理体制内，主体（包括个人及各类组织机构）的自觉行动与各层级的规范要求（上至法律、道德，下至单位规矩、家规）是高度一致的，必定是一个和谐的社会。而缺乏自治、自律，或在低水平的自治、自律状态下，要成就一个好的管理体制是难以想象的。规范的落实、自觉自愿的落实，最终要体现在自律主体的自觉行动上，仅有行政监管、公权力部门的意志是远远不够的。

增强行业自律在征信业管理中的作用，需要提升两个意愿：一个是行政监管部门鼓励发挥行业自律作用的意愿，另一个是市场机构勇于主动担责的意愿。面对一个行业内新出现的、需要从规则上补缺/修订的矛盾，多数反映的是对明细业务规则的需求，是市场机构率先自定规则，还是监管部门及时制定规范，实践中（即便有法规明确有关机构的职责）是很难完全划清履职界线的。两个意愿的良性互动，是建立良好行业自律的思想基础。

树立重视行业自律的理念，还要克服一个误区：以为行业自律在很大程度上是有行业自律组织的行业自律管理。按这个认识，如果一个行业缺乏行业自律组织，则必然是一个行业自律弱化的状态。实际上，在很多行业并非如此，因为行业自律包括行业内机构的个体自律与行业协会类组织的联合自律两个层次，并且个体自律是主体，是更重要的，在很多行业是可以没有协会类组织的。例如，保姆服务业的自律，主要是由保姆服务机构、保姆和雇主的自律构成的。目前我国征信行业就是一个没有协会类组织的，以征信服务机构、数据源机构、征信服务对象加信息主体的个体自律为主的自律管理体制。只要各方面理念上重视，同样可以让行业自律在新兴征信业的管理体制中为行业的规范发展发挥较大的作用。

二、加强我国征信业自律机制建设的重点

鉴于征信业规范和管理的主要目的是保护个人信息权利和行业管理存在的薄弱环节，加强我国征信业自律机制建设有四个重点方向：

一是建立适合我国国情和行业特点的征信行业自律和监督管理的较完善的指导原则和业务规则。应当说，虽然现代征信业在我国仍处于发展初期，但经立法部门、监管部门和从业者等各方努力，我国已经初步建立起征信行业自律和监督管理的较完善的指导原则和业务规则。例如，体现在《征信业管理条例》中，主要有：关于未经国务院征信业监督管理部门批准，任何单位和个人不得经营个人征信业务的规定；关于采集个人信息应当经信息主体本人同意，未经本人同意不得采集的规定；关于绝对禁止采集和相对禁止采集个人信息的规定；关于信息提供者向征信机构提供个人不良信息，应当事先告知信息主体本人的规定；关于对个人不良信息的保存期限的规定；关于信息主体可以对不良信息作出说明的规定；关于个人信息主体有权每年两次免费获取本人信用报告的规定；关于查询、使用个人信息的，应当取得信息主体本人的书面同意并约定用途，不得用作约定以外的用途，不得未经个人信息主体同意向第三方提供的规定；关于征信机构应当建立健全和严格执行保障信息安全的规章制度，并采取有效技术措施保障信息安全的规定；关于

征信机构的工作人员不得违反规定的权限和程序查询信息,不得泄露工作中获取的信息的规定;关于征信机构提供的信息供信息使用者参考的规定;关于征信机构在中国境内采集的信息的整理、保存和加工,应当在中国境内进行的规定;等等。

但是,以上原则和业务规则尚不够系统和完备。例如,尚缺乏对征信机构及数据提供者、使用者的透明度要求的规定;尚缺乏允许跨境征信数据流动的规定;尚缺乏对掌握公共信息的机构应当为征信服务提供者获得其数据库中的数据提供便利的规定;也缺乏对监管当局的约束性要求的规定等。在完善、补充、修订和明确细化适合征信业特点的重要原则和业务规则上,世界银行组织多边相关方研究、推荐的征信通用原则,给发展中国家提供了一个不错的蓝本,也很值得我国监管当局根据中国实际作参考。

专题 8

世界银行推荐的征信通用原则

通用原则旨在满足征信体系的以下公共政策目标,即征信体系应能够有效促进一个经济体中信用的良好和公平的扩张,它是一个繁荣和充分竞争的市场的基础。为实现这一目标,征信系统必须是安全和有效的,并能有效保护信息主体和个人的权利。

- 关于数据

通用原则1:征信系统应当拥有准确、及时和充分的数据(包括正面信息),应当系统性地从所有相关并可得的信息来源采集数据,并且保存足够长的时间。

- 关于数据处理:安全与效率

通用原则2:征信系统应当拥有严格的安全性和可靠性标准,并且是高效的。

- 关于治理与风险管理

通用原则3:应确保征信服务提供者和征信数据提供者的治理安排达到可靠、透明和有效地管理业务风险,并使用户公平地获得信息的目的。

- 关于法律和规制环境

通用原则4：有关征信的总体法律和规制框架应是明确的、可预测的、无歧视的、均衡的，并能保护数据主体和消费者的权利。法律和规制环境应包括有效的法庭和庭外异议处理机制。

- 关于跨境数据流动

通用原则5：如果具备适当的条件，恰当时，可以推动数据的跨境转移。

- 关于主要参与者的职责（角色）

职责A：在平等的基础上，数据提供者应当向征信服务提供者准确、及时、完整地报送数据。

职责B：其他数据源，特别是掌握公共记录的机构，应当为征信服务提供者获得其数据库中的数据提供便利。

职责C：征信服务提供者应确保数据处理的安全性，并提供优质高效的服务。所有的使用者，不管是发挥贷款功能的信贷机构用户，还是实施监督职责的监管机构用户，都应该能够在公平条件下获得这些服务。

职责D：用户应正确使用这些从征信服务提供者处得到的信息。

职责E：数据主体应向数据提供者和其他数据源提供真实和准确的信息。

职责F：政府当局应促进征信系统的高效性和有效性，使其能够满足各参与方的需求，有利于保护消费者/数据主体的权利，有利于发展一个公平和竞争的信贷市场。

- 针对有效监管的建议

建议A：征信系统应当受到中央银行、金融监管当局或其他相关政府部门适当的和有效的监管和监督。很重要的一点是，应当明确一个或多个政府部门作为主要监管机构。

建议B：中央银行、金融监管当局或其他政府当局应当拥有有效履行监管和监督征信系统职能所需要的权力和资源。

建议C：中央银行、金融监管当局或其他政府当局应当明确界定并披露对征信系统进行监管的目标、职责及主要措施和政策。

建议 D：中央银行、金融监管当局或其他政府当局，应当根据各国的实际情况，采纳征信体系的通用原则及相关各方职责，并持续贯彻实施。

建议 E：中央银行、金融监管当局及相关政府部门，不论是国内的还是国际的，应在适当的情况下加强彼此之间的合作，促进征信系统的安全性和有效性。

二是加强对行业自律的监督。有了较完善的行业指导原则和业务规则，最重要的是相关参与方自律遵循有关原则和业务规则。为此，需要监管当局加强对行业自律的持续监督，尤其对严重损害消费者个人信息权利的征信业务相关方，要加大惩戒力度，才有利于养成较好的自律合规的习惯。

三是完善包括行业调解机制的征信异议受理制度。可以从两方面进行完善：（1）接入征信系统的小机构、新机构需要提高认识，建立自身有明确负责岗位的受理征信异议的制度。法规有明确要求，建立征信异议制度，提高受理效率，是征信基础服务机构及所有数据源机构都应高度重视的机制和工作。征信是更有益于承担普惠金融服务的小型、新型授信机构的机制；征信异议制度是征信制度中保障消费者个人信息权利的最重要机制，而小机构、新机构往往存在受理征信异议的短板，需要其自身提高认识，也需要基础征信机构对其加强市场机制约束。（2）加强解决征信异议矛盾的行业调解机制建设，或充分利用已有相关调解组织（如金融消费者纠纷调解中心）的资源，或未来建设专业的征信异议调解组织，都可以达到同样的目的。目的是在行业内高效、低成本地解决征信异议中的大多数争执矛盾，而仅让较少的、严重的、民事调解难以解决的矛盾走向诉讼、寻求司法帮助的道路。

四是提高基础征信机构和信用评估机构的透明度。提高透明度是增强监督和自律的有效机制。因关系到广大消费者个人的信用评价，对这两类征信服务机构业务透明度的要求应不低于公权力部门。基础征信服务机构应将信息采集的种类、方式、数据项、存储期限、加工处理方式、展示方式、信用报告的种类和用途、征信业务统计等尽可能在其网站公布。信用评估机构应将其评估依据的信息种类以及评估的流程、方法和模型类型公之于众。两类机构如此提高其业务活动的透明度，有利于促进提升服务质量，并不会伤害其核心竞争力或商业秘密。

我国征信业尚处于发展初期，两类重要征信服务机构的透明度还有待提高。法律规范和监管当局对征信服务机构的透明度要求，也需研究确立。国际上知名征信机构提升透明度的做法值得借鉴学习。例如，2013年益博睿与非营利机构"呼唤行动"（Call for Action）联合研发的消费者教育项目"信用评分，你来算"对于消费者了解什么是信用评分、信用评分有哪些不同种类、如何理解自己的信用评分、哪些因素在影响自己的信用评分、如何计算和改善自己的信用评分等很有帮助，受到消费者的欢迎。

第六节 "社会信用体系建设部际联席会议"制度会长期存在吗？

影响未来中国征信业有效监管体制形成的因素中，现存的"社会信用体系建设部际联席会议"制度机制是比较大的、较为特殊的一个因素，因为牵头社会信用体系建设的实际抓手在很大程度上就是关于研究信用信息的归集和应用的，与征信活动有很大的重叠。

> **专题9**
>
> **"社会信用体系建设部际联席会议"制度利弊分析**[①]
>
> 2007年，国务院设立"社会信用体系建设部际联席会议"，期初的牵头机构为国务院办公厅，2008年改为人民银行，2012年又调整为发展改革委、央行双牵头，延续至今。这一制度总体成效利弊如何，本专题作一简要分析。
>
> **一、主要成效**
>
> 十多年来，"社会信用体系建设部际联席会议"协调机制推动的工作

[①] 参见汪路：《社会信用体系建设部际联席会议"制度十年利弊分析》，载《零壹财经》，2017－12－11。

成果,主要有三方面:

(一)推动出台了《社会信用体系建设规划纲要(2014—2020年)》(以下简称《纲要》)

《纲要》为加强政务诚信、商务诚信、社会诚信和司法公信(以下简称四信)建设,向各部门、各地区提出了84项工作要求和任务,并为落实这些要求和任务明确了牵头负责和参与的部门和地区。《纲要》的发布为加强和改进相关工作,起到了积极的推动作用。

《纲要》本身也有强化责任落实、加强组织领导的要求,但《纲要》比起国家"十三五规划"的约束力要软得多。在剩下的三年时间里,《纲要》所提要求和任务的实际落实进展会如何?实际进展在多大程度上要归功于《纲要》的发布和部际联席会议协调机制?是否会有独立评估?《纲要》的积极意义和作用应当肯定,但笔者对"《纲要》的实施将成为我国经济体制改革过程中'从市场体系向信用体系发展'具有里程碑意义的转折点"的判断却不敢苟同。这种自说自话显然言过其实。

(二)推动建立起公共部门间的联合奖惩制度

2016年《国务院关于建立完善守信联合激励和失信联合惩戒制度加快推进社会诚信建设的指导意见》发布以来,我国公共部门之间已初步建立起宽领域、各层级的守信激励、失信惩戒的联合奖惩制度机制,包括俗称的"黑名单"制度。虽然制度的规范、流程等还有待完善,也有质疑的声音,但联合惩戒机制的积极作用已初步显现。这对改变我国一个时期以来多领域失信、违规甚至违法成本过低的不良环境,将会发挥较大的积极作用。

(三)促进了政务信息公开工作,初步建立起公共信用信息共享机制

2007年国务院颁布了《中华人民共和国政府信息公开条例》。"双牵头"机制作为重要促进力量,推进加快了政务信息共享公开工作。目前,共享机制包括两个平台:一是公共部门之间的政务信息共享交换平台;二是"信用中国"互联网网站,面向社会公开提供服务。同时,还开始了对双公示的市场评估工作和探索与一些市场机构的深度合作,以推进公共信

用信息与商务信用信息的整合和公共信用信息在商业场景的应用,并在此基础上,推动设立了国家公共信用信息中心。

对这一成绩也存在质疑:目前,平台从各个公共部门汇集的、应公开披露的信息至今只让其中的一小部分反馈提供给各个公共部门和社会查询。这是为什么?同时,其服务效率、便利性亟待提升。市场更有质疑公共部门投入资源建设"信用中国"平台的必要性。如果各个公共部门能按法律要求规范披露其应披露的信息,并以开放、友好的态度为社会大众获取其信息提供必要的方便,则市场机构(包括征信服务机构)完全可以在竞争中整合利用公共信息为社会提供更好的服务、实现同样目的。国家公共信用信息中心的未来定位和成效,还有待观察。

此外,联席会议为促进建立起我国法人及其他组织的统一社会信用代码制度、加快各行业各地区的信用建设做了卓有成效的大量工作。

二、主要弊端分析

(一)"社会信用体系"的概念边界不清,理解混乱,独立存在的价值不大

党的文件第一次出现"社会信用体系"的提法,是在党的十六届三中全会通过的《中共中央关于完善社会主义市场经济体制若干问题的决定》中:"建立健全社会信用体系。形成以道德为支撑、产权为基础、法律为保障的社会信用制度,是建设现代市场体系的必要条件,也是规范市场经济秩序的治本之策。增强全社会的信用意识,政府、企事业单位和个人都要把诚实守信作为基本行为准则。按照完善法规、特许经营、商业运作、专业服务的方向,加快建设企业和个人信用服务体系。建立信用监督和失信惩戒制度。"在这段决议中,还先后出现了"社会信用制度"和"企业和个人信用服务体系"两个概念。逻辑上,"社会信用体系"涵盖后两个概念。而"社会信用制度",是一个包括道德、产权和法律的一个范畴很广的概念;"企业和个人信用服务体系"的发展方向是"完善法规、特许经营、商业运作、专业服务",不难看出,这实际是指新兴的征信服务业,概念范畴相对较窄。

自提出这个概念以来,官方文件在一段时间里把"社会信用体系建设"的意义提得很高,也是高频提法。党的十八大提出"加强政务诚信、商务诚信、社会诚信和司法公信建设";党的十八届三中全会提出"建立健全社会征信体系,褒扬诚信,惩戒失信";《中共中央国务院关于加强和创新社会管理的意见》提出"建立健全社会诚信制度"。《纲要》也对这个概念作了一番表述:"社会信用体系是社会主义市场经济体制和社会治理体制的重要组成部分。它以法律、法规、标准和契约为依据,以健全覆盖社会成员的信用记录和信用基础设施网络为基础,以信用信息合规应用和信用服务体系为支撑,以树立诚信文化理念、弘扬诚信传统美德为内在要求,以守信激励和失信约束为奖惩机制,目的是提高全社会的诚信意识和信用水平。"但是,一直没有对"社会信用体系"给出一个边界清晰、科学的定义。

对这个概念,各有各的理解。较多的人往广义方向理解,它不仅涵盖了信用市场及其信息服务,还涵盖了道德、产权和法律;涵盖了党建、政务、商务、社会和司法;涵盖了各行各业各地区。市场经济是信用经济。因此,按广义的理解,"社会信用体系"就是一个近似"市场经济体系"的概念。在我们已经有"中国特色社会主义""中国特色市场经济(体系)""现代化经济体系""市场经济体系"等大的概念较好用、足够用的情况下,一个广无边际、理解混乱的"社会信用体系""社会信用体系建设"的概念和提法,不仅没有单独存在的价值,而且滥用会带来较大的负面影响。

较少的人愿意务实地将这个概念往较窄的方向理解,"社会信用体系"大体上就等于"社会征信体系"。

可见,无论广义地还是狭义地理解"社会信用体系",实际上都已有比它更科学的概念。

笔者不无惊喜地注意到,中共十九大报告未再使用"社会信用体系(建设)"这个提法。

(二)对各公共部门更主动、更有担当、更有作为地履职的影响是负面的

大力倡导建设"社会信用体系"的主要负面作用,是给行业监管者不

作为或作为不够，未能维护好行业市场秩序，提供了易于推卸责任的借口，一说起问题来，都说"信用缺失""社会诚信出了问题""社会信用体系不健全"。这样，把解决一切不诚信问题、市场违规问题，甚至打击违法犯罪问题的希望都寄托在"社会信用体系建设"上，期待"毕其功于一役"。这不仅天真，不切实际，大而无边；而且有害，大而无当。一些地方政府在"社会信用体系建设"名下盲目上项目，主导建设的数据库系统使用成效很低，也造成了浪费。

总之，近年来"社会信用体系不健全"成了吸纳问题、推卸责任的一个大框。由于"社会信用体系"的概念范畴泛而杂，本来不同性质、不同特点的经济信用问题、诚信问题、违规及监管问题、犯罪及司法问题、食品安全问题、环境保护问题等，各行各业、各地方、全局或局部的几乎所有社会问题都往这个框里装。这样一来，大家都心安理得，对出现问题和解决问题，都不会承担主要责任；混淆了不同特点、不同性质的矛盾，往往也忽视了问题的主体、主要责任和根源；解决问题的"药方"往往也不对路、不及时，抓不住主要矛盾和矛盾的主要方面；大家都不得要领地、不承担主要责任地去抓"社会信用体系建设"，等待有朝一日建立健全了虚无缥缈、遥远的"社会信用体系大厦"，一切问题都迎刃而解了。

这种负面影响，是系统的、深刻的，并且是不易看见和计量的，尤其对各公共部门（尤其是一些行业问题较多的行政监管部门）应更主动、更担当、更有作为地履职的负面影响较大。

（三）对加快建设覆盖全社会的征信体系的影响是负面的

按狭义的理解，"社会信用体系"主要是指"企业和个人信用（信息）服务体系"，即征信体系。《中共中央关于制定"十一五"规划的建议》提出："以完善信贷、纳税、合同履约、产品质量的信用记录为重点，加快建设社会信用体系，健全失信惩戒制度。"从这里，可以更清楚地看出，"社会信用体系"主要就是指"征信体系"。

在借鉴国际经验和国内实践的基础上，特别是2013年国务院发布《征信业管理条例》以后，"征信体系"的概念在我国已经清楚地界定而不会引起争议。即"征信"是指作为信用交易双方之外的征信服务机构，依法收集、保存、整理、加工和分析信息主体信用信息，并主要为信用交易的授信方提供信息服务的活动；而与征信服务相关的服务产品、价格、市场、服务机构、信息主体、法规管理等之和，就是征信体系。这是一个特殊的信息服务业。特殊性主要表现在两个方面：一是信息的特殊性，主要含有反映信息主体信用状况的信息，包括非公开的个人信用信息；二是功能的特殊性，除了它直接提供的服务功能，还具有延伸的促进全社会珍惜自己的信用、诚实守信的社会功能。无论如何，这样理解"征信体系"，概念和界限都是比较清楚的。

如果"社会信用体系"指的就是社会征信体系，我们何不使用内涵和外延都更为清楚和科学的"征信体系"，而去使用一个内涵和外延都未界定清楚、容易引起歧义和混乱、只是说来好听的"社会信用体系"呢？使用"征信体系"有关的更为严谨、科学的概念，按照征信行业发展规律办事，并不妨碍其客观存在的、延伸的促进改善社会诚信环境的功能。

而在"社会信用体系建设"的大旗下，号召全社会各行各业、各级地方政府都来搞"社会信用体系"（实际是"征信体系"）建设，鼓励各行业、各地区先建各自的信用信息数据库，以助力行业信用分类监管，未来再搞互联互通，目标是建成"全国信用信息共享平台"。这对我国征信体系建设已经产生了以下负面影响：

一是助长了条块分割的信用信息数据库建设，把征信业引向了行业征信的歧途。这违背了征信体系建设的客观规律，因为将信用主体在各行各业留下的信用记录整合到其信用报告中是征信业的一个核心要求。在中国这样一个大国，搞行业征信、地区征信，可能也有市场、行得通和受一些人的欢迎，但绝不是好的顶层设计和模式选择，只会降低征信服务的效率、增加经济运行成本；将来再来谈互联互通，谈何容易，如果可行势必也要走弯路、付出较大成本。如果说，在一些领域，定位准确、恰当的行业信用监管有积极探索的意义，但行业征信则显然是不应鼓励的。真理与谬误常常只有一步之差。

二是把公共部门的信息公开工作与征信体系建设捆绑在一起，政府部门把信息公开当作征信去运营，热衷于设立专业机构掌控信息，公权过多地进入征信领域，使得本来相对简单的公共信息公开披露进程反而会放慢；影响社会包括征信机构对公共信息的应用；增加了全社会对侵犯个人信息权利的担心。

三是已初步形成对征信机构的双头监管局面。国家发展改革委系统用"信用信息服务机构"的称呼，已在对实际上的征信服务机构进行管理，并在推动信用立法要求国家正式赋予其"信用"监管职能。

综合来看，这些对加快建设全国统一、高效、覆盖全社会的征信体系的影响都是负面的。

三、政策建议

从前述对"社会信用体系建设"及其部际联席会议协调机制的成效利弊分析，笔者认为：在充分肯定成绩的同时，更要客观认识存在的弊端。因此，与有人提出"中国更加需要一个常设的，超脱了部门利益的机构，来持之以恒地啃下信用建设这块硬骨头"的意见相反，笔者的建议是：

（一）终止"社会信用体系建设部际联席会议"制度。笔者相信，在2018年"两会"后，随着党和国家机构改革方案的落地，该会议制度的取消应是大概率事件。

（二）由国务院要求各地方政府和有关部门继续按照《社会信用体系建设规划纲要（2014—2020年）》的分工和自身职责，更加主动地开展工作，积极落实《纲要》提出的要求和任务。

（三）让政务诚信、商务诚信、社会诚信和司法公信建设回归本位，让各个公共部门和社会各类主体更有担当地承担起应当担当的责任。

（四）由国务院直接领导公共部门政务信息公开和联合奖惩制度建设工作，并将公共信用信息公开工作纳入政务信息公开工作内统筹推进；联合奖惩制度建设重点转向完善法规依据、改善行政监督执法、制定各种违法违规等级评定标准及其对应的联合奖惩措施等工作；必要时可聘请专业机构对这两项工作进行公开评估。

根据专题9的分析，笔者是很早就想建议国务院终止这一部际联席会议制度的，相信终止这一制度对国家大局带来的收益要远远大于局部损失。中共十九大报告的精神增添了笔者预期这一会议制度不会长期存续的信心。

不管官方承认与否，正像专题9所分析的，2017年对我国征信业及其征信服务机构的双头监督管理格局已初步形成。其中，发展改革委系统是使用"信用信息服务机构"的称呼对其进行管理的。对于市场机构而言，谁能赋予其合法性开展业务，当然会何乐而不为地跟着走。至于，这种初步形成的格局未来如何演变，主要影响因素便是"社会信用体系建设部际联席会议"制度是否会作调整。如果该制度长期存续，并朝着强化的方向甚至国务院授权发展改革委增加监管信用的职能或设立专门机构负责信用监管的方向发展，则必然形成我国征信业双头监管的格局。如果社会共识包括国务院认识到，我国对征信业这个细分的信息中介服务业的管理体制，应当以在法规规范下的行业自律（主要是征信机构及其数据源和客户机构的自律）为主、行政监管及司法监管为辅更为合适的话，则应不会继续朝着双头监管的方向发展。哪个方向发展的概率大？笔者希望是后一种方向。

第七节　征信牌照应如何发放？

在行政许可不断削减的背景下，近年新增的许可中，征信牌照是受社会广泛关注的一个热点。但自2013年初国务院颁布《征信业管理条例》以来，对于如何发放个人征信牌照的问题，央行一直在观察、研究和思考。这个问题，首先是监管者和全社会都十分关心的监管问题，关系到我国征信业监管体制的形成。当我们理解条例为个人征信业设立的这个审批制行政许可从立法本意上就是一种特许资格时，问题就更多地集中到该发多少特许经营性质的牌照上，又可以将这个问题归入关系到征信业服务机构体系如何作顶层设计的征信业发展问题。因此，笔者在本书的最后一章作专门的讨论。

这里，仅先就市场对这个问题存在的两点疑问作些讨论，留给读者思考：一是为什么直到2017年底（《征信业管理条例》颁布快五年），一张个

征信：若干基本问题及其顶层设计

人征信牌照都没发出来？早在 2015 年 1 月，央行就已公布《关于做好个人征信业务准备工作的通知》，要求芝麻信用、腾讯征信等 8 家机构做好个人征信业务的准备工作，时间为 6 个月。当时，外界期待个人征信市场将全面放开，但直到 2017 年初两年多过去，企业望眼欲穿，牌照仍旧悬而未落。这与央行当初急于通过起草条例设立这个行政许可形成了鲜明对比。

直到 2017 年 4 月 21 日，央行征信管理局局长万存知在央行举办的"个人信息保护与征信管理国际研讨会"上，用三个"没想到"坦率地回应了市场对征信牌照迟迟不发问题的关切。他说：第一个是发完通知要求 8 家机构进行个人征信业务准备，但没想到刚起步就碰上互联网金融整顿，整顿到现在还没结束。换句话说是互联网金融业态到现在也不稳定、不定型，因此，在这个领域怎么做征信业务是需要研究的。第二个是，社会公众对个人信息权利保护的意识空前高涨，对 8 家机构要求更高了。第三个是，这 8 家机构实际开业准备的情况离市场需求、离监管要求差距那么大。"这是我们始料不及的"。"所以综合判断，8 家进行个人征信业务准备的机构目前没有一家合格，在达不到监管标准的情况下不能把牌照发出去"。

他还进一步指出了这 8 家机构存在的三大共性问题：其一，8 家机构都想追求依托互联网形成自己的业务闭环，这样在客观上就分割了市场的信息链，而且每家的信息覆盖范围都受到限制，因为信息不广、不全面，如此带来产品的有效性不足，不利于信息共享。其二，这 8 家各自依托某一个企业或者企业集团发起创建，在业务或者公司治理结构上不具备或者不具有第三方征信独立性，存在比较严重的利益冲突。其三，这 8 家对征信的基本理念和基本规则了解不够，而且也不太遵守，在信用交易数据极为有限的情况下，根据各自掌握的其他有限信息进行不同形式的信用评分并对外使用，存在信息误采、误用问题。

二是对内资企业征信机构备案制，是否实际上异化成了审批制的许可？央行与商务部联合发布的 2016 年 1 号公告，实际上对经商务部批准设立的外商投资企业，如是企业征信机构或做企业征信业务，只需做无条件备案即可。但对内资设立企业征信机构的申请，中国人民银行分支行的操作常常是不受理申请，既非公开透明的有条件备案，更不是无条件备案。实际上，企业组

第八章 征信业的规范与管理

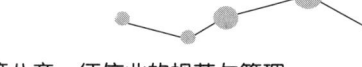

织完全有能力不让其商业秘密信息流入征信系统,世界各国尚没有对企业征信活动(如果不含信用评级的话)进行行政监管的先例。因此,如果要给企业征信和非基础征信业范畴的一般个人征信活动发牌照,则实行无条件备案,进行适当的事中事后监管即可。

应当看到,市场的期待、质疑和理性讨论,对监管者找到社会关切问题的可行答案是有很大帮助的。

第九章
关于我国征信业的顶层设计[①]

【问题】
9.1 我国征信业是否有过顶层设计？
9.2 我国征信业的发展目标是什么？
9.3 目前我国征信业面临的两个困境是什么？
9.4 为什么说征信业的顶层设计核心在于基础征信业？
9.5 为何新设一个市场化基础征信服务机构，应优先考虑由互联网金融和保险机构作为主要发起人？
9.6 启动央行征信中心体制改革的焦点认识问题是什么？
9.7 如何建立"人行征信"与"百行征信"的健康关系？

如何构建有中国特色、既有分工又有竞争和合作、运行高效的征信服务机构体系，实现征信业的高质量发展？针对2017年底以前我国征信业进一步发展面临的主要矛盾，笔者的建议是：按照完善法规、特许经营、商业运作、专业服务的方向，在个人基础征信业实行特许经营体制；支持互联网金融、保险等有志促进中国征信业发展的各方力量联合起来，新设1~2家独立、公众但不设控股股东和有公信力的基础征信机构，全面服务信用经济（包括金

[①] 本章的主要内容，已于2017年3月20日在国内的《金融时报》以《我国征信业顶层设计研究》为题发表。

融信用、商务信用和民间信用），先期重点服务普惠金融及公平信用、互联网金融和保险信用事业发展；同时，启动央行征信中心体制改革；适时、分别给这两家全国性基础征信机构发放个人征信业务的特许经营牌照。

第一节　发展目标

一、定位目标

在社会主义市场经济和社会诚信体系建设中，征信体系作为经济信用重要基础设施的定位更加明确、作用进一步增强，征信业主要为各类经济信用交易中的相对关系人平衡地提供信用信息专业服务，重点服务普惠金融及公平信用。

征信服务（包括信用报告、信用评估、反欺诈等服务）不是也不宜视作公共产品和对信息主体道德品德诚信度的评价依据，而主要是协助信用中介机构（如银行、保险公司、互联网P2P平台等）和授信方进行信用风险管理的一种基础性工具。同时，覆盖全社会的征信体系建设，又是社会诚信体系建设的重要内容，虽然只是较小的组成部分，远不能替代后者，但应该并能够为改进社会诚信环境作出更大的贡献。

二、服务市场目标

进一步拓展征信服务市场范围，增强征信约束机制对各类信用市场——包括金融信用（包括信贷信用和保险信用等）、商务信用、民间信用和国际信用——健康可持续发展的基础支撑作用。

三、征信机构目标

培育2~3家基础征信服务机构，其业务定位，一是在全国范围内依法全面采集各类可反映信息主体信用状况的信用信息；二是提供基础征信服务，包括各类信用报告和信用评分，特别是优惠提供小微企业和个人（包括农户）的信用报告和信用评分服务。同时，发展一批有特色的、可与基础征信机构建立可持续市场合作关系的中小型普通专营或兼营征信服务机构，和若干有竞争力的信用评级机构。依法按市场机制运营的两类征信机构，构成有中国特色、既有分工又有竞争和合作、运行高效的现代征信业供给侧市场主体。

四、监管模式及目标

对个人基础征信机构发放特许经营牌照，实行较严格的监管；对其他专营或兼营征信业务的中介服务机构实行无条件备案监管；建立对征信机构、数据源机构、兼营征信业务的中介机构和征信服务用户的事中事后监管制度；建立有效依法保障个人信息权利的征信体制。实现征信业的规范、高质量发展。

第二节　当前困局

第一，央行征信中心虽已成为我国基础征信服务市场的骨干机构，但由于已形成了独家垄断地位（2017年底以前），业务进一步发展和体制改革都进展缓慢，服务能力远不能满足我国信用经济深入发展的需要；同时，部分征信业务无序、过度竞争的问题已经显现。总体上，我国征信业特别是基础征信服务仍较薄弱。

基础征信服务机构是指以全面采集企业和（或）个人各类信用信息为支撑，以提供信用报告、信用评分（反欺诈评分也是一种信用评分）为主要产品的一类信息中介服务机构。它是金融乃至市场经济的重要基础设施。截至2017年底，就全国范围来看，只有央行征信中心符合这个定义。

2004年，国务院批准、央行牵头的"企业和个人征信体系建设专题工作小组"向国务院呈报了《建设企业和个人征信体系总体方案专题报告》（银发〔2004〕204号）。这是关于我国现代征信业建设最早的一份顶层设计。此后，按照这个国务院同意的总体方案，设立了征信中心，并组织商业银行从

第九章 关于我国征信业的顶层设计

信贷信用征信起步,开始建设全国统一的企业和个人征信系统。经过十多年的努力,征信系统建设,一方面取得了社会公认的成绩,其中关于"采集和保存全国银行信用信息……形成企业和个人的基础信用信息数据库和覆盖全国的基础信用信息服务网络"的最初建设目标已经实现,为以商业银行为主要中介的我国信用市场快速发展,进而支持经济高速增长作出了重要贡献。

另一方面也应客观地看到,主要囿于体制束缚,征信系统建设的步伐本应可以迈得更快一些。上述总体方案写明的"以商业银行信息为主要来源,逐步扩大到保险、证券等其他金融业信用信息,辅之以其他部门的相关数据,在此基础上,再尽可能与工商、税务、质检、海关等部门的信用信息连接,既进一步满足商业银行对信贷征信的需求,也服务于其他部门的征信需要"及"形成少数采集并存储全国信用信息资源的大型基础征信机构和众多提供信用信息评估等信用增值服务的征信服务公司并存,既有分工又有市场竞争、运行高效的社会征信机构体系"的进一步目标实现却进展缓慢;征信中心体制改革和发展也遇到了主要来自央行内部的阻力。接入机构在征信系统以1~2元成本获得的个人信用报告,在灰色市场上可卖到100元以上,征信业的发展显然仍处于压抑状态。征信本应重点服务普惠金融及公平信用的能力不足。《中国普惠金融发展报告(2016)》指出,中国现有的征信系统覆盖率仅为38%,大量用户的金融需求由此被排除在外;以央行为主导的征信系统,在数据覆盖面上尚不能完全满足普惠金融发展的需求。

主要在市场需求的推动下,征信中心及其征信系统建设工作也在不断进步。但相对于需求的快速增长,近年来(大体上是2010年以后)的发展速度反而是趋缓的,主要原因就是受到独家垄断、缺乏竞争的体制机制的制约。迄今在征信中心及其征信系统建设中,即在以征信中心为代表的基础征信业的发展中,市场机制发挥的作用仍然很小,响应市场需求十分缓慢。这是目前征信市场诸多问题中最突出的问题。这使得本质上属于市场范畴的征信机制本身,对保险信用、互联网金融和没有金融中介的一般商务信用和民间信用的促进作用,远远弱于对银行信用的支撑作用。总体来看,征信市场的需求和发展潜力仍然巨大,但存在重大结构缺陷,基础征信服务供给严重不足,征信行业还有很大发展空间,需要进一步完善征信业的顶层设计,以促进新发展。

第二，如何依据《征信业管理条例》发放个人征信行政许可牌照，才能有利于我国征信业发展，亟须深入论证后给出解决方案。

2015年1月，中国人民银行发布《关于做好个人征信业务准备工作的通知》，要求芝麻信用、腾讯征信、前海征信、鹏元征信、中诚信征信、中智诚征信、拉卡拉信用和华道征信等8家机构做好个人征信业务的准备工作，时间为半年。但是直到2017年底，我国个人征信市场第一块牌照仍未落地。市场在关注，央行也认识到，在这8家机构中控股股东市场影响较大的前3家，都已涉足授信金融业务，如给它们分别发牌照，将与征信业需避免利益冲突（授信机构不能主导发起设立征信机构，征信机构也不能经营授信业务）这个行业惯例不符。这个焦点关切的等价问题是，中国工商银行是否可以单独发起设立征信机构？央行的纠结在于，长期不发牌照，显然不妥；但如不顾利益冲突且发多了牌照，征信市场很可能陷入无序竞争状态，也不利于行业的规范发展和做大做强。

那么，央行应如何依据《征信业管理条例》颁发个人征信牌照，选择怎样的监管模式，才能建立有效保障安全性、独立性和公正性的机制，才能有利于我国征信业的培育壮大和规范发展呢？即便在已形成应避免利益冲突的共识（排除控股股东已涉足授信金融的申请）的基础上，进行这个思考仍然也是很有必要的。如果处理不当，央行则有动辄得咎的风险，但显然也不能久拖不决。

第三节　改革思路

一、打破独家垄断，实行特许经营

这个思路的核心，是回到中共十六届三中全会为征信业指明的方向。这次全会作出的关于完善社会主义市场经济体制若干问题的决定，提出要"按照完善法规、特许经营、商业运作、专业服务的方向，加快建设企业和个人信用服务体系。建立信用监督和失信惩戒制度"。这里的"企业和个人信用服务体系",指的就是征信体系或信用信息服务体系。现在看来,十六字方向中的"特许经营",很适合个人基础征信业。正确理解"特许经营"要防止两个极端,既不能定格为只有一家垄断,也不应误解为数量较多(前者是明理,后者有支付牌照的教训)。建设中国特色的覆盖全社会的征信体系,最终形成2~3家全国性基础征信机构的格局是较为适宜的。在信用市场高度发达的美国,个人征信与企业征信基本是分开的,其大型基础征信机构是四家(邓白氏、益博睿、环联和艾可飞)。而在国内,实际也是实行特许经营管理体制的基础电信业(其上万亿元的市场规模要比征信业大得多),到目前为止,工信部也仅向中国移动、中国联通、中国电信和中国广电颁发了4张特许经营牌照性质的"基础电信业务经营许可证"。

按照这个思路,我国征信业的一个次优顶层设计是:支持有志于中国征信事业的各方力量联合起来,再新发起建设1~2家具有独立性、公众性和有公信力特征的基础征信服务机构,重点优先服务普惠金融及公平信用;同时,启动征信中心体制改革。然后,给这2~3家定位于基础征信服务的机构发放个人基础征信特许经营牌照。

针对个人基础征信业务实行特许经营,有两种模式可供选择。一种模式是将征信牌照区分为基础征信牌照、普通征信牌照和信用评级牌照。其中,基础征信牌照只少量发2~3张;普通征信牌照则根据市场需求有控制地发放;信用评级牌照,要随着国家对信用评级市场统一监管体制的进一步明朗,另行研究设计。另一种模式是只针对个人基础征信业务,按照特许经营的思路,也是只少量发2~3张牌照,其他不是定位于在全国范围全面采集个人和企业信用信息的非基础征信或普通征信服务机构(包括专注于行业、地区的数据采集、加工分析、征信产品如各类评分模型开发、风控服务等)和信用评级机构,均实行注册备案管理。其中,对普通征信服务机构可实行无条件备案,而信用评级机构则实行有条件备案。不论采取哪种模式,目前的当务之急,是可以批准新筹备发起1~2家全国性的、重点服务普惠金融及公平信用的基础征信股份制公司,向其发放个人基础征信业务的特许经营牌照;同时启动征信中心的体制改革,也向改制后的征信中心发放一张特许经营牌照。

发放牌照的具体操作，即便名称不直接叫特许经营，只要按照特许经营的思路严格控制发放少数个人征信业务牌照，就像在许多基础行业那样，实际上实行的就是特许经营体制。最好，近期只新发1~2张，加上征信中心改制的一张，形成可以开展适度竞争的基础征信业态。再过几十年，征信市场容量增长了，且社会共识判断2~3家基础征信机构竞争不够，届时再考虑增发新的牌照。

二、整合社会资本，以竞争促发展

对于新发起的1~2家基础征信服务机构，从出资方看，无论国有资本还是民营资本，金融机构还是非金融企业，只要有志于推进我国普惠金融、公平信用和征信事业发展，都可参与，但不设控股股东。发起机构，可优先由互联网金融机构和保险机构组成。这1~2家新发起机构，将来可与改制后的征信中心（央行代表国家控股的国有企业）进行适度竞争，以促进征信业的健康发展。

这1~2家新发起机构性质的三个设计、建设特点包括：独立性，是指独立于授信业务，即没有已涉足授信金融业务的控股股东。公众性，是指目标是发展成为一个上市公众公司。之所以从发起阶段就明确不必是国有或民营控股，是因为可以预期征信中心的改革结果将是央行控制的国有控股公司，再新发起的一家定位相同的机构，最好是公众性质的（依法接受监管又没有主管部门），才能进行真正意义上的适度竞争，这是根据征信是一类大量的、微观的信息中介服务，不是公共产品的本质特征设计的。不设控股股东，是因为基础征信机构代表着市场经济的一种重要基础设施，为了社会公共利益的最大化，它不宜由一个民营企业家掌控，而应让专业经营团队有较大话语权，创造让专业人员做专业工作的环境，未来可以是一家没有控股股东的、混合所有制的上市公众公司。有公信力，是基础设施机构应具备的特征，但并不是只有国有公共部门才能具备，这需要在设计发起时考虑并在长期发展过程中积累培育。这些设计特征，也是建设目标，既有利于构建兼顾公益与效益的平衡、保障客观独立地进行信用评价的机制，也可在承担基础服务设施职能的市场化机构体制模式上作一些有益探索。

三、改革实施路线图

实施上述改革思路,可分三步走:

第一步,央行应抓紧调研论证,尽早在避免利益冲突问题上达成共识,并向社会公告这一发牌审批先决条件,以便及时、正确引导社会预期。

第二步,在充分征求社会意见的基础上,由央行决定或报请国务院批准,在个人征信业实行特许经营管理体制。

第三步,在决定特许经营后,由央行主持更深入的研究:一方面,由央行批准再新发起1~2家重点服务普惠金融及公平信用的基础征信服务机构;另一方面,同时启动征信中心体制改革,齐头并进,相互促进,以便制订更细化清晰的基础征信业改革方案及行业发展规划。未来,应按照一致透明的政策标准对2~3家持牌基础征信机构实行严格的监管。

第四节 意义及可行性

一、针对问题导向的有效解决方案,符合国家利益

这个顶层设计,实际也是征信业的供给侧改革,直面目前制约征信业发展的主要问题,可有效打破征信中心在基础征信业已形成的独家垄断地位,引入适度健康竞争,引入混合所有制塑造基础征信业,会直接有力地促进征信中心体制改革,对征信中心的长远发展也十分有利;并能促进培育一批与基础征信机构进行市场化合作的小型、专业征信机构的发展,让市场机制发挥更大的作用,必将有力地促进整个征信业的创新发展,有利于塑造富有效率的中国特色现代征信业。这不仅是回到党的十六届三中全会为征信业指明的方向,也是切实贯彻党的十八届三中全会关于全面深化经济体制改革、让市场机制在资源配置中发挥决定性作用和更好发挥政府监管作用的精神,为改革、探索建设符合中国国情的、高效的、具有基础设施性质的服务企业体制提供经验。

征信：若干基本问题及其顶层设计

在这个过程中，建立覆盖面更广、约束力更强的征信市场机制，也可为推进普惠金融及公平信用、寻找抑制非法集资的有效解决方案提供帮助。显然，这也符合创新驱动发展新理念。其中：

1. 为了更好地发挥征信特别是基础征信服务于普惠金融及公平信用的功能，中央及省市级政府可考虑，为基础征信机构采集小微企业和农户信用信息及查询小微和农户信用报告服务提供补贴，例如可将会计师事务所或会计师为小微企业提供诚信的代记账、代做账并向基础征信机构报送信息作为政府购买的服务或提供部分补贴。

2. 为了征信系统早日覆盖商务信用和民间信用市场，需要公共政策部门和市场专业服务机构（包括仲裁服务机构）共同努力，引导、促进市场主体（主要是非金融企业和居民个人）主动记录和向征信机构报送涉及商务信用和民间信用的各种合同履约信息。征信机制可为抑制非法集资作贡献，是指征信机制覆盖商务信用和民间信用后的积极效应。

总之，这个改革思路有利于实现前述发展目标，包括建立符合国情和行业规律的监管体制，符合国家大局利益。

二、法律分析论证支持在个人征信业实行特许经营，并有大量可资借鉴的实例

对这个改革思路的法律分析也表明：一是符合《行政许可法》有关规定，即已被授予行业监管权的央行可用部门规章在上位法设定的行政许可事项范围内，对实施该行政许可作出具体规定。只要规章的具体规定，不超范围增设行政许可，不增设违反上位法的其他条件即可。"特许经营"只是针对个人基础征信业务，实际上还是缩小范围实施行政许可的。二是在中央政府大力推进简政放权、减少行政许可的背景下，在征信行业中按照特许经营的思路实施条例新设立的行政许可，才更符合改革的方向和精神。三是《征信业管理条例》释义已指明，条例为个人征信业务新设立的行政审批许可就是一种"特许资格"。这表明立法者的本义，就是要在个人征信业实行特许经营体制。

实际上，在具有用户广泛性、基础服务网络和不宜完全竞争的行业，在

我国实行特许经营是很普遍的，如在水、电、煤气、电信、石油甚至垃圾处理等众多的行业，实行的都是特许经营管理体制。

三、有市场需求的基础支撑，市场资本会给予积极响应

基础征信市场的巨大需求及发展潜力，可以从征信系统建设的信息采集和产品服务研发两端的空间来看。如果我们把可反映或影响信用状况的信息划分为五类——金融信用（包括信贷信用及其连带的担保、保险信用）信息、商务信用信息、民间信用信息、公开信息和其他信息，那么在2017年底之前以征信中心为代表的全国基础征信市场，只在以金融为中介的信贷类金融信用信息的采集上做得比较好，即实现了银行类金融机构信用信息的全面采集；其他金融信用，如证券和保险机构经营的类信贷信用信息（贸易融资、保证信用保险等）、债券信用信息、传统保险信用信息等和公开信息才刚刚开始推进采集工作，非金融信用交易信息和其他非公开非信用交易（新型大数据）信息都还基本上未开始采集。而在基础征信产品服务端，仅以信用报告和信用评分两大类产品衡量，除信用报告服务外，其他绝大部分征信服务产品都尚未开发。总之，在短期内保守估计有百亿元规模的基础征信市场，至少尚有80%的发展空间。但如果不能顺应市场规律、没有好的顶层设计和改革，在基础征信业一家独大的格局下发展将会十分缓慢。

以上，统筹考虑再新设1~2家基础征信服务机构，并同时启动征信中心体制改革的思路和方案，实际就是要按照混合所有制改革的方向塑造中国特色的基础征信业：1~2家是不设控股股东的混合所有制，另一家是央行代表国家控股的国有控股混合所有制。按照这个顶层设计，2~3家机构都主要依据市场机制发展业务，其特点和优势也有差别，可在适度竞争中取长补短：前者管理企业的专业团队的话语权要大一些，后者央行代表国家公共部门的话语权要大一些。而民营资本主要作为财务投资者参与其中，其资本的话语权相对于在民营控股的企业要小一些。这对吸引、整合民营资本参与，是否具有可行性呢？

以上，只是作了简要需求分析。由于征信业仍属于阳光行业，市场对其有巨大的需求，再加上其作为基础设施的长期地位及参与支持社会征信体系

建设的积极意义，和业已推出的混合所有制改革方案，在央行有明确政策支持的条件下，各类社会资本会给予积极响应是可以预期的。

四、央行的支持是关键前提

在21世纪初征信市场缺失的背景下，央行的组织推动，加快了我国征信市场培育初期的建设步伐，但由于较强的行政色彩，很快形成了独家垄断的格局，其阻碍市场进一步发展的一面已越来越明显。诚然，如果央行自身不能形成共识、主动调整现有格局，这个垄断局面在短期内是很难打破的。但如果央行能以其大局胸襟，主动打破征信中心的垄断，并果断推进其改革，不仅不难在央行系统内形成共识，而且一定会为央行赢得各方面的称许。因为这完全符合习近平总书记的讲话精神："全面深化改革，首先要刀刃向内、敢于自我革命，重点要破字当头、迎难而上，根本要激发动力、让人民群众不断有获得感。"全社会对征信体制改革创新的获得感，只会来自征信业的更好发展、来自征信服务对普惠金融及公平信用的更好支持。

体现央行的支持，颁发特许经营牌照只是形式，实质的步骤是作为行业监管部门批准新发起机构的公司章程。公司章程可包括但不限于以下要点：有关实现三个设计特性的股东结构安排；为实行严格监管的要求（与对征信中心的监管标准一致），公司对数据的安全性、产品应用的合法合规和对消费者权益保护的制度要求，以及大数据时代对征信的公平公正性要求；对社会责任和国家公众利益的优先要求；在公司中设立隶属于央行的基层党组织，保障贯彻党的方针路线；在遵守《公司法》的前提下，有关公司高管的资质要求审查，以及提名、备案的制度设计。总之，就是通过公司章程来保证实现央行的严格监管要求，但又不干预微观主体业务经营活动和内部管理，支持探索建设一个有活力、有效率、与"特许经营"要求相匹配的市场机构体制。

新设基础征信机构的总部选址，可考虑首选雄安新区和深圳经济特区。这符合雄安新区的高起点规划和深圳经济特区继续作为改革开放排头兵的定位。同时，央行还可考虑让其参与提供央行内部评级服务，以便与征信中心业已开始提供的央行内部评级服务作适度竞争，建立持续改进服务的机制。

这相比有人建议央行要新设一个专司央行内部评级工作的专业服务机构，可能是更有效率的选择。

显然，由于央行在我国现代征信业已经形成的地位，在个人基础征信业建立特许经营体制，如果没有央行的支持，是不可能的。这不仅是可行性的关键，也是决定新设机构的格局高度的关键。

总之，应可以合理预期，央行对于新发起机构和征信中心改革并不需要新资本投入，只需要一个开明、能经受历史检验的政策支持。

五、为什么应是互联网金融和保险机构作为优先考虑的主要发起机构？

探索创新适合中国国情的基础设施服务机构体制机制，不设控股股东，为的是创造让专业管理团队更好地按行业规律办事、更好地履行社会责任的环境。但新设1~2个公司化运营的市场专业机构，还是要选择好发起人机构组合，为什么本独立研究建议国家/央行应优先考虑由互联网金融和保险机构作为主要发起机构呢？主要理由有两点：

一是结构补缺。目前，以央行征信中心为骨干机构的基础征信业，坚持以服务于经济意义上的信用关系发展为己任，定位是对的。但是，为什么社会普遍感觉目前征信机制对我国社会诚信体系建设所发挥的作用还不够充分，国家提出要建设覆盖全社会的征信体系呢？现有征信体系覆盖面不全，该采集的信息尚未采集进来，该加入征信机制的机构尚未加入，只是问题的表象。暴露出的问题主要是征信体系的结构失衡：只主要关注金融信用，未关注商务信用和民间信用；在金融信用中，只主要关注信贷信用，未关注保险信用。从金融信用结构看，信用关系主要区分为信贷信用和保险信用两大类。决定影响信用关系的两个因素——主观守信意愿和客观信用能力，对两类金融信用关系的影响有很大不同：银行信贷信用的风险受借款人信用能力的影响更大；而保险理赔最担心的是投保人的欺诈（主观诚信）风险。这是由两类信用关系结构的较大差异决定的。互联网金融与传统金融的一个重要区别，是不与客户见面就把业务给做了。这个特点，决定诚信（欺诈）风险对互联网金融的影响也很大。这是互联网金融和保险风险管理的相同特点。同时，近

征信：若干基本问题及其顶层设计

年来我国互联网金融的快速发展，虽然也需要管风险、去泥沙，但主流是迎合了普惠金融、商务信用和民间信用发展的需求。因此，优先考虑由互联网金融和保险机构作为主要发起机构，有利于弥补目前我国征信体系存在的结构性短板，有利于支持普惠金融、商务信用和民间信用的健康发展，有利于早日建设覆盖全社会的征信系统，也有利于征信机制对改善我国社会诚信环境发挥更积极的作用。

二是发展方向。以下三个发展趋势是明显的：一是互联网金融对金融业发展、变革的影响是巨大而深刻的。传统金融机构也正在积极学习、应用互联网等新技术、新理念来改造、升级金融业务模式，以便更好地服务实体经济和管理风险。作为金融基础设施主要组成部分的征信体系，也必须要顺应这个发展趋势。二是大数据的迅速发展和广泛应用已是大势所趋。在有效保障个人信息合法权益的条件下，越来越多的被互联网巨头掌握的数据会被应用到信用风险识别中。三是人工智能、区块链技术、云计算、云存储等新技术，也必然会对属于信息产业的征信业升级产生深刻的影响。这三个趋势交织在一起，对征信业的影响是巨大而深刻的。新设1~2家新型市场化的基础征信服务机构，由互联网金融机构（包括互联网机构和金融机构）为主要发起人，有利于征信业主动拥抱和顺应这些大趋势，有利于利用成熟的互联网先进技术建设新的全国性的、独立安全高效的个人基础征信数据库，有利于保障征信系统的信息安全。

六、国家金融信用信息基础数据库，不应成为这个一揽子改革的拦路虎

在前述讨论的基础上，要在央行内部达成支持征信中心体制改革的共识，有一个问题可能绕不过去，一些人可能会提出来：已经法定的"国家金融信用信息基础数据库"体制允许进行这样的改革吗？

这涉及我们怎样客观认识这个数据库。实际上，央行从来就未曾在国家层面为"国家金融信用信息基础数据库"建设立过项或申请过专项建设资金。究其起源，这个名称，是在《征信业管理条例》起草过程中被掌握话语权者创造出来，并赐给"企业和个人征信系统"的。近二十年央行主持的征

信系统建设一路走来,这个系统或数据库,还曾有过"银行信贷登记咨询系统""企业和个人信用信息基础数据库""金融业统一征信平台"等多个名称。只是条例新赋的名称最为"高大上"。但是,在征信中心和主要接入机构(商业银行)工作中一直在使用"征信系统"这个更通俗、更能反映其本质特征的名称。这也反映了征信系统的功能定位和征信中心的实际工作,从未因系统名称的变化而改变的事实。我们相信,条例创造这个名称、概念的立法本意,有一些正确的思考在里边,包括要对征信中心代表的基础征信业实行严格的特别监管等思考。现在,全社会如能达成央行征信中心的独家垄断格局已经不利于征信业整体发展的共识①,显然就不能抱着这个半路飞来的新名称、新概念来阻止改革了。改革开放以来,绝大部分的改革措施和实践,并没有当时的法规依据,甚至与当时的法律规定相冲突。但这并不妨碍我们尊重法律、在法治的轨道上继续推进改革创新。就启动、推进征信中心体制改革而言,只要央行做好征信中心改革方案后报请上级批准,就是合法的改革程序。我们相信,征信中心体制改革以后,"征信系统"这个名称,及其采集保存大量、微观的企业和个人主体的信用信息,并提供信用报告等基础征信服务的定位和本质特征都不会改变。

至于将来条例如何修改,支撑征信中心业务的这个系统或数据库是否还保留"国家库"的名称,都是技术性的后话。即便仍保留"国家库"的名称,也可以参照其他行业的改革实践,例如国家建设的很多战略资源包括粮、油库,现在都是在法规政策指导下,由企业主体在建设、管理和运营的。同时,也要考虑给新设立的基础征信机构建立起的数据库以平等的定位,不能在征信业又人为制造一个"双轨制"。

七、新机构业务发展两阶段路径概略

从事基础征信业务,或者说一个基础征信服务机构是否能够在市场上立起来,关键是可持续的信息采集工作机制能否迅速建立起来。新机构可分为

---

① 最新的讨论,参见 2018 年 5 月 27 日原全国政协委员贾康先生在贵阳"数博会"上发表的《支持金融发展和公共服务优化的大数据系统建设》的讲话。

征信：若干基本问题及其顶层设计

两阶段展开业务建设：

  第一阶段，按照补缺优先原则，首先采集互联网金融（包括互联网 P2P 平台）信息和传统保险信用信息，以弥补征信机制为整体金融信用市场服务的突出短板。同时，建设公开信息自动抓取系统和商务信用及民间信用征信系统，以全面采集互联网上有公信力数据源的能反映或影响信息主体信用状况的信息，如公共部门公开发布的信息；利用公共政策、市场机制引导和促进以合同为基础的商务信用或民间信用关系中的债权人自愿报送简要关键信息，从而弥补基础征信业在公开信息、商务信用信息和民间信用信息采集上的短缺。这样在服务端，第一步就能编制一份含以上四类信息的信用报告，免费提供给各类金融授信机构使用一段时间。同时，应尽早优先研发服务于小微企业和农户的信用报告和信用评分产品，以弥补征信原本应主要服务于普惠金融及公平信用的短板。

  第二阶段，为了建立适度竞争的机制、有利于行业做强的大局利益，在引导做好第一阶段业务发展工作的基础上，监管当局应当允许、支持新机构也采集传统授信机构的金融信用信息（这并无法律障碍），并为此研究解决不同的基础征信机构之间在地位、体制机制和法律法规方面的不平衡问题。

  新机构两个阶段的业务发展路径，避免了一开始就陷入与征信中心的过度竞争，有利于培育初期各有侧重、长期可适度竞争的中国特色基础征信业。这与前述有官员提出的画地为牢①的设想有本质的差别。

  实际上，只要征信中心体制能及时启动改革，在体制机制上赋予其内在发展业务的动力，又对其业务发展不强加不应该的限制，则在新机构第一阶段业务建设期间，应能促进征信中心克服业务短板，以更全面发展。加上先发优势，征信中心的发展前景不仅并不堪忧，而且会更具持久活力，符合国家大局利益。

  在央行主导拟新发 1~2 张特许经营牌照并组建相应机构的过程中，不仅

---

  ① 这里的画地为牢，是指有人提出：中国的基础征信业，可在目前现状的基础上，再新设一家基础征信机构专门采集以互联网金融为代表的新金融信用信息；而征信中心只限于采集传统金融信用信息，二者互不交叉，无须竞争……这种缩小范围的独家垄断，毋庸多作分析，显然不是好的顶层设计，也违背征信业的基本要求。

第九章 关于我国征信业的顶层设计

要充分调动金融机构和新科技公司的积极性,而且要注意发挥行业信用建设的重点行业部门和地方政府特别是社会信用建设示范城市的积极性。

在基础征信业发展的基础上,可进一步支持、培育少数独立、有品牌效应的为普惠金融和信用服务的集团公司,拓展信用产品创新研发及咨询服务、信用评级(目标是打破国际资本市场上少数评级公司的垄断地位)、信用智库和信用教育,为我国信用经济(包括金融信用、商务信用、民间信用和国际信用)的深入发展,特别是为普惠金融、民营信用市场的发展和"一带一路"建设提供更好的基础服务。

第五节　结　　论

按照中共十六届三中全会指明的方向,在个人基础征信业实行特许经营体制。2006 年设立征信中心,实际上意味着在我国开始了特许经营的探索进程,但现在来看,这只是迈出了特许经营的第一步,因为征信业的特许经营在一个大国不应固化成一家垄断的体制。现在是迈出重要的第二步的时候了。央行主动打破征信中心在基础征信业已经形成的垄断地位,支持整合社会资本,再新设 1~2 家独立的、公众但不设控股股东的、有公信力的、重点服务普惠金融的基础征信机构,有较大的市场需求支撑。同时,启动征信中心的体制改革,以竞争促发展,既是央行作为征信监管部门依据《征信业管理条例》颁发征信业牌照的需要,也是加快征信中心体制改革使其担当促进征信业发展职责的需要,符合现行法规和国家大局利益。

央行的最新政策实际上已支持迈出了这关键的第一步,表明以上思路建议有很强的可行性。

本章后记

2016 年初,前述关于我国征信业顶层设计独立研究的思路和方案已基本形成。在此后的一年多时间里，笔者与有关专家，特别是央行有关领导、专家进行过深入交流。2017年3月，中国《金融时报》发表了该研究的主要成果。或多或少，这也影响了央行发放征信牌照的思路在悄悄变化。2017年下半年，由央行牵头组建的中国互联网金融协会邀请原本想独自获取个人征信牌照的8家市场机构协商形成共识，决定共同出资10亿元人民币组建"百行征信"，以争取拿到这张特许经营性质的个人基础征信牌照。市场对此十分关注。2018年2月23日中国春节假期刚结束，征信市场便传来喜讯：央行正式向百行征信有限公司颁发中国第一张个人征信业务牌照。这实际上是中国基础征信业的第二张"特许经营"牌照；而由中编办批准设立、其建设运行的征信系统已写进条例的央行征信中心，实际上持有中国基础征信业的第一张"特许经营"牌照。

"人行征信"与"百行征信"，在市场认知中就是两个基础征信专业服务机构。在这个客观条件下，两个机构的体制机制、法规地位毕竟还不平衡。如何根据国家大局利益和征信业的客观规律，给两个机构以科学定位，以促进两者建立健康的适度竞争和合作关系？这个新的课题，将继续考验监管当局和相关方的格局和智慧。空谈误国，实干兴邦。既然，全社会对央行主导的、以"人行征信"和"百行征信"为主体的新时代中国基础征信业充满了期待，就应对两者及更多符合改革方向的探索、创新以更多的包容和支持。

最后回到央行征信中心的改革话题，虽然笔者也像许多人一样希望它能通过改革继续做强做大，以为我国征信体系建设可持续地作出更大贡献，但据笔者的近距离观察，由于强有力的垄断地位和先发优势短期内难以撼动，财务状况良好，日子很舒坦，央行内部推动其改革的动力并不足。央行新的领导层会采信何种情形，作出何种判断和决策，如何引导中国现代征信业的发展，市场都在密切观察。

参考文献

[1] 戴根有：《建立企业和个人征信体系需要研究的几个问题》，"征信与中国经济"国际研讨会，2004-05-18，上海。

[2] 王小奕：《世界部分国家征信系统概述》，经济科学出版社，2002。

[3] 汪路：《论征信的本质及其主要特征》，载《西部金融》，2010(6)。

[4] 中国人民大学中国普惠金融研究院：《普惠金融国家发展战略：中国普惠金融发展报告（2016）》。

[5] 邵国松：《"被遗忘的权利"：个人信息保护的新问题及对策》，载《南京社会科学》，2013（2）。

[6] 易中天：《一部宪法和一个国家——读〈美利坚合众国宪法〉及其"第一修正案"》，载《梦笑时光》，2017-10-22。

[7] 周小川：《关于信用评级的若干问题及展望》，中国人民银行网站。

[8] 王玮：《浅议互联网金融与征信》，载《中国征信》，2016（8）。

[9] 王强、卿苏德、巴洁如：《区块链在征信业应用的探讨：优势与特点及场景分析》，腾讯研究院微信公众号，2017-04-19。

[10]《涨知识｜互联网金融信贷的三种风控模式》，载大数据风控联盟微信公众号，2016-12-07。

[11] 驰虎科技：《金融AI化｜人工智能在征信业的发展与蓝海》，新浪看点，2018-01-04。

[12] 刘新海：《大数据与征信》，中信出版社，2016。

［13］零壹财经、零壹智库：《金融基石：全球征信行业前沿》，中国电子工业出版社，2018。

［14］汪路：《走访益佰利和汇丰银行有关情况的报告》，中国征信（试刊），2008。